# EPISTRE
## AV LECTEVR.

IE n'ay peu mieux employer les heures de mon diuertissement qu'à vous donner ce digne œuure. Ie ferois conscience de vous dire combien il est necessaire en cet égoust des siecles, si vous ne voyez Sathan transformé en Ange de lumiere esblouyr ceux dont il n'a peu siller les yeux. Or ce docte autheur l'a desarmé descouurant ses ruses, & pourueu qu'on suiue la doctrine qu'il enseigne, les hommes lieront de rechef cet esprit infernal, pour ce qui reste au monde : l'Ange que veid S. Iean ne l'ayant enchaisné que pour mille ans : car cét auguste Sacrement est vn puissant preseruatif contre ses charmes, vn souuerain antidote pour ses venins, vn excellent Alexitaire pour soustenir nostre foiblesse quand il nous attaquera, vn pressant esguillon pour le chasser quand il viendra à nous, & tres-luisant flambeau pour esclairer l'esprit en ses tenebres qu'il nous iet-

ã ij

# EPISTRE

tera en l'ame. Mais comme le feu profite au sage, & nuit à l'inconsideré: ainsi faut il auec prudence se seruir de ce tant exquis moyen que Dieu nous a laissé, non qu'il ait en soy quelque qualité maligne qui tourne au dommage de celuy qui pour se garder le receura souuent: mais d'autant que la misere de nostre estre va à ceste periode, que la foiblesse au bien, l'inclination au mal, & l'ignorance des choses Saintes sont les plus asseurez partages de nostre nature, & en suitte nous rendent moins capables de cette Diuine nourriture: De là vient qu'elle nuit à quelques vns, & ne profite guere aux autres: & comme vn esclair faict bien voir au milieu de la nuict quelque lumiere d'vn instant, sans pour cela qu'on l'en dise plus courte pour auoir eu cette petite clarté: ainsi souuent l'efort de la conscience nous porte à la Communion, au desplaisir d'auoir offensé Dieu, voire on reçoit du contentemēt de cet Hoste sacré, apres estre sorty de cette Saincte Table: mais cela ne dure point, c'est vne chaleur de soye, vne boutade d'esprit, vn feu de paille, vne denotion qui a quelque pointe: mais qui n'a pas de consistence.

Or icy on apprend à ietter les fermes, & solides fondemens d'vne vie Sainte, & d'vne parfaicte Pieté qui donne vn zele reglé, vne

# AV LECTEVR.

deuotion compassée sans superstition & sans temerité. Derechef icy on apprend à craindre Dieu, non à auoir peur de luy; on le voit Sainct & terrible, non horrible, ou effroyable, & les submissions qu'il enseigne à faire deuant sa Majesté doiuent naistre d'vne grandeur d'esprit, non d'vne lascheté de courage. Receuez donc ce mien petit labeur d'vn visage aggreable, ne prenez point auec la gauche ce que ie vous donne de la droicte, vous m'obligerez à vous faire voir quelque autre singularité, quand les Superieurs & le loisir m'en permettront le bon heur; cependant iouyssez de ce mien trauail à la gloire de Dieu, & à vostre contentement. Adieu.

## Approbation des Docteurs.

Nous soubs-signez Docteurs en Theologie de la Faculté de Paris, certifions auoir veu & leu vn Liure intitulé, Pratique de la Frequente Communion, composée en Espagnol par le R.P. Hernand de Salazar de la Compagnie de Iesus, & mise en François par le R.P.F. Iean Guillot, de l'Ordre des Freres Prescheurs du Conuent de Nostre Dame de Confort de Lyon. Auquel n'auons rien trouué contraire à la Foy Catholique, Apostolique, & Romaine, ny aux bonnes mœurs ; ains l'auons trouué plein de pieté, remply de doctrine, & de tres-salutaires conseils, & sainctes instructions pour toutes sortes de personnes : Partant l'auons iugé tres-digne d'estre mis en lumiere pour l'vtilité du public. Faict à Paris au Conuent des Freres Pescheurs, le 28. de Nouembre 1623.

F. Maurice Brachet, Docteur Regent.

F. Louys Baudry, Docteur.

*L'Imprimeur au Lecteur,*
*Salut.*

AMY Lecteur, ce qui m'a induit à te presenter ce Liure, est la recommandation de plusieurs grãds Theologiens. On n'en treuuoit plus des premieres Impressions: c'est pourquoy ie l'ay mis sous la presse, en vn temps auquel i'ay estimé qu'il te seruiroit dauantage. C'est assez de dire vn mot au Sage, il deuine le reste. Et veritablement encore que de plusieurs choses on puisse disputer d'vne & d'autre part: neantmoins il y a les Axiomes & les Maximes vniuerselles qui sont d'vne eternelle verité, dont il n'est pas seulement permis de douter. Entre tous les orages, les matelots apprehendent ceux qui viennent, non du Ciel ou de l'air, mais du sein & des abysmes de l'Ocean; il faut faire le mesme iugement des contrastes & debats.

ã iij

### L'Imprimeur

L'esprit de l'homme est vn Sphinx, c'est vn Prothée, vn lac Lerneen, d'où sort vne Hydre de laquelle on void naistre diuerses testes. Il faut donc l'arrester, & faire en sorte qu'il ne flotte pas toujours dans l'incertitude. Les oyseaux & les poissons ont vn mesme principe, & sont esgalement tirez des eaux: mais ils different grandement quant à leurs proprietez accidentelles, ceux-là ayans le sens plus aigu, ceux-cy plus emoussé. Les hommes se ressemblent tous eu esgard à l'origine ; toutesfois ils ont des qualitez bien differentes : & non seulement ils different entr'eux, mais aussi en eux-mesmes. Car qui ne sçait que les facultez superieures de nos ames sont reuestuës d'vne excellente clarté, au lieu que les sensibles sont offusquées des nuages de la matiere, bien qu'attachées à vne seule forme. Ainsi l'on voit le pied des hautes montagnes tout couuert d'ombrages, cependant que leur cime est esclairée des plus brillans rayons du Soleil. Ie veux dire en vn mot, autant d'hommes, autant d'opinions. C'est pourquoy ce liure arrestera ton esprit parmy tant de disputes

## au Lecteur.

qui s'esleuent aujourd'huy sur le sujet de la Frequente Communion, & luy prescrira des bornes. Il fera que tu iugeras des choses non selon ton humeur, mais selon qu'elles sont. Et encore qu'il te donne des bornes, il n'en donnera iamais à ton zele : car le saint Esprit est libre, il gouuernera ton cœur selon son bon plaisir, & tu receuras plus ou moins de grace, selon la mesure de ta foy. Il t'aduertira que la pieté doit tenir le premier rang dans tes inclinations, estre le principal objet de tes soins, & le plus cher amusement de ta vie. Mais cette pieté, ce zele, ce seruice doit estre raisonnable, sage, prudent, & bien ordonné. Il n'y a point de raison si opiniastre, qui par vne royale Metamorphose ne se rende à la Lecture de ce Liure qui m'a esté tant recommandé : C'est vn bon Pasteur qui donne la mesure de froment en temps conuenable, qui fait mettre la main à la conscience, & empesche que sous le manteau du respect & de la reuerence, le libertinage ne mette la Deuotion, sinon dans le tombeau, au moins au lict bien malade. Il te découurira les stra-

### L'Imprimeur au Lecteur.

tagemes du Diable, t'enseignera la maniere de faire banqueroute au vice, & te representera les registres des deffauts que tu puis commettre en la Communion, pour t'en preseruer. Prens & lis ces Maximes generales, pour iuger des particulieres; elles te seruiront de bases, sur qui tu establiras des trophées à la Verité, & feront que ton imagination (capricieuse faculté) n'obscurcira point ton entendement des nuages de l'erreur. Reçois pareillement d'aussi bon cœur que ie te le presente, vn petit Traité de la Preparation à la Communion, que i'ay tiré des œuures de Monsieur l'Euesque de Belley, qui te sera fort vtile & necessaire pour te preparer à vne bonne Communion: Priant Dieu que le tout soit à sa gloire.

# TABLE DES CHAPITES,

### & Paragraphes, contenus en ce Liure.

Chapitre. I. Auquel se propose l'intention de ce Traicté. fol. 1

Chap. II. De la frequentation de la sacrée Communion en general. fol. 6

Chap. III. De la coustume de l'Eglise primitiue, touchant la frequente Communion. fol. 10

Chap. IIII. De la coustume que l'Eglise a obseruée aux autres temps, touchant la frequentation de la Communion, 25

Chap. V. Des fins de la saincte Communion, & de la conformité qu'elles ont entr'elles. fol. 34

§. I. Remarques pour ordonner lesdites fins. fol. 35

§. II. De la subordination des fins propres de la saincte Communion. fol. 41

Chap. VI. De la disposition requise pour frequenter la sacrée Communion en general, & de ses degrez. fol. 49

Chap. VII. Du premier degré de la disposition necessaire pour s'approcher de la saincte Eucharistie, fol. 53

§ I. Auquel se preuue que la pureté de conscience ne suffit pas pour communier auec frequentation, mais qu'il est necessaire vne plus grande disposition. il id

# Table des Chapitres.

§. II. *Auquel l'on respond aux raisons de l'opinion contraire, & l'on monstre ce que les Saincts ont opiné touchant ce poinct.* fol. 62

CHAP. VIII. *Du second degré de la disposition.* fol. 83

§. I. *De la sincerité de l'intention requise pour communier souuent.* fol. 85

§. II. *De l'attention necessaire pour la Communion,* fol. 90

§. III. *De la reuerence necessaire pour la Communion,* fol. 98

§. IV. *Du grand desir, & de la faim spirituelle qu'il faut auoir du S. Sacrement: & conclusion de tout ce qui s'est dit,* fol. 106

§. V. *Conclusion de tout ce qui a esté dit en ce Chapitre.* fol. 109

CHAP. IX. *Du troisiesme degré de la disposition necessaire pour la frequente Communion,* 111

§. I. *De l'vsage du mariage, & comme c'est vn empeschement à la frequente Communion.* 112

§. II. *Des soüilleures nocturnes, & des autres immondices corporelles,* fol. 122

§. III. *Conclusion de ce que nous auons dit aux Paragraphes derniers,* fol. 135

§. IV. *De quelques autres empeschemens, & interieurs à la Communion, & premierement des pechez veniels,* 143

§. V. *Comme les pechez mortels confessez sont empeschement à la frequente Communion,* 171

CHAP. X. *Où l'on prouue qu'vne plus grande disposition est necessaire pour communier tous les iours, que de temps en temps.* 175

§. I. *Où se proposent les argumens, par lesquels cer-*

# Table des Chapitres.

tains prouuent qu'il n'est pas necessaire vne plus grande preparation pour communier tous les iours, que pour communier vne fois en l'annee. 176

§. II. Où l'on void particulierement comme la Communion de tous les iours demande de plus grandes dispositions, que celle de temps en temps. 178

§. III. Où l'on respond à vne obiection, & on confirme la doctrine susdite, fol. 170

§. IV. Où l'on respond à deux autres difficultez, que l'on tire de la resolution derniere. fol. 176

§. V. Conclusion de tout ce qui a esté dit en ce Chapitre, & responce aux argumens. fol. 188

CAAP. XI. Où se monstre que le long delay de la Communion rend difficile, & empesche la bonne disposition: pareillement, que celuy qui est moderé y sert de beaucoup aux personnes imparfaites. 194

§. I. Où il est prouué que le long delay de communier est vn grand empeschement à la bonne disposition, fol. 196

§. II. Où l'on prouue qu'vn petit delay de la sacree Communion, sert de beaucoup aux personnes imparfaictes pour s'y mieux disposer. 200

CHAP. XII. Où l'on voit s'il y a quelque vsage frequent de la Communion qui se puisse conseiller generalement à toute sorte de personnes. 207

§. I. Des diuerses eslections qu'il y a de la Communion, & de l'opinion que l'on en doit auoir, 208

§. II. Comme la Communion de chaque semaine peut estre conseillee à tous, voire aux plus imparfaicts. fol. 214

§. III. Où l'on voit les vsages differens que les Saincts ont obserué touchant la frequente Communion, & les Constitutions des Religions, 220

# Table des Chapitres.

p. XIII. De la Communion iournaliere, & qu'elle n'est pas pour toute sorte de personnes, ny doit estre conseillee sans vne grande cognoissance. fol. 239

§. I. Comme les Saincts & les Conciles exhortent à la Communion de tous les iours, fol. 240

§. II. Où sont proposez les arguments qui prouuent que la Communion iournaliere est pour toute sorte de personnes. fol. 243

§. III. Où il est prouué que la Communion iournaliere ne doit point estre conseillee indifferemment à toute sorte de personnes, 251

§. IV. Où l'on respond aux arguments tirez des authoritez de l'Escriture, pour l'opinion contraire. fol. 157

§. V. Où il est respondu à l'argument pris des exemples qui ont esté apportees en faueur de l'opinion contraire, fol. 161

§. VI. Où l'on respond aux raisons de l'opinion contraire, fol. 166

§. VII. Où l'on voit, & où il est prouué qu'il y a des ames en ce temps icy, à qui l'on peut & l'on doit conceder la Communion iournaliere, fol. 274

CHAP. XIIII. Où il est prouué qu'il faut suiure l'aduis du Confesseur, ou Pere spirituel, pour ne faillir en l'eslection des Communions, 284

§. I. Où l'on demande si le Confesseur pourra enioindre pour penitence, de ne communier point pour quelque temps, fol. 285

§. II. Où les raisons sont proposees, par lesquelles les Aduersaires veulent prouuer que ceux-là faillent qui demandent le conseil ou la permission du Pere spirituel pour s'approcher de la Communion, & en-

## Table des Chapitres.

core plus ceux qui la donnent. fol. 29

§. III. Où l'on remarque quelque chose touchant l'authorité du Pere spirituel, importante pour vne plus grande intelligence de ceste difficulté, fol. 301

§. IV. De l'estime que l'on doit faire du conseil & du iugement du Pere spirituel. 308

§. V. Où le dessein de ce Chapitre est prouué, asçauoir que c'est le meilleur & le plus asseuré de consulter le Confesseur, & de suiure son aduis au nombre des Communions. 316

§. VI. Où l'on respond aux argumens de l'opinion contraire. 323

Conclusion de tout ce que nous auons dit en ce Liure, 327

Fin de la Table des Chapitres & Paragraphes.

*Probet autem se ipsum homo, & sic de pane illo edat, & de calice bibat: Qui enim manducat, & bibit indignè, iudicium sibi manducat, & bibit, non diiudicans corpus Domini.*

QVE l'homme s'eprouue soy-mesme, & qu'il mange ainsi de ce Pain, & boiue de ce Calice; Car qui le mange, & le boit indignement, il mange & boit son iugement, ne discernant pas le Corps du Seigneur. S. Paul en l'Epist. 1. aux Corinth. chap. 11.

PRATIQVE

# PRATIQVE DE LA FREQVENTE COMMVNION.

## CHAPITRE I.

*Auquel se propose l'intention de ce Traicté.*

A controuerse de la frequentation de la saincte Communion, est si ancienne, qu'elle a commencé vn peu apres l'Eglise: car dés aussi tost que l'ardeur des premiers Chrestiens a commencé de se refroidir, & que par ce moyen s'est interrompuë la frequente Communion ( que tous generalement obseruoient, non qu'elle ait esté introduite par aucun precepte Ecclesiastique, mais seulement par la feruente deuotion des fideles, comme nous dirons cy apres ) dellors on a commécé à douter lequel des deux estoit meilleur, & plus agreable à Dieu, selon l'estat auquel se trouuoit l'Eglise, ou de se retirer par reuerence & respect de la saincte Communion, ou bien de s'en approcher souuét auec amour & confiance. Ce poinct a esté disputé & diffiny par Sainct Hierosme, S. Augustin, S. Iean Chrysostome, S. Isidore, & par plusieurs autres des anciens Peres aux lieux que nous citerons au long de ce Traicté.

Ceste question controuersée par tous les siecles passez, comme il se collige des Peres cy-desus alleguez, & des Docteurs Scholastiques, auoit deux parties. En la premiere l'on disputoit en general quel estoit le meilleur & plus meritoire, ou s'abstenir par respect de la saincte Communion, ou la frequenter auec confiance, c'est à dire, attendre le temps determiné par l'Eglise pour communier, ou bien s'en approcher plus souuent. En la seconde, l'on disputoit lequel des deux estoit plus agreable à Dieu, ou vne frequentation moderée, ou celle de tous les jours. Ces disputes ont pris source (comme remarque Thomas de Argentina) de l'indeuotion de quelques-vns, & de la deuotion de quelques autres : les desbauchez ne recognoissans en eux la disposition necessairement requise pour receuoir souuét le corps de Iesus-Christ, faisoient de leur costé ce qu'ils pouuoient pour en retirer les autres, afin que leur negligence ne fust attribuée à leur indisposition, mais à la coustume : D'autre costé les deuots, qui auec humilité recognoissoient en eux la disposition necessaire à ceste frequen-

*4. sentent. distinct. 12.*

tation, pour n'estre singuliers, y conuioient les autres par leurs paroles, & taschoient de les y eschauffer par leurs exemples. Sans doute nous trouuons maintenant ce poinct en meilleur estat, parce que l'on ne dispute plus lequel est le meilleur frequenter, ou non, la saincte Communion: mais supposant l'affirmatiue, ceste dispute est reduite à ce poinct, sçauoir mon si ceste frequentation se doit faire peu, ou souuent.

J'aduertis auant que passer outre que mon intention n'est point de censurer les doctrines nouuelles, qui sur ce subiet se sont publiées, mais de recueillir les anciennes & solides, & les proposer au peuple, afin qu'il sçache comme il se doit gouuerner en cecy, sans se mettre au hazard de tomber dans les erreurs & desuoyemens de plusieurs, faute d'instruction. Et quoy que ceste doctrine eust esté plus à propos, ce semble, pour les Peres spirituels, à qui il appartient de gouuerner les ames, & particulierement leur taxer & mesurer l'aliment spirituel, tant en la quantité, comme au temps, conforme à la necessité d'vn chacun, & à la parole de nostre Seigneur: b *Qui croyez-vous estre sage & fidele seruiteur, que le Seigneur a estably intendant sur toute sa famille, pour distribuer en son temps à vn chacun la mesure de bled qui luy est deuë?* C'est pourquoy les penitens n'auroient besoin d'autres loix touchant ce poinct, que de celles que leurs Peres spirituels leur prescriroient: toutesfois, parce que quelques-vns auec des doctrines nouuelles, ont donné tant de liberté

b *Quis putas est fidelis seruus, & prudens quẽ constituit Dominus super familiam suam, vt det illis in tempore tritici mensuram.*
Luc. 12.

A ij

aux fideles, leur persuadant qu'en ceste matiere ils sont maistres d'eux-mesmes, & iuges de leurs propres consciences, & que sans prendre conseil de personne, ils peuuent communier plus ou moins souuent, & qu'ils leur ont enseigné vne autre doctrine touchāt ce poinct, tout pour leur persuader que sans dependre de leurs Confesseurs & Peres spirituels, sans rechercher leurs aduis, & attendre leur consentement, se trouuans sans conscience de peché mortel, ils peuuent communier tous les iours; pour ce suiet il m'a semblé non seulement bon, mais necessaire de traicter ceste instruction en langue vulgaire, & la rendre propre à toute sorte de personnes, afin que ceux qui ont de coustume de ne demander l'aduis & instruction de personne en chose si necessaire, trouuent qui la leur donne sans la demander, & recognoissent qu'ils feront beaucoup d'estre bons disciples, sans aspirer à estre maistres en matiere si difficile.

Veritablement ces questions n'estoient propres pour seruir d'entretien & tenir le haut bout és conuersations des Dames, comme le tient par expres sainct Hierosme, reprenant seuerement ceux qui disputoient de semblables matieres en presence des simples femmes. Que l'on lise ce Sainct au liure contre les Pelagiens Chapitre 3. & il se verra combien de grands inconueniens resultent ordinairement de cet abus, & au Chapitre 9. où il remarque la raison pour laquelle aucuns Maistres, & Docteurs, ne se contentans d'auoir des escoliers, veu-

## COMMUNION.

lent aussi auoir des escolieres de leur faculté: & c'est qu'ainsi comme les autres, pour la deffence de leurs enseignemens, assemblent de vaillans soldats d'hommes sçauans; aussi ceux-là pour la deffence de leurs doctrines, prenent plaisir de mettre aux champs des amazones, femmes entenduës, tenant ceste sorte de milice pour la plus forte: & pour dire verité, auiourd'huy se voit du party contraire vn escadron de ces amazones, si renforcé, qu'il n'est pas facile de le desfaire.

Nous approchant donc dauantage de nostre sujet, ie dis, & proteste auant toute chose, que ce n'est pas mon intention de desconseiller la grande frequentation de la Communion, ny mesme celle de tous les iours: car ce seroit faire directement contre la resolution des Peres, & la diffinition des Conciles, qui exhortent les fidelles de l'embrasser; ce seroit m'esgarer de beaucoup de l'institut & fin de mon Ordre, qui entre les buts où il vise se propose cestuy-cy comme vn des principaux, de persuader aux fidelles l'vsage frequent de la Communion, comme le declarent expressément les Papes Paul 4. & Greg. 13. aux Bulles de sa Confirmation. Mon intention donc est de specifier les personnes qui en sont capables, & de declarer la disposition, le moyen, & les autres circonstances requises pour ceste frequentation, me conformant en tout, & par tout à ce qu'en ont dit les anciens Peres. Et quoy qu'ils ayent escrit plusieurs belles choses de ce sujet, en laissant plusieurs ie choisiray

A iij

celles qui ont plus de force pour persuader, & conuaincre ; parce que ie desire que ce Traicté soit court, & aussi afin que (comme dit Aristote) l'on puisse plus clairement remarquer la force de la raison, & de l'argument, il le faut despoüiller de l'ornement, dont la Rethorique & l'Eloquence ont accoustumé d'embellir leurs oraisons, *Afin qu'ainsi nud comme les anciens Athletes, il entre en champ de bataille, vienne aux mains auec ses aduersaires, & les surmonte ;* c'est ainsi que le Dialecticien arme ses Syllogismes.

*Tanquam pugil nudus in Gymnasium descedat opera pretium est.*

---

## CHAPITRE II.

### De la frequentation de la sacrée Communion en general.

TOVCHANT l'vsage frequent de la saincte Communion prise en general, sans limiter le temps, ny les personnes, il n'y a auiourd'huy aucune dispute, parce qu'il n'y a maintenant personne qui osast y contredire ; neantmoins ie diray deux mots pour declarer dauantage mon dessein, qui est d'exhorter vn chacun à ceste frequentation, & asseurer ce que ie dois dire en suite de mon discours. Et premierement si nous parlons de la frequente Communion en general, comme i'ay dit au commencement de ce chapitre, sainct Ignace Martyr nous y exhorte par vn long discours, sainct Iustin Martyr, sainct Basile, sainct Iean

*d Epist. ad Ephes.*
*e Apolog. 2.*

Chryſoſt. g ſainct Cyril, h Theophil. i S. Aug. k Tertul. l ſainct Cyprian, m ſainct Hierol. n ſaint Ambr. o Saint p Greg. le Grand, & P. Damian q aux lieux citez à la marge; ie n'apporte pas leurs paroles icy, parce que ie le dois faire en la ſuite du diſcours. C'eſt pourquoy le Concile de Baſle, comme de choſe aſſeurée, & ſans controuerſe entre les Peres & Docteurs Catholiques, dit ces paroles: r Non ſeulement c'eſt vne choſe vtile, & ſalutaire, de receuoir ſouuenteſois le S. Sacrement de l'Autel dignement auec l'examen, & diſpoſition requiſe; mais entierement neceſſaire pour celuy qui ne veut reculer, ains deſirer paſſer outre au ſeruice de Dieu, au chemin de la vertu, & en la vie parfaicte; tous les Docteurs Catholiques l'enſeignent, loüent, admoneſtent, & y exhortent tout le peuple Chreſtien. Or l'argument qui eſt fondé ſur auctorité (principalement en ceſte matiere) eſt irrefragable, & le Concile meſme dit que la doctrine, qui enſeigne le frequent vſage de la Communion, n'a aucun Docteur Catholique contraire, ains en a vn grand nombre de fauorables.

MAIS quelqu'vn me pourra dire. En diuers temps il y a eu pluſieurs Catholiques, qui non obſtant ce que nous venons de dire, n'ont approuué ceſte frequentation, & meſme ſi cela n'eſtoit ainſi, nous ne trouuerions pas ceſte queſtion tant debattuë, & entre les Saincts cy-deſſus citez, & entre les Docteurs Scolaſtiques au 4. des Sentences en la diſt. 12. Ie reſponds à cela, que bien que nous treuuions ceſte queſtion, & ſa reſolution en pluſieurs docteurs Catholi-

f Epiſt. ad Cæſar. Patriciam.
g Hom. 2. in ep. ad Tim. & hom. 28. in 1. ad Cor. & hom 3 in ep. ad Epheſ. Lib. 3. in Ioan. c. 37.
i In cap. 21. 1. ad Cor.
k Serm. 18. de Verb. Domini, & ep. 108. ad Ianuar.
l Lib. de Orat.
m In orat. Dominico.
n Lib. 1. contra Pelagia.
o Lib. 4. de Sacr. c. 6. & lib. 5. c. 4.
p In cap. 1. l. 1. reg.
q In ep. Concil. Baſilienſ
r Quod autem ſæpe accedere dignè & deuotè & cum diſcuſſione debita ſit vtile, & valde proficuum: im-

ques anciens & modernes, nous ne trouuons neantmoins en aucun vn seul Autheur cité pour l'opinion contraire; d'où l'on doit colliger que les deffenseurs de ceste opinion, ou sont incognus, ou de si peu d'auctorité, qu'ils n'ont pas meritez d'estre nommez: ou, qui est le plus asseuré, c'est que ceste opinion n'a eu autre deffenseur que ces hommes desbauchez, qui comme dit Thomas de Argentina, desiroient outre mesure reuestir leur indignité, & indisposition du manteau de reuerence, & de respect. C'est pourquoy pour conuaincre ceste opinion, qui merite plustost le nom d'erreur manifeste, les Saincts & les Docteurs ont disputé ceste question, & pour la bannir tout à fait du monde, le Concile de Milan 3. fit vn Canon de la teneur suiuante : *Les Curez & les Predicateurs doiuent continuellement exhorter les fidelles au frequent vsage de la saincte Eucharistie, suiuant l'exemple de l'Eglise primitiue, doctrine des Saincts Peres, & desir du Concile de Trente, qui voudroit que tous les Chrestiens vescussent de telle sorte, qu'ils fussent dignes de communier & spirituellement & sacramentellement en toutes les Messes; Et si quelque Predicateur Regulier, ou autre quel qu'il soit, enseigne au peuple quelque chose, qui contredie directement, ou indirectement audit frequent vsage, nous voulons que l'Euesque, au Diocese duquel il aura semé vne si mauuaise doctrine, luy deffende de prescher, comme à vn homme scandaleux, & qu'il soit incapable de plus exercer son office, qu'au prealable il n'ait donné suffisante satisfaction de sa faute au mesme lieu, qu'il aura scandalisé par sa Predi-*

*summè necessariū cupienti, & desideransi in via Domini non regredi, sed progredi, omnes doctores Catholici laudant, hortantur, admonent, & obsecrant incessanter fidelem populum.*

¶ *Ad saluberrimum illum sacræ Eucharistiæ frequenter sumendæ vsum. Parrochi, & concionatores item populū exhortentur nascētis Ecclesiæ institutis, atque exemplis, & grauissimorum Patrum vocibus, & sententia. Denique Tridentina*

*cation*. Et parce que ledit Concile a iugé que ceste mauuaise doctrine cognoissant sa propre dissonance, lairroit sans doute les chaires & actions publiques, pour se glisser dans les colloques, & conuersations particulieres, il a voulu aussi l'en bannir par ces mots: † *Ainsi voulons-nous que qriconque en ses conuersations, ou discours familiers, aura failly en cette matiere, soit chastié auec rigueur selon son demerite, & obligé à la mesme satisfaction.* Toutes ces paroles sont dudit Concile de Milan, par lesquelles on voit combien il auoit en horreur ceux qui iugeoient, ou disoient quelque chose contraire à la doctrine commune des Saincts Peres touchant ledit poinct.

De cela ie conclus, que toute semblable doctrine merite d'estre blasmée doublement. Premierement comme scádaleuse, en ce qu'elle offense ceux qui en entendent parler, veu qu'elle est ainsi censurée du Concile: u En second lieu comme temeraire, parce que directement elle contredit à la doctrine de tous les Peres & Docteurs Catholiques, & au sens commun de l'Eglise; Ce sont là les moindres blasmes, parce que ceux qui considereront les diffinitions des Conciles sur cette matiere, & les lieux de l'Escriture sainte, dont ils ont esté tirez, leur en donneront de plus grands, que merite non seulement la doctrine qui ose condamner la frequente Communion en general, limitant le delay par reuerence & respect, & le reduisant au precepte de l'Eglise, qui est de communier vne fois l'an; mais enco-

*Synodi, qui optaret quid dá fideles in singulis diœsis non solum spirituali, sed etiam Sacramentali Eucharistia perceptióque comunicare. Quod si quis Concionator etiam regularis, aliquid contra directè, indirectiuè dixerit, Episcopus, in cuius diœcesi hoc ille admiserit, si tanquam scandalum disseminátè Tridentinæ eiusdem synodi auctoritate interdicat prædicationem verbi Dei, ad cuius prædicationis munus ne idem restituatur.*

# Pratique de la frequente

re celle, qui sans aucune limitation reiette la Communion de tous les iours, parce que l'vne & l'autre est scandaleuse, & contraire au commun iugement de tous les Docteurs de l'Eglise.

*nisi primū eiusdē Episcopi iudicio satis fecerit eo ipso in loco, vbi ea in re scandalum, & offensionem præbuerit.*
*‡ Itidem pro ratione culpæ corripiātur, corrigantur uè, & satisfacere quoque compellantur, quicūq; vel sermone habendo, vel colloquendo in hoc genere offenderint. Tanquam scandalum disseminanti.*

## CHAPITRE III.

### De la coustume de l'Eglise primitiue, touchant la frequente Communion.

L'ARGVMENT, qui pour ce suiet se retire de l'vsage & de la coustume de l'Eglise est de telle efficace, qu'il m'a semblé que ie ne pourrois parler auec fondement, ny arriuer au but que ie pretends, si au prealable ie ne franchissois les difficultez innombrables qui se presentent. C'est vne opinion fort commune depuis Albert le Grand, S. Thomas, & S. Bonauenture ( parce qu'auparauant il n'en est fait aucune mention chez les saints Peres, comme ie diray cy-apres) que les fideles communioient tous les iours en la primitiue Eglise, ce qu'ils colligent des Actes des Apostres, a & du Chapitre *Peracta. de consecrat. dist. 2.*

*a Actor. 2.*

OR entre les Auteurs de ceste opinion, quelques-vns s'auancent iusques là, de dire, que communier tous les iours en ce premier siecle, ou premiere ferueur de l'Eglise, n'estoit pas seulement vn effect de la pure deuotion des

Chretiens, mais vn precepte establi par les Apostres. Ils fondent ceste doctrine sur les paroles du Pape Anaclete, raportees au Chap. Peracta : b Qu'estant acheuee la consecration du corps de Iesus-Christ, communient tous ceux qui ne voudront estre priuez de l'entrée de l'Eglise : car les Apostres l'ont ainsi ordonné, & ainsi l'obserue la saincte Eglise Romaine. C'est à dire que tous ceux qui se trouueront presens à la Messe communient. A cecy s'accorde le Canon des Apostres, qui est de ceste teneur : c Il est conuenable que tous les fidelles qui estans entrez en l'Eglise, & ayans ouy la Predication, ne perseuereront pas en l'oraison, & ne communieront pas auec les autres, soient priuez de ladite Communion, comme perturbateurs du repos Ecclesiastique. C'est à dire, qu'ils soient excommuniez, afin qu'ils n'ayent auec les autres aucune part aux diuins Offices. Et S. Clement Romain, rapportant les ceremonies que les fidelles obseruoient par le commandement des Apostres, venant à l'Eglise, conclud ainsi : d Apres l'oblation du corps & du sang de Iesus-Christ, chacun vienne par son ordre à la saincte Communion modestement, auec crainte & reuerence, comme qui s'aproche de la personne du Roy. Le Pere Vasquez est de ceste opinion, & dit expressement qu'il y a eu precepte de communier tous les iours en la primitiue Eglise, par l'authorité des Apostres : il est vray qu'il ne cite aucun Autheur en faueur de ceste opinion. S. Thomas semble admettre ladite loy ou precepte, sans toutesfois l'attribuer expressément aux Apostres : le Pere Sua-

b *Peracta consecratione omnes communicent, qui noluerint Ecclesiasticis carere liminibus : sic enim Apostoli statuerunt, & sancta Romana tenet Ecclesia. de Consecrat. dist. 2.*
c *Omnes fideles, qui ingrediuntur Ecclesiam, & scripturas audiunt, non autem perseuerant in oratione, nec sancta Communione percipiunt velut inquietudinis Ecclesia causantes conuenit communione priuari. Can. 10.*
d *Astante*

*omni populo, atque secretò orante sacrificium peragatur. At postquã ablatũ fuerit, accipiãt singuli per se ordine dominicum corpus, & pretiosum sanguinem gradatim cum pudore, & timore, tanquam ad regis corpus accedentes. Lib. 2. const. Apost. c. 61. e 3. part. disput. 224. f 3. part. q. 80. art. 10. ad 5. g Super cap. Peracta. h 3. part. tom. 3. qu. 80. disp. 69. sect. 3. k 4. part. q. 51. mẽb. 2 art. 2. l In Cõfess. cap. 34. m In defens.*

rez dit que l'opinion de S. Thomas est, que iusques au Pape Anaclete ce n'a esté qu'vne coustume introduite par la feruer des premiers Chrestiens, laquelle auec le temps eut force de loy. Neantmoins la plus commune & plus veritable doctrine, est qu'en la primitiue Eglise il n'y a eu aucun precepte des Apostres, ny aucune loy establie & fondee par la coustume des fideles qui communioient tous les iours. C'est l'opinion de Turrecremata, Hugocion, & l'Archidiacre, g du Pere Suares, h d'Alex. de Hales, k Hos. l Turrian. m & de plusieurs autres. La preuue de cecy est, que ce precepte ne se collige des Canons citez, & il n'y en a point d'autres d'où l'on le puisse colliger, parce que lesdits Canons monstrent seulement que la coustume estoit, que tous ceux qui se trouuoient à la Messe y communioient: mais il n'y a aucun decret, d'où l'on puisse colliger que tous les fideles estoient obligez d'assister tous les iours à la Messe; parce que le Canon des Apostres, auquel se remet Anaclete, & qui est rapporté au decret *de Consecrat. n* parle seulement des festes solemnelles: & mesme parlant de celles-là, il ne commande pas qu'vn chacun vienne à l'Eglise pour oüyr Messe, mais il ordonne que tous ceux qui y assisteront, y communient. Et le Chap. *Missas*, qui est le 64. du mesme titre (où il est commandé à tous les fideles d'oüyr la Messe tous les Dimanches.) a esté pris du Concile d'Agde, assemblé du temps du Pape Symmache, l'année de Iesus-Christ 506. auquel temps on ne parloit plus de la Communion de tous les iours, ny mesme de celles de Dimanches, comme nous monstrerons bien tost. C'est pourquoy iusques à ce que l'on monstre quelque decret, qui preuue efficacement que les premiers Chrestiens estoient obligez d'entendre la Messe tous les iours, il n'y a aucun fondement suffisant; ie ne dis pas pour preuuer qu'il y a eu precepte en la naissance de l'Eglise, de communier tous les iours, ny mesme pour persuader qu'il y a eu coustume generale de cet vsage : au contraire, il semble que des Constitutions & Canons citez, l'on peut colliger, que ceux qui ne se trouuoient à la Messe ne communioient pas, ny n'estoient pas obligez de le faire; & particulierement du decret d'Anaclete, qui limite sa Constitution par ces paroles : o *Celuy qui voudra entrer en l'Eglise.* Donnant à entendre qu'il ne parloit pas des absens. Et ainsi on ne peut trouuer aucun argument suffisant pour prouuer que les premiers Chretiens sans exception communiassent tous les iours ; & encor moins trouuera-on aucun Pere, ou Sainct, qui le die. D'abondant on ne le sçauroit conuaincre de ce lieu des Actes des Apostres, d'où quelques-vns tirent cette coustume & vsage vniuersel de l'Eglise primitiue. Oyons S. Luc, qui parlant de ces trois mille hommes que sainct Pierre conuertit en son premier Sermon, dit ainsi : p *Tous estoient perseuerans en la doctrine des Apostres, en la communion du pain, & en oraison.* La translation Syriaque lit, en la communion de la saincte Eucharistie. Ie ne veux pas dire

*Can. Apost. cap. 11.*
n *De Consecr. dist. 13.*

o *Omnis qui Ecclesiasticis noluerit carere liminibus.*

p *Erat omnes perseuerantes in doctrina Apostolorum, & communicatione fractionis panis, & orationibus. Act. 2.*

que quelques-vns (comme Caietan) expliquent ce passage de la distribution des aumosnes: mais i'admets que S. Luc parle de la communion du corps de Iesus-Christ: toutesfois il ne dit pas que cela se faisoit tous les iours, & il ne parle que de ces trois mil Neophytes que S. Pierre conuertit, & des iours qu'ils s'assemblerent, qui ne peuuent estre plusieurs. Les paroles qui se trouuent au mesme Chapitre de S. Luc, auront encore moins de force: q *Ils estoient tous les iours vnanimement en l'Eglise, & distribuant le pain par les maisons & familles, le mangeoient auec allegresse & pureté de cœur.* Ie dis qu'elles auront moins de force que les premieres, parce qu'elles ne s'entendent (comme bien le remarque le Pere Lorin) de la Communion, mais des charitez & aumosnes, que sainct Paul r appelle soupez du Seigneur, qui estoient certains repas & refections que les fideles faisoient en l'Eglise pour entretenir la charité. Si les aduersaires objectent encore qu'ils ont de leur costé Montanus, Salmeron, Gagnier, Sanchez & plusieurs autres Autheurs modernes, qui expliquent ce texte de la distribution de la saincte Eucharistie. Ie respondray auec Lorin, que i'ay de mon costé S. Iean Chrisostome, Theoph. Bede, & Eutsimius, qui sans comparaison ont plus d'auctorité que les autres.

Outre que quand nous concederions que S. Luc parle de l'Eucharistie, & de la communion de tous les iours, il est asseuré qu'en ce texte il ne parle que des Chrestiens qui e-

---

q *Quotidie quoq. perdurantes vnanimiter in templo, & frangentes circa domos panem, sumebant cibum cum exultatione, & simplicitate cordis.* Ibidem.

r *Iam non est Dominicam cœnam manducare.* 1. ad Cor.

stoient en Hierusalem, qui auoient laissé tous leurs biens, & les auoient mis au pieds des Apostres, & ceux-là perseueroient tous les iours en oraisons; mais de ce peu l'on ne doit inferer le mesme de tout le reste de l'Eglise.

De là s'infere clairement qu'il n'y a aucune auctorité, ny tesmoignage ancien, qui preuue efficacement qu'en la primitiue Eglise il y eut coustume generale, & beaucoup moins precepte, que tous les fidelles communiassent tous les iours. Le plus que l'on peut tirer de ce Canon des Apostres, c'est vn precepte, ou vne loy introduite par la coustume, que tous ceux qui assisteroient à la Messe communiassent; car les paroles dudit Canon ne portent autre chose : & encore ce commandement de communier, qui comme nous auons dit, ne comprenoit que ceux qui se trouuoient presens à la Messe, n'obligeoit pas tous les iours : car bien que ledit Canon des Apostres dans les œuures de S. Clement Pape ( où l'on le treuue auiourd'huy ) soit de la teneur que nous l'auons cité cy-dessus ſTous les fidelles qui entrent en l'Eglise, &c. sans limiter aucun temps : toutefois au nouueau Decret, en celuy de Iuon, de Buchard, & de Polycarpe, il se trouue auec ces paroles adioustées : † Tous les fidelles qui aux festes solemnelles s'assemblent à l'Eglise,&c. Or Greg. 13. en ses remarques, & en sa glose, donne ceste leçon pour la meilleure, & la plus veritable, & en l'impression nouuelle des Conciles elle se met à la marge. C'est pourquoy cela obligeoit seulement ceux qui assistoient à la Messe de

ſ Omnes fideles qui ingrediuntur Ecclesiã,&c

† Omnes fideles, qui cõueniunt in solemnitatibus sacris ad Ecclesiam, &c.

communier aux solemnitez, c'est à dire aux Dimanches, & aux Festes.

CECY se confirme par vn autre Décret des Apostres, cité par Sainct Epiphane, qui dit: « Les *Apostres ont ordonné que les Communions se feroient le Mercredy, Samedy, & Dimanches.* D'où l'on peut colliger que la Communion de tous les iours n'a esté establie, ny introduite par les Apostres: & bien que Bosius x die que ces trois iours estoient de commandement, & les autres de la semaine de conseil, ie ne veux pas dire que cet ordre donné par les Apostres, fust que tous les fidelles sans exception communiassent ces iours assignez, de la façon que l'Eglise auiourd'huy a determiné que l'on communie à Pasques: mais comme nous auons dit cy-dessus, que tous ceux qui assisteroient à la Messe y receussent le S. Sacrement de l'Autel; mais aussi d'y assister, cela estoit libre & volontaire, comme il se void aux autres Canons citez.

QVELQV'VN pourra dire que ce decret allegué par S. Epiphane, contredit au Canon des Apostres; parce que ce Canon, selon la plus veritable leçon, ordonnoit que les Communions se feroient aux iours solemnels, & ce decret porte qu'elles se faisoient trois iours de la semaine, le Mercredy, Samedy, & Dimanche. Ie responds à cela, premierement, qu'il se peut faire que les Apostres, en diuers lieux, fissent diuers decrets; & que celuy des trois iours de Communion s'est conserué en quelques Eglises, iusques au temps de S. Basile, y qui dit

*Communiones autem siue synaxes fieri ordinata sunt ab Apostolis quarta feria, & pro Sabbatho, & Dominica. Lib. 3 cont. hæres.*
x *Lib. 3. de signis Eccl. cap. 5.*

dit que ceste coustume bien peu changée, continuoit en son Eglise de Cesarée en Cappadoce. En second lieu, l'on peut respondre que ces paroles du Canon des Apostres : *Les fidelles qui s'assemblent aux iours solemnels, &c.* par les iours solemnels, l'on doit entendre les iours accoustumez. *aa* C'est vne façon de parler entre les Latins ; & par consequent la mesme chose estoit commandée en ces deux decrets.

Le Chap. *Peracta*, où s'arrestent dauantage les aduersaires, a quelques autres considerations differentes. La premiere est, que cela ne se doit entendre de la Communion de tous les iours, veu que cela se renuoye au Canon des Apostres, *bb* & ce Canon ne parle en aucune façon de la Communion de tous les iours, comme nous l'auons prouué cy dessus. C'a esté la commune opinion des Interpretes de ce Chapitre : car Turrecremata, Hugotion, l'Archidiacre Turrianus, & la Glose, donnent des explications bien differentes.

L'ARCHIDIACRE dit, que iaçoit que ce decret soit indeterminé, neantmoins il se doit entendre seulement des trois grandes solemnitez, sçauoir de la Natiuité de nostre Seigneur, de sa Resurrection, & de la Pentecoste. Sans doute il a fondé ceste explication sur le Canon des Apostres cité par Anaclete ; entendant par ces iours solemnels ces trois Festes.

HVGOCION, Turrianus, Halens. & Hosius, tous vnanimement auec la Glose, sont d'opinion que ce S. Pape parle seulement des Mini-

*Omnes fideles, qui conueniunt in solemnitatibus sacris.*
*aa Solitis diei.*

*bb Sic enim Apostoli statuerunt, &c.*

stres de l'Autel, qui selon la coustume ancienne estoient obligez à communier en la Messe, en laquelle ils administroient. Et le fondement de cecy est, qu'ils croyoient qu'Anaclete rapportoit ces paroles: « Les Apostres l'ont ainsi ordonné, au Canon 9. des Apostres, qui dit: *Si quelque Euesque, Prestre, Diacre, ou autre quel qu'il soit au nombre des Prestres, ne veut communier la Messe parachevée, qu'il donne la raison de son indisposition, afin que si elle est legitime on luy pardonne, & s'il ne la veut dire, qu'il soit priué de la Communion.* De ces paroles il appert euidemment que mesme les Ministres de l'Autel n'auoient aucun precepte absolu de communier aux Messes ausquelles ils administroient, puis qu'on receuoit leurs excuses. Ceste explication se confirme par le texte de l'Epist. 1. du Pape Anaclete, où l'on a pris le Chap. *Peracta*, voicy la teneur : « Quand l'Euesque celebrera, qu'il ait (comme il est ordonné) des tesmoings qui l'accompagnent, & en plus grand nombre que les simples Prestres, car il est raisonnable, que comme il est esleué en vne plus haute dignité, il ait aussi vn plus grand nombre de Ministres qui l'assistent : c'est pourquoy aux plus grandes solemnitez, il aura auec soy sept ou cinq, ou pour le moins trois Diacres (qui sont les yeux de l'Euesque) & autres Ministres, qui reuestus l'assisteront deuant & derriere, & les Prestres seront là presens, à droict & à gauche, vis à vis l'vn de l'autre, auec grande attention, contrition, & humilité d'esprit, pour empescher que les meschans ne l'approchent, & aussi pour donner leur consentement au sacrifice, & la consecration acheuée, tous ceux qui ne veulent estre chas-

*Sic enim Apostoli statuerunt. Can. 9. des Apost. Si quis Episcopus, aut Presbyter, aut Diaconus, vel quilibet ex Sacerdotali Cathalogo facta oblatione non communicauerit, aut causam dicat, vt si rationabilis fuerit veniam consequatur, aut si non dixerit communione priuetur.*

*Episcopus Deo sacrificans testes (vt prædixim est) secum habeat & plures quam alius Sacerdos: sicut enim maiori honore gradu fruitur, sic*

## Communion.

sez hors de l'Eglise communieront; ainsi l'ont ordonné les Apostres. Toutes ces paroles sont de l'Epist. d'Anaclete: mais par ces discours il est aisé à remarquer, que par ce mot de, tous, il entend seulement ceux qui administrent à l'Autel; & par consequent il faut dire que ce Pape s'est rapporté à ce Canon des Apostres cité.

Et si ceste explication ne vous contente, celle du docte Turrecremata aura lieu; il dit donc que le Pape Anaclete parle de tous les Dimanches & Festes solemnelles, & non dauantage, parce qu'en ces iours precisément au temps de ce Pape, les fideles auoient accoustumé de communier. Ceste explication me semble tres-veritable, & ie preuue clairement par le texte de ceste Epistre; car apres auoir dit: ff *Aux plus grandes solemnitez*, &c. la clausule qu'il adiouste aussi tost: gg *La consecration paracheuee que tous communient*, se doit entendre des mesmes iours solemnels, & non des autres; & en ce cas il faut dire consequemment, que ce Pape se rapporte en cecy à ce Canon des Apostres cy dessus cité, qui commence: hh *Tous les fidelles qui aux solemnitez s'assemblent à l'Eglise*, &c. De façon que le decret d'Anacl. & le Canon des Apostres ont le mesme sens, sçauoir que la coustume de communier, & le precepte d'Anaclete fondé sur icelle, obligeoit seulement les Dimanches & les Festes, non tous les Chrestiens, mais seulement ceux, qui assistoient au sainct

*hominibus, & consensum eius præbeant sacrificio. Peracta autem consecratione omnes communicent.* ff *In solemnioribus quippe diebus, aut septem, aut quinque,* &c. gg *Peracta consecra-*

*maioris testimonij incremēto in diē sin solennioribus quippe diebus aut septem, aut quinque, aut tres Diaconos (quieius oculi dicūtur) & Subdiaconos, ac reliquos ministros secum habeat, qui sacris induti vestibus in frente & à tergo, & Presbyteri è regione dextraque, lanaque contrito corde & humiliato spiritu, ac prono stēt vultu, custodientes eum à maleuolis*

sacrifice de la Messe, & ainsi les absens n'y estoient pas compris, comme il se collige de la teneur dudit decret, en ces paroles, *Tous ceux qui ne voudront estre chassez de l'Eglise:* car bien que ce soit vne tradition ancienne, qu'aux premiers siecles de l'Eglise, ceux qui assistoient & communioient à la Messe, auoient de coustume de porter la saincte Eucharistie aux absens, pour la receuoir en leurs maisons: toutesfois cela ne se faisoit pas tousiours, ny par obligation; au contraire c'estoit vne pure tolerance diuersement combattuë entre les fidelles: & ainsi il faut entendre que quand Anaclete ordonna que tous les fidelles qui assistoient à la Messe, y communiassent, il ne leur commanda pas, ny les obligea tous d'y assister, mais leur laissa en ce poinct leur pleine liberté, ce qui estoit necessaire, afin que ce precepte fust raisonnable; car ainsi il donnoit lieu à ceux qui se recognoissoient indisposez, & indignes de s'approcher de la saincte Communion, de s'en retirer sans qu'on s'en apperceust.

Outre ces explications, il y en a vne autre qui correspond à la derniere, & c'est celle qui conuient dauantage auec les paroles dudit Chapitre. Mais auant que passer outre, il faut remarquer la coustume ancienne de l'Eglise, qui estoit, qu'après la consecration du corps & du sang de Iesus-Christ, auant que d'administrer la Communion aux fideles, le Diacre à haute voix disoit ces paroles: ĸĸ *Les choses sainctes sont pour les Saincts, qui ne se recognoistra tel se retire*, & ainsi ceux qui ne se recognoissoient pas suffi-

*Omnes, qui noluerint Ecclesiasticis carere liminibus.*

ĸĸ *Sancta sanctis, siquis non sanctus non accedat.*

## Communion. 21

samment disposez pour communier sortoient de l'Eglise, n'y demeurant que ceux qui se recognoissoient preparez; ainsi le dit Sainct Iean Chrysostome voicy ses paroles : ll. *Afin que vous ne pretendiez cause d'ignorance, le Diacre en vn lieu esleué, à haute voix, leuant les mains au milieu de ce grand silence fait vn grand cry, appellant les vns, & reiettant les autres, faisant ceste separation non auec la main, mais auec la langue, & beaucoup plus efficacement, car sa voix entrant par nos oreilles, comme si c'estoit vne main, esloigne les vns, et les chasse hors l'Eglise, & introduit les autres, & les approche de l'Autel.* Ce sont les paroles de S. Iean Chrysostome, qui à mon aduis expliquent ledit Chapitre, *Peracta*: le sens duquel, conforme à ladite coustume, est selon ces paroles : La consecration acheuée, que tous les fideles qui assisteront à la Messe, reçoiuent le corps de Iesus-Christ, s'ils ne veulent sortir de l'Eglise; qui vaut autant à dire, comme s'il disoit : Tous ceux qui ne voudront communier sortent de l'Eglise, obeïssant à la voix du Diacre qui le commande, parce que les Apostres l'ont ordonné de la sorte, & ainsi l'obserue la saincte Eglise.

Quelle difference y auroit-il donc du decret au Canon des Apostres? Ie le diray. Le Canon des Apostres, comme il se collige de ces paroles: mm *Tous les fideles qui entrent en l'Eglise aux grandes solemnitez, & entendent les sainctes Escritures, & ne perseuerent en oraison, ny reçoiuent le sainct Sacrement, doiuent estre priuez de la saincte Communion, comme perturbateurs*

ll *Tamen ne vel hoc pratendas: propterea sublimis constitutus magna voce, terribili clamore quasi quidam praeco manum in altitudinem tollens stans erectus, omnibus apparens & magnam in illa tremenda quiete exclamans, hos quidē vocat, illos autem arcet, & hoc manu facies, sed per linguā efficacius quā per manum: illa namq; vox in aures incidēs nostras, tanquā manus quaedam hos quidem pellit & ejicit, illos autē introducit* Hom. 67. ad popul.
mm *Omnes fideles qui in*

B iij

*Solemnitatibus sacris ingrediuntur Ecclesiam, & scripturas audiunt, non autem perseuerant in oratione, nec sanctã Communionem percipiũt velut inquietudines Ecclesiæ commouentes conuenit Communione priuari. Sic enim Apostoli statuerunt.*

du repos de l'Eglise. Ce Canon ordonnoit que que tous ceux, qui entreroient en l'Eglise ausdites solemnitez, & assisteroient aux Offices diuins, communiassent: mais le decret d'Anaclete permettoit mesme ausdites solemnitez, à ceux qui ne vouloient pas communier, de venir à l'Eglise, & assister aux offices diuins de la Messe, obligeant seulement de sortir la consecration acheuée, laissant ceux qui deuoient communier; & c'est le mesme qu'on obseruoit du temps de S. Chrysostome, sans rien augmenter, ny diminuer: & quoy qu'Anaclete cite le Canon des Apostres en ces paroles: *Ainsi l'ont ordonné les Apostres*, il ne faut pas entendre qu'il se soit conformé en tout, mais seulement au principal, qui estoit de ne se trouuer en l'Eglise au temps de la Communion, afin d'euiter de ceste sorte les iugemens temeraires que l'on pourroit faire.

De tout ce que nous venons de dire l'on peut colliger deux choses. La premiere, qu'il n'y a aucune raison qui preuue qu'en la primitiue Eglise il y ait eu precepte que tous les fidelles communiassent tous les iours; puisque le plus ancien decret c'est celuy des Apostres, auquel se rapporte Anaclete, & encore il ne parle que des Festes, & s'il ne commande à tous generalement d'y communier: mais seulement à ceux qui assisteront à la Messe, laissant à la liberté d'vn chacun d'y assister, comme nous l'auons dit & prouué. La seconde, qu'il n'y a eu aucun temps en l'Eglise primitiue, où l'vsage de la Communion de tous les iours fust admis comme coustume vniuerselle obligeant tous les fideles: ce qui se preuue efficacement par par la raison suiuante, outre celles que nous auons ja proposées. Les Peres, qui sont en grand nombre, enseignans ce qui est le plus parfaict en la vie Chrestienne, exhortent à la Communion de tous les iours depuis S. Cyprian, qui n'a esté gueres esloigné du temps des Apostres. Et quelque temps apres s'estant esleuées de grandes disputes sur ce poinct, comme nous le monstrerons au Chapitre suiuant, nul de ces saincts Peres se sert de l'exemple des premiers Chrestiens, ny pour exhorter, ny pour deffendre son opinion, & moins cite les lieux des Actes des Apostres; & sans doute s'ils eussent creu qu'il y auoit de l'apparence, c'eust esté le premier & le plus fort de leurs argumens, comme il est auiourd'huy de ceux qui veulent persuader la Communion de tous les iours auoir esté loy en l'Eglise primitiue. Le fondement vnique de ceux qui pour lors deffendoient ceste opinion, sont les paroles de l'Oraison Dominicale: *nn Donne nous auiourd'huy nostre pain quotidien*, c'est à dire de tous les iours, comme nous dirons au Chapitre suiuant: ils n'ont iamais allegué autre texte, ny exemple. D'où l'on doit inferer que la licence si libre que quelques-vns donnent à toute sorte de personnes de quel estat & condition qu'elles soient, pour cõmunier tous les iours, est mal fondée sur le precepte, & sur la coustume de l'Eglise primitiue; & ce n'est pas mon inten-

*oo Panem nostrũ quotidianum da nobis hodie.*

tion de dire qu'en la primitiue Eglise il n'y eust quelques-vns qui communiassent tous les iours: mais ie veux dire qu'excepté les Prestres, & Ministres de l'Autel (dont ie ne parle maintenant) tous les fideles ne communioient pas tous les iours, ny mesme la pluspart : c'est pourquoy Albert le Grand, Alexandre de Hales, Denys le Chartreux, & le bien-heureux Amedée sur l'Apocalipse sans plusieurs autres disent, non comme chose ordinaire, que nostre Dame communioit tous les iours.

Mais que dirons-nous à l'auctorité de tant de Docteurs, qui depuis Sainct Thomas iusques à nostre temps, ont dit qu'en la primitiue Eglise tous les fideles communioient tous les iours? La meilleure responce est, qu'ils parlent seulement de ces premiers Chrestiens de Hierusalem, qui ont esté les premiers conuertis à la foy, & des autres qui ont vescu à leur exemple en Alexandrie, & ailleurs; personnes qui faisoient profession de mener vne vie parfaite, qui vendoient leurs biens, & en apportoient le prix aux pieds des Apostres, embrassans vne pauureté volontaire, qui iouïssoient des premices du S. Esprit ; *pp* ceux-là, selon l'exposition probable du texte des Actes des Apostres, communioient tous les iours, & perseueroient aussi tout le iour en oraison. Ce n'est pas à dire pourtant qu'il faille tirer consequence de ceux-cy à tous les autres, comme ne font aussi les Docteurs, qui apportent cet exemple, ny mesme les Apostres : car comme dit sainct Epiphane, en d'autres endroicts du monde ils ont suiuy

*pp Erant omnes perseuerantes in doctrina Apostolorum & in communicatione fractionis panis, & orationibus.*

vn autre style, & ont introduit vne frequentation plus moderée.

## CHAPITRE IV.
### De la coustume que l'Eglise a obserué aux autres temps, touchant la frequentation de la Communion.

CE que l'Eglise a obserué depuis les premieres annees de sa naissance touchant l'vsage de la sacrée Communion, est plus asseuré & plus aysé à preuuer que ce qu'elle a fait aux premiers siecles. Ie dis donc que depuis ce premier temps de l'Eglise, ce qui se trouue de plus ancien touchant ceste frequentation, est ce qu'escrit S. Iustin Martyr, voicy ses paroles : *a Au iour qui s'appelle du Soleil, c'est à dire au Dimanche, tous les fidelles qui demeurēt aux villes, ou aux champs s'assemblent à l'Eglise, & là apres la lecture de quelque chose de l'Euangile, ou des Prophetes selon que le temps le permet, celuy qui preside prenant pour fondement de son exhortation quelque passage, qui s'est leu, instruit le peuple, & l'inuite à l'imitation des choses recitees ; cela fait nous nous mettons tous en oraison, laquelle acheuee l'on offre le sacrifice du pain, & du vin, qui est la sainte Eucharistie, & celuy qui preside fait oraison, & rend grace à nostre Seigneur tout le peuple luy respondant, Amen ; tost apres la distribution se fait, & le S. Sacrement se donne à tous ceux qui s'y trouuent, & l'ennoyoit-on aux absens par les Diacres. Cela parachevé, les plus riches font quelques aumosnes chacun*

*a Es Solis qui dicitur die, omnium qui vel in oppidis, vel ruri degunt, in eundem locum conuentus fit & commentaria Apostolorum, vel scripta Prophetarum quo ad tempus fert leguntur. Deinde lectore quiescente Præsidens orationem habet, qua po-*

selon sa volonté, & son pouuoir, & cela se met entre les mains du Prestre, qui preside pour le distribuer aux pauures orphelins, veufues, malades, prisonniers, pelerins, & autres necessiteux, & cela ordinairement se fait le iour du Soleil qui est le Dimanche, que nous nous assemblons tous; parce qu'en ce iour Dieu a donné le principe à la creation du monde, & en ce mesme iour il a voulu resusciter.

Toutes ces paroles sont de sainct Iustin, lesquelles i'ay voulu rapporter au long, afin que l'on vist comme en son temps, qui a esté quelques cent ans apres la natiuité de nostre seigneur, les fidelles communioient seulement aux Dimanches, non pas mesme tous, ains seulement ceux qui se trouuoient à la Messe, & les absens, qui le demandoient, sans obligation d'y assister, ny de le demander. D'où il appert que la leçon seconde du Canon des Apostres est tres veritable, & l'interpretation du Decret d'Anaclete cy-dessus mentionnée; & que l'obseruation d'iceux a duré iusques au temps de sainct Iustin, veu que ce qui s'obseruoit mesme en son temps, est contenu au Canon, & au Decret allegué.

OR combien que ceste Communion, qui se faisoit tous les Dimanches ne fust point de precepte, ou de coustume, qui tint lieu de loy; elle a esté pourtant celebre par plusieurs années dedans l'Eglise, comme le dit Vualfridus b Strabon, sainct Augustin l'approuue, & le loüe, comme nous verrons au chapitre 12. de ce Traité. En ce mesme temps on auoit de coustume en quelques Eglises particulières, de

*pulum instruit, & ad imitationem tam pulchrarum rerum hortatur. Sub hac consurgimus omnes, & precationes profundimus & precibus peractis panis offertur & vinum & aqua. Et prepositus ibidē quantū pro virili suo potest preces & gratiarū actiones fūdit & populus fauste acclamat, dicēs, Amen. Et distributio, communicatioque fit eorum in quib. gratiæ sunt actæ; cuique præsenti, absenti autem per Diaconos mittitur. Cæterū quo copiosiores sunt volūtarii pro ar-*

communier plus souuent; Sainct Hierosme dit qu'en son temps à Rome les fideles communioient tous les iours: *d Ie sçay bien*, dit il, *qu'à Rome les fideles ont de coustume de receuoir sans remise le corps de Iesus-Christ*, c'est à dire tous les iours. Et autre part il met l'vsage de l'Eglise d'Espagne pareil à celuy de Rome, disant ainsi: e *Quant à ce que tu me demandes touchant l'Eucharistie, si on la doit receuoir tous les iours, comme l'on dit que c'est la coustume des Eglises de Rome, & d'Espagne*. Ceste coustume en ce temps-là fut occasionnée par vne dispute, qui pour lors s'esmeut entre les Catholiques, sur l'intelligence de ces paroles de l'oraison Dominicale: *f donne nous auiourd'huy nostre pain quotidien*. Car les vns & les autres les entendans du pain celeste du S. Sacrement ne s'accordoient pas en ce qui suit; & premierement en ce mot de, quotidien, qui veut dire de tous les iours, pource que le terme qui correspond en l'original Grec g selon S. Luc signifie quotidien, & selon S. Mathieu, surpassant h toute substance; de façon que les vns suiuoient le premier sens, & les autres le second: & consequemment les premiers estoient d'aduis que la Communion se deuoit faire tous les iours: & vinrent à vn tel excez touchant ce poinct, que pour rendre veritable (selon leur opinion) ceste demande du *Pater noster*, ils s'approchoient de la saincte Eucharistie sans la disposition, & pureté requise, & necessaire. C'est en quoy S. Hierosme reprend les Romains, entre lesquels non seulement les continens, voire mesme les ma-

*bitrio quisq; suo, prout visū est, contribuunt: & quod ita colligitur apud præpositum deponitur, atque ille inde opitulatur pupillis, & viduis, & his qui propter morbum &c. Iustinus Apolog. 2. pro Christianis.*
*b Lib. de Eccl. reb. cap. 20.*
*c Epist. ad Ianuar.*
*d Scio Romanæ esse consuetudinem, vt fideles semper Christi corpus accipiant. Hieron. ep. contr. Iouinian.*
*e De Eucharistia quod quæris an accipiendæ quotidie: quod Romanæ Ecclesiæ, & Hispaniæ obseruare perhi-*

riez communioient apres l'vsage du mariage, & ne voulant pas par vne espece de respect venir à l'Eglise, ny assister aux offices diuins, estimant que ceste action fust incompatible auec la reuerence qui y estoit deuë, ne laissoient pas neantmoins de receuoir ces mesmes iours le S. Sacrement, se le faisant apporter en leurs maisons par les Diacres (comme c'estoit la coustume en ce temps-là.) Sainct Hierosme l'a reprouué, & condamné par les paroles suiuantes: k *Ie sçay que ceste coustume se pratique à Rome, que les fideles communient tous les iours, ce que ie n'approuue, ny reprouue: mais ie voudrois attaquer la conscience de ceux, qui apres l'vsage du mariage communient le mesme iour, & comme dict le Poëte Perse, veulent lauer les immondices de la nuict auec l'eau de la riuiere. Ie m'estonne de semblables personnes, qui font scrupule d'entrer en l'Eglise, & ne le font pas de communier en leurs maisons; Iesus-Christ est il autre en public, & autre en la maison?* Et apres auoir traicté briefuement de la preparation, qui est necessaire pour s'approcher dignement de la saincte Eucharistie, il concld, & dit que si les mariez communient tous les iours, ne s'abstenant de l'vsage permis du mariage, c'est faire contre le conseil de S. Paul, qui exhorte à se separer pour vn temps, si l'on veut prier auec le respect, & la reuerence deuë à la majesté de Dieu: *Si l'vsage permis du mariage*, dit ce Sainct, *est vn empeschement pour venir, & extrer dans l'Eglise; à plus forte raison le sera-il pour communier, puisque c'est vne chose plus grande, & plus releuée de receuoir le corps de Iesus*

*Epist. ad Lucian.*
f *Panem nostrum quotidianum da nobis hodie.*
g *Epiousion.*
h *Super substantialem.*
i *Hierony. Apocal. cont. Iouinian.*
k *Scio Romæ hanc esse cōsuetudinem, ut fideles semper Christi corpus accipiant: quod nec reprehēdo nec probo: sed ipsorum conscientiam conuenio, qui eodē die post coitum communicāt & iuxta Persium noctem flumine purgant. Quare ad Martyres ire non audent? an alius in publico, alius in domo Christus est? Hier. contr.*

## Communion. 29

*Christ, que de prier.*

I'ay dit tout cecy, afin que l'on voye qu'en ceste coustume de communier tous les iours, qui en ce temps estoit à Rome, Sainct Hierosme a trouué beaucoup à reprendre, & mesme les excez ostez il n'osa approuuer vne coustume si vniuerselle. D'où l'on peut inferer que iamais l'intention de ce grand Docteur n'a esté d'admettre, & approuuer ce que quelques-vns de ce siecle deffendent, & ne faisant aucune distinction des mariez & des continens, s'opposent directement à sa doctrine, & approuuent comme chose meilleure les excez & abus, qu'il a sagement condamné.

Ie dis dauantage que ceste coustume, qui au temps de S. Hierosme estoit és Eglises d'Espagne ne fut pas de longue durée : car vn peu apres se conformant à l'opinion des Eglises de l'Orient, qui croyoient qu'il falloit dire comme nous disions auparauant, nostre pain supersubstantiel, & non nostre pain quotidien donne le nous auiourd'huy, elles laisserent la coustume de communier tous les iours, & receurent celle de dire la Messe, & communier tous les Dimanches, ou bien les Samedys : & afin que ceste partie de la demande, donne le nous auiourd'huy, ne se dist en vain, ils ne disoient pas l'oraison Dominicale, que les iours qu'ils communioient, ou s'ils la vouloient dire les autres iours, ils laissoient ceste clause. Vualfridus Strabon rapporte tout cecy en ces paroles : *Quelques-vns en l'Orient, & en Espagne disoient la Messe seulement les Dimanches, & les Sa-*

*Iouin. Quid est maius, orare, an corpus Christi accipere? vtique accipere corpus Christi. Si ergo quod minus est impeditur, multò magis, quod maius est. Ibid.*

*m Ab omni Dominica, vel omni Sabbatho apud orientë, vel Hispanias missas fagiates.*

*cōmemorationem Passionis Christi omni septimana si facerent sufficere credebāt. Vnde etiā oratiōnē Dominicam quā ab ipsis ut credimus Apostolis, ante communionem, & panis fractionem dicebātur, illo tantum tēpore recitandam crediderunt quo sacrificia celebrābant ; quia panem illum qui in eādē oratione petitur, supersubstantialé intelligi, non quotidianū voluerunt. Vualfridus Stra. lib. de reb. Eccl. c. 10.*
*n Aug. tom. 4. lib. 2. de serm. Domini in mont.*

medys, & aux autres iours de la semaine ils se contentoient de faire vne memoire de la Passion de Iesus-Christ, parce qu'ils croyoient que le pain qui se demande en l'oraison Dominicale, ne se deuoit appeller pain quotidien, ou de tous les iours, mais pain supersubstantiel : ils croyent aussi que ladite oraison, laquelle depuis le temps des Apostres on souloit reciter auant la Communion, ne se pouuoit dire sinon és iours que l'on communioit. De façon qu'en Espagne ceste controuerse auoit deux poincts, l'vn estoit quand tous communioient tous les iours, auquel temps ils fondoient leur coustume en l'oraison Dominicale, en ces paroles : donne nous auiourd'huy nostre pain quotidien ; & estoit de telle façon attachez à ce sens, qu'ils croyoient qu'elles ne se pouuoient prononcer, ny reciter en public, ou en secret, que le iour auquel l'on communioit ; c'est pourquoy pour la pouuoir dire tous les iours, ils communioient tous les iours ; erreur, dont a fait mention S. Augustin *n* qui adiouste que quelques-vns s'estoient de telle façon arrestez à ce sens, qu'ils croyoient que ce mesme iour apres auoir communié, il ne leur estoit pas permis de repeter ladite oraison, pour ne rendre vaine, & inutile ceste partie de demande : donne le nous auiourd'huy : car comment peut-il estre bien fait (disoient-ils) de demander pour auiourd'huy ce que nous auons desia receus, & que nous ne pouuons receuoir pour la seconde fois ?

L'AVTRE poinct estoit quand estant en la mesme erreur, que l'on ne pouuoit dire l'oraison Dominicale sinon le iour de la Communion, à cause de ces paroles : donne le nous auiourd'huy; pour ne s'obliger à communier plus de iours en la sepmaine, sçauoir le Samedy, & le Dimanche, ils changerent ceste clause : o *nostre pain de tous les iours*, en ceste autre : p *nostre pain supersubstantiel*; & encore ne recitoient ladite oraison qu'en ces deux iours de la Communion. L'vn & l'autre poinct ont esté declarez euidemment erronés : comme pareillement celuy-cy, qu'il n'estoit pas permis de dire la Messe, si tous ceux qui estoient presens ne communioient, qui pourtant fut supporté en quelques Eglises particulieres en ce temps là, iusques à ce que l'Eglise vniuerselle a determiné le contraire.

o *Panem nostrum quotidianum.*
p *Panem nostrum supersubstantialem.*

FINALEMENT pour conclurre ce qui touche ce siecle, auquel florissoient les Docteurs de l'Eglise, ie dis qu'en ce temps, tant aux lieux où l'on auoit coustume de communier tous les iours (qui estoit Rome, & Espagne, comme aux autres endroits où estoit receuë celle de communier vne fois la sepmaine, il n'y eut iamais precepte, ny coustume, qui eut force de loy, on a laissé chacun libre en ceste matiere : & a on tousiours permis que ceux qui ne recognoissoient en eux vne deuë preparation, s'é retirassent : L'on ne sçauroit trouuer aucune chose qui persuade le contraire : mais bien plustost és Eglises de l'Orient (comme il apert par le tesmoignage de S. Iean Chrisostome.) q en ce mesme temps, auquel comme nous auons dit la coustume de communier vne fois la sepmaine estoit receuë pour la pluspart, on voyoit quelques-vns qui communioient tous les iours, d'autres les iours de Caresme, autres aux Festes solemnelles, d'autres en fin vne fois seulement l'annee; & sainct Iean Chrysost. *r* parle à tous, les exhortant à vne plus grande frequentation, recherchant tousiours en premier lieu vne deuë preparation; & ainsi comme de chose qui estoit volontaire à vn chacun, ce Sainct dit que le temps arriué de receuoir le sainct Sacrement en la Messe, vn des Diacres qui assistoient prononçoit à haute voix que tous ceux qui ne se recognoissoient suffisamment disposez pour receuoir le corps de nostre Seigneur, sortissent de l'Eglise, & les autres s'approchassent pour le receuoir, comme nous auons remarqué au Chapitre passé. Et à ce propos il y en a qui dient que ces dernieres paroles, par lesquelles le Prestre acheue la Messe: *Ite Missa est*, tendent à mesme fin, & sont pour ceux qui ne deuoient communier; ce qui preuue euidemment qu'il n'y auoit point d'obligation, mais entiere liberté en toutes ces Communions, tant quotidiennes, comme és autres. Et parce que nous auons dit qu'en ce temps quelques-vns auoient de coustume de Communier tous les iours de Caresme; Ie dis que ceste coustume dura plusieurs annees en Bulgarie, comme il se void par la responce du Pape Nicolas premier de ce nom. Car ce peuple ayant consulté ce grand Pontife, si ceste coustume qui florissoit entr'eux, estoit bonne & loüable? il respondit par les paroles suiuantes: *Vous demandez*

*r. Ibidem.*

*ſ Corpori, & Sanguini*

mandez mō aduis, sçauoir mon si vous cōmunierez tous les iours du Caresme, ie prie tres-humblement nostre Seigneur de vous en donner le pouuoir, & vous exhorte tous tant qu'il m'est possible de le faire, pourueu que vous n'ayez vostre volonté, & vostre affection au peché, ny scrupule de quelque crime commis, qui bourrelle vostre conscience impenitente.

Ce qui reste de la matiere de ce Chapitre personne ne l'ignore, c'est qu'à ces premiers siecles de l'Eglise ont succedé d'autres ausquels la froideur & l'indeuotion des fideles print vn si grand pied dans les cœurs, & la frequentation de la Communion décheut de telle sorte, que l'Eglise a esté contrainte d'en faire vn commandement. C'est pourquoy le Pape sainct Fabian, qui gouuernoit l'Eglise l'an de Iesus Christ deux cens, fit vn Decret de la teneur suiuante: Si les hommes du monde ne veulent communier si souuent, pour le moins qu'ils communient tous trois fois l'année, sçauoir le iour de Pasques, de la Pentecoste, & de Noël, exceptez ceux qui seroient excomuniez pour quelque grand peché. Et ce Decret fut confirmé apres au Concile d'Agde, u & en celuy de Tours x celebré du temps de Charlemagne, & qui fut l'an de Iesus-Christ neuf cens. Ceste coustume de communier ces trois Festes solemnelles, continua iusques à Innocent 3. qui au Concile de Latran reduisit ces trois Communions à vne, ordonnant que celle seule fust de precepte. Nous prefererons apres au Chapitre huictiesme la teneur de ce Decret. I'infere maintenant de tout ce que nous auons dit, seu-

*Corpori & sanguini Dominico quotidie in Quadragesima maiori si deberetis communicare, cōsulitis. Quod vt fiat Dominū omnipotentem suppliciter exoramus; & vos vementissime exhortamur: si tamen mens in affectu peccandi non sit, vel si hāc non de criminalib. peccatis cōscientia impenitens, vel non reciliata fortassis accuset. Nicol. 1. ad cōsulta Bulgarorum. Et si non frequentius, saltem in anno ter laici homines cōmunicent (nisi forte quis maiori*

C

*Pratique de la frequente*

lement deux choses. La premiere, qu'en aucun temps il n'y a eu precepte, ny coustume, qui eust force de loy en l'Eglise, & qui obligeast les fideles a communier tous les iours, ny toutes les sepmaines, ny tous les mois; mais pluftost touchant ceste frequentation l'Eglise a toujours laissé les fideles en leur pleine & entiere liberté, afin qu'vn chacun selon sa disposition s'approchast plus ou moins souuent de ceste table celeste; & ainsi il ne faut iamais tirer consequence du conseil au precepte. La seconde chose que i'infere est, que de deffendre la Communion de tous les iours, sans la mediocrité necessaire, & les circonstances requises, a esté cause aux temps passez de plusieurs erreurs, & abus, qui se sont glissez en des Eglises particulieres, comme nous auons dit cy-dessus, & dirons en suite plus au long.

*bus crimini-*
*bus impe-*
*diatur) in*
*Pascha vi-*
*delicet, &*
*Pentecoste,*
*& Natali*
*Domini.*
*S. Fabian.*
*Pap.*
*u Concil.*
*Agatense*
*Canon. 18.*
*x Concil.*
*Turon. c. 50.*

---

## CHAPITRE V.

### *Des fins de la saincte Communion, & de la conformité qu'elles ont entr'elles.*

Toute l'asseurance que l'on peut auoir de l'eslection des moyens, consiste a bien cognoistre les fins des actions humaines; c'est pourquoy en ceste matiere où l'on traicte de mesurer, & taxer à vn chacun selon son estat, & condition, & selon le profit qu'il aura fait aux vertus (ce sont tous des poincts d'eslection) ie dis de taxer la frequentation de la Communion, il est necessaire auant toutes choses de rechercher les fins que l'on doit auoir en la frequente Communion. Ce n'est pas mon dessein de traicter icy des fins bonnes, ou mauuaises, que chacun en son particulier peut donner à à la Communion, mais de celles qui sont propres, & naturelles à ceste action, & de l'ordre qu'elles tiennent entr'elles.

### Remarques pour ordonner lesdites fins.
§. I.

IE dis en premier lieu, comme supposition generale, & necessaire par tout ce que nous deuons traicter, que l'auguste Sacrement de l'Eucharistie a deux choses. La premiere, est commune auec tous les autres Sacremens, que Iesus-Christ a institué, sçauoir de donner grace, *ex opere operato*, qui est vn terme dont se seruent les Theologiens pour nommer la grace principale, que les Sacremens conferent, & qui ne respond pas comme prix, & recompense à la disposition de celuy qui le reçoit, mais aux merites infinis de Iesus-Christ. La seconde chose qu'a ce Sacrement, & qui fait qu'il laisse les autres fort loing derriere luy, & les surpasse de beaucoup, c'est la presence reelle,

& veritable de Iesus-Christ audit Sacrement. Commençant par ceste seconde, il n'y a personne qui ait iamais douté que ceste presence reelle de Iesus-Christ en l'Eucharistie ne demande vne singuliere reuerence, vn particulier respect, & attention en ceux qui la reçoiuent; que si nous la voulons mesurer, & dire en quel degré elle est requise, il faudra dire necessairement que considerant la dignité de la personne, à qui elle est deuë, il n'y a creature aucune suffisante pour la payer; mais considerant le court talent de l'homme: comme en l'oraison vocale (car en icelle nous parlons à Dieu) pour prier dignement, & auec merite, il est requis vne certaine attention, & reuerence interieure, & exterieure mesurée à la capacité de la creature raisonnable, qui est de telle façon necessaire, que sans elle non seulement ceste action ne sera pas meritoire, mais mesme plusieurs fois peché, & offense de Dieu, pour le moins venielle: ne plus ne moins, & à plus iuste raison ceste reuerence, & attention sera requise en la sacrée Communion: veu que là nous receuons le mesme Iesus Christ, qui entre reellement & de faict en l'estomach, & en l'ame de celuy qui communie: Ie dis donc qu'outre la pureté de conscience, est necessaire vne certaine reuerence, attention, & respect interieur & exterieur, selon la capacité de l'homme, d'autant plus grand que celuy de l'oraison vocale; que c'est vne chose plus noble, & plus releuée de receuoir en soy-mesme son Dieu, que de parler à luy en l'oraison; & cela est tant deu à l'action de communier, que sans cela plusieurs fois elle sera peché pour le moins veniel. Outre que ceste doctrine est prouuée euidemment par la raison, & exemple que ie viens de donner, elle est commune entre tous les Peres, & les Docteurs Scholastiques, comme nous verrons au Chapitre septiesme de ce Traicté, où nous parlerons plus en particulier de ceste reuerence.

RETOVRNANT à la premiere chose, en laquelle cest Auguste Sacrement conuient auec les autres, qui est de donner grace à ceux qui le reçoiuent, ie veux mettre icy trois autres remarques, qui sont autant de principes receus, & asseurez en Theologie, & doiuent estre les fondemens de toute ceste doctrine. La premiere est qu'en l'vsage, tant de ce Sacrement, comme des autres quand ils sont receus dignement, il y a deux profits, ou deux merites; l'vn, qui respond aux merites de Iesus-Christ, qui s'applique par le Sacrement, & est appellé par les Theologiens, *ex opere operato*, comme i'ay dit; l'autre, qui respond à la disposition de celuy qui reçoit le Sacrement, appellé, *ex opere operantis*, c'est la doctrine de l'Angelique Docteur sainct Thomas, *a* & auec luy de tous les Theologiens, sans aucune controuerse.

*a* 3. part. q. 70. art. 8.

LA seconde remarque est, que si la disposition pour receuoir ce diuin Sacrement, ne paruient iusques à ceste reuerence, attention, & respect, qui comme nous auons dit, est necess-

C iij

*Pratique de la frequente*

faire pour rendre ceste action meritoire, si ce qui manque est peché veniel, sans doute tout le merite se perd, appellé, *ex opere operantis*, qui respond à ladite disposition propre; parce que ceste action de receuoir le Sacrement estant mauuaise, faute de ladite reuerence, elle ne peut estre meritoire de la grace, mais plustost demeritoire, & oblige celuy qui la fait à quelque peine temporelle au Purgatoire : comme font tous les autres pechez veniels. Et ce que ie dis de ceste action, qui se rend vicieuse faute de la reuerence deuë, se doit entendre aussi quand elle se fait pour quelque mauuaise fin, comme de vanité, hypocrisie, ou autre quelle qu'elle soit, à raison dequoy ceste action de communier vient à estre peché veniel; & en quel cas que ce soit, de ceux que i'ay dit, se perd le fruict & le merite susdit.

La troisiesme remarque est, qu'il y a plusieurs graues Autheurs, qui disent qu'aux deux cas proposez, ausquels interuient peché veniel en l'action de la Communion, se perd aussi le fruict & le merite, que les Theologiens appellent, *ex opere operato*, à sçauoir celuy qui respond à l'institution du Sacrement, & qui se deriue des merites de Iesus-Christ, c'est Caietain *b* qui le dict, & Pierre de Soto, *c* tous deux fort graues Docteurs. Mais la plus commune doctrine, & la plus asseurée est celle du maistre des maistres S. Thomas, *d* du Pere Gabriel Vasquez, *e* & du Pere Suarez, *f* qui disent que le peché veniel cômis en l'acte de la

*b Supr. 3. part. sancti Thom. qu. 79. art. 7.*
*c Lect. 9. de Sacram. in genere, & lect. 8. de Confess. Ibid. art. 8.*
*a Sup. 3. part. sancti Tho. tom. 3. disp. 207. c. 3.*
*f Tom. 3. q. 62. disp. 7.*

Communion, ores qu'il prouienne de l'irreue- *sect. 4. &*
rence, & peu de respect & attention ; ores de *q. 79. disp.*
quelque mauuaise fin exterieure, n'empesche *73. sect. 2.*
pas le fruict, & le merite, que l'on appelle, *& 3.*
*ex opere operato*, & qui correspond aux merites
de Iesus-Christ appliqué par le Sacrement. La
raison de cecy est, que ce fruict de l'augmentation de la grace est conioinct au mesme v-
sage du Sacrement par la promesse diuine, &
par l'institution de Iesus-Christ, & ainsi tandis
qu'il n'y a point d'empeschement, qui rende
incapable celuy qui reçoit tel accroissement,
la promesse diuine a tousiours son effect : c'est
pourquoy comme le peché veniel de sa nature n'empesche l'infusion de l'accroissement de
la grace, de là vient qu'il ne peut aussi empescher entierement ledit fruict.

LA quatriesme remarque aussi asseuree comme les autres, est que l'augmentation de la
grace, qui se donne à raison du Sacrement, &
correspond aux merites de Iesus-Christ, & à
l'institution & promesse diuine, n'opere pas
esgalement en tous, mais selon la disposition
de ceux qui le reçoiuent : de façon que celuy
qui communie auec plus de reuerence, & sincerité d'intention, outre la plus grande grace,
qui correspond à sa plus grande disposition,
celle qu'il reçoit, *ex opere operato*, par l'application des merites de Iesus Christ, est plus
grande, que celle que reçoit celuy qui communie auec moindre disposition. Ceste doctri-
ne est tant asseurée, que le Pere Gabriel g Vas- *g sup. 3.*
quez dit n'y auoir Theologien aucun Schola- *part. tom 2.*
*disput. 209.*

C iiij

stique, qui en ait iamais douté. Et le Pere Suarez h asseure qu'elle est commune, & la preuue bien au long, sans alleguer aucun Autheur pour la contraire opinion. Elle se persuade euidemment par la diffinition du Concile de Trente, qui parlant du Baptesme de ceux qui ont atteint l'vsage de raison (& quant à ce point il conuient auec ce S. Sacrement) dit ainsi: i *Nous receuons la grace iustifiante en nous chacun la sienne, selon la mesure, que le sainct Esprit distribuë à tous, & selon la disposition, & cooperation d'vn chacun.* Sainct Iean Damascene l'a dit aussi fort clairement: k *Quoy que par le Baptesme la remission de tous les pechez soit donnée esgalement à tous; non pas toutefois l'esprit de la grace: car elle est donnée à vn chacun selon la mesure de la foy, & de la preparation precedente.* Son dessein est de dire, que celuy qui s'approche du Baptesme auec contrition, reçoit vne plus grande abondance de grace, que celuy qui s'en approche auec la seule attrition. Et si quelques autres Peres semblent dire le contraire; que le Baptesme, & les autres Sacremens operent en tous esgalement: cela se doit entendre, comme le remarque Suarez au lieu cité, quand la disposition, & cooperation est esgale.

---

h *Tom. 3. sup. 3. part. D. Thom. q 72. dis. 7. sect. 5.*
i *Iustitiam in nobis recipientes, vnusquisq; suam secūdum mensuram, quā Spiritus sāctus partitur singulis, & secundū propriam vniuscuius-que dispositionem, & cooperationem. Cōcil Trid. sess. 6. c. 7.*
k *Quamuis autem peccatorum remissio omnibus æquè per Baptismū detur: spiritus autem gratiæ pro fidei, ac precedentis purgationis modulo, ac ratione conparatur. S. Ioan. Damasc. lib. 4. de fide. c. 10.*

*De la subordination des fins propres de la sainte Communion.* §. II.

CEs remarques supposees, nous approchant du but propre de ce chapitre, qui est de monstrer les fins qu'il faut auoir en la frequentation de la Communion; Ie dis que la premiere, & la principale fin est de donner gloire à Iesus-Christ, qui prise beaucoup de s'incorporer & de s'vnir auec les ames & les corps de ceux qui communient dignement par le moyen du S. Sacrement de la sainte Eucharistie. La seconde fin de iouïr du fruicts piritüel, qui se reçoit en la Communion. Sainct Thomas *a* remarqué ces deux fins, & S. Bonauenture. *b* Elles ont ordre entr'elles de telle sorte, que la premiere, qui appartient à la gloire du Fils de Dieu, se doit tousiours preferer à la seconde. Et la raison est (outre les autres generales) parce que la presence reelle de Iesus-Christ en ce Sacrement, oblige celuy qui le reçoit, d'acheminer son intention plustost à la gloire du Fils de Dieu, qu'à son profit particulier: & c'est pour cela qu'il est requis vne si grande reuerence, & vn si grand respect en ceux qui communient; parce qu'elle appartient à ceste gloire, qui est la principale fin, que l'on doit pretendre en la frequentation de la sacrée Communion. Et ainsi, à cause de ceste reuerence, qui regarde si directement la gloire de Iesus-Christ, il sera

*a* D Thom. 3 part. qu. 70. in arg. sed constr. Et opusc. de sacra. c. 10
*b* D. Bonau. 4. sent. dist. 12. part. 2. art. 2. qu. 3.

bon que plusieurs fois l'homme cede au profit particulier, dont il pouuoit iouïr communiant plus souuent. De sorte que si quelqu'vn, par exemple, se persuade probablement que communiant trois fois la sepmaine, ou plus, ou moins, doiue acquerir plus de degré de grace; & tout ensemble, s'il cognoist qu'il se met en peril asseuré de perdre le respect & la reuerence deuë à ce Sacrement par cet vsage si frequent, s'en approchant auec peu de disposition, & côme par coustume (ce que les Saincts reprennent grandement) comme nous dirons au Chap. 7. jaçoit qu'en tout cecy il n'y ait aucun peché cognu: ce sera le meilleur & le plus asseuré de ceder à son profit particulier, & preferant la reuerence & la gloire de ce Sacrement, communier vne seule fois chaque semaine auec plus de reuerence & disposition.

L'Eglise nous enseigne ceste doctrine en tous ses preceptes & coustumes, qu'elle a receu touchant l'administration de ce diuin Sacrement, preferant la reuerence qui luy est deuë, non seulement à son profit & interest particulier; mais, ce qui est de plus, à sa necessité. Car premierement, on ne peut douter que ce ne soit vn grand bien & secours pour l'Eglise, si tous les Prestres celebroient trois ou quatre fois le iour, comme ils le font le iour de Noël; neanmoins, parce que ceste licence pourroit redonder au mespris de cet auguste Sacrement, l'Eglise cede librement à l'vtilité qu'elle receuroit de tant de sacrifices. Elle fait tant d'estime de cette reuerence & respect, qu'elle ne permet pas au Prestre de dire la Messe, si ce n'est auec tous les ornemens sacerdotaux, à jeun, & le matin; & cela auec tant de rigueur, que s'il manque la moindre piece de ces ornemens, sçauoir le manipule, l'amict, ou la ceinture, elle ne veut pas que l'on die la Messe, mesme en cas de necessité, comme lors qu'il n'y a point d'Hosties pour dõner aux malades en viatique à l'article de la mort, qui est vne chose bien rigoureuse; où l'Eglise hazarde non seulement le profit de ses enfans, mais encore leur necessité : Car sans doute, quelquefois la iustification & le salut d'vne ame dependra de communier à l'heure de la mort; sçauoir, quand pour quelqu'vne des causes, qui sans faute du penitent inualide la Confession, le malade n'a esté iustifié par icelle, & en ce cas il se fust iustifié par la Communion, & eust receu la premiere grace, selon la doctrine du Docteur Angelique Sainct Thomas, qui est la plus commune, & la plus probable. Si donc l'Eglise en des choses qu'elle pourroit faire sans aucun peché grand, ou leger, seulement pour ne manquer à la reuerence, & au respect exterieur deu à ce Sainct Sacrement, cede tant de fruicts vniuersels, & hazarde la necessité de quelques particuliers: à combien plus forte raison les ames deuotes, preferant en leur intention la gloire de Iesus-Christ à toutes les fins particulieres, doiuent-elles laisser l'interest qu'elles pourroient auoir communiant plus souuent, si cela estoit cause qu'elles vinssent à perdre le respect interieur beaucoup plus necessaire à ce diuin Sacrement, que l'exterieur, quand bien mesme il n'y interuiendroit aucun peché? Ceste raison est si notoire, qu'elle conclud pour nostre opinion, & declare fort bien vne des principales raisons, pour laquelle l'on doit moderer la demesurée frequentation de la Communion, comme l'on fera voir plus clairement aux Chaptres suiuans.

LE second cas, auquel sans aucune controuerse la seconde fin de l'interest, & spirituel de nos ames, doit ceder au premier de la gloire de Iesus-Christ, est celuy que nous auons proposé en la seconde remarque, quand la faute de la reuerence, attention, & autres dispositions necessaires pour receuoir la sainte Eucharistie, seroit peché veniel, ou bien que l'acte de communier se vint à vicier par quelque fin exterieure de quelque malice legere; quoy que sans cela l'on puisse obtenir le fruicts pirituel, & le merite appellé, *exopere operato*, qui correspond à l'institution du Sacrement, & à la promesse diuine. Car en ce cas il sera non seulement meilleur s'abstenir de ladite frequentation, voire mesme on sera obligé de le faire ainsi : parce que c'est vne proposition de foy, que pour aucũ fruict, ou interest spirituel, de quelle qualité qu'il soit, on ne doit commettre vn peché veniel tant leger soit-il. Donnons exemple: si vne personne recognoissoit en soy mesme que communiant tous les iours, à raison de la distraction de ses occupations, & pour d'autres raisons moralement certaines, il receust le plus souuent la saincte Eucharistie sans la reuerence & attention deuë, & qui fust peché veniel : vn autre, qui moralement parlant, cognoissant son naturel, & son inclination, tient pour asseuré que communiant tous les iours, il le fera par hypocrisie, ou par vanité : & l'vn & l'autre fera mieux de s'abstenir de la Communion de tous les iours, jaçoit qu'il soit vray que communiant auec ceste indisposition, ils ne perdent le fruict appellé, *ex opere operato* : Car de pretendre ce fruict par le moyen d'vn peché, quoy que veniel, cela n'est ny loisible, ny salutaire pour aucun bien spirituel, qui nous regarde, ou nos prochains. Et la raison est fondée sur le bon ordre de ces deux fins, parce que le peché, quoy que leger, offense Dieu, & est contraire à sa gloire, laquelle pour aucun interest ne se doit violer, ny amoindrir.

Ceste doctrine appliquée à l'vsage de la Communion, est de sainct Bernardin de Sienne, qui declarant quand le peril de commettre des pechez legers au mesme acte de la Communion, nous en doit retirer ; & donnant vne bonne reigle pour la pratique, tant en ceste matiere, comme aux autres des vertus, apres auoir dit, que receuoir indeuotement, quoy qu'en estat de grace, la saincte Communion, estoit peché pour le moins veniel; met vne question de la teneur suiuante: e Que doit on dire de ceux qui reçoiuent indeuo-

*e Sed quid de illis, qui indeuotè*

*accedunt ad hoc Sacramentũ? Dicendum est, quod indenotio duplex esse potest; un actualis alia habitualis prima actualis est, scilicet cũ quis habitualiter est denotus, habens in consuetudine cũ reuerentia, attẽtione, & deuotione debita frequentare sacram Communionem; & tamen aliquando sum aliqua distractione accedit. S. Bernardinus de Sen. tom. 2 Serm. 57. a. 2. ca. 3. q 1.*

*d Secunda est indenotio habitualis, cũ quis Sacramentum frequentat ex consuetudine, sine*

tement le corps du Fils de Dieu? Ce que l'on doit dire est, qu'il y a deux sortes d'indenotion, une actuelle, & l'autre habituelle; l'actuelle quand quelqu'un a de coustume de communier souuent auec attention & reuerence, & auec la denotion requise, & quelquefois s'en approche auec quelque distraction; celuy-là pourra bien frequenter la Communion: parce que telle personne est asseurée, moralement parlant, de communier comme il faut, & cela est contingent s'ils ne le fait quelquefois comme il est requis. d L'indenotion habituelle est, quand quelqu'un frequente cet auguste Sacrement par coustume sans denotion, & sans cognoissance de soy-mesme, c'est à dire sans reuerence & sans consideration d'vn si grand benefice, sans esleuer le cœur à Dieu comme il appartient; neantmoins quelquefois plus eschauffé en l'amour de Dieu, s'en approche auec la deuë attention & disposition; cestuy-cy sans doute se doit retirer de ceste table diuine, iusques à ce qu'il ait acquis de plus grandes dispositions. La raison est au contraire du prémier, qu'en cestuy-cy receuoir la saincte Eucharistie indignement, est vne chose certaine moralement parlant: & la receuoir dignement, est vne chose rare & contingente. Auec ceste doctrine l'on respondra à plusieurs doutes, qui pourroient estre excitez en ceste matiere.

Mais parce que la conuoitise des hommes est si grande que descouurant l'occasion de leur interest, ils s'y iettent à corps perdu, foulant aux pieds toute sorte de considerations; ie craindrois que la grande conuoitise de ce fruict spirituel fist faillir plusieurs en l'election des

## Communion.

iours de Communion, si c'estoit chose asseurée qu'en celles de tous les iours auec peu de preparation l'on peut obtenir des plus hauts degrez de grace, qu'aux Communions moins frequentes auec plus grande preparation.

Mais tout cecy est bien esloigné de la verité. Et pour plus grande intelligence, il faut reduire en memoire ce que nous auons dit cy-dessus en la troisiesme & quatriesme remarque, sçauoir que ledit fruict spirituel de la Communion est plus grand, ou moindre, selon la plus grande, ou moindre disposition, & cooperation de ceux qui communient. Ceste inesgalité non seulement se prend du merite, qui correspond à la disposition, & cooperation susdite, mais aussi de celuy qui se deriue de l'application des merites de Iesus-Christ, & de l'institution du Sacrement, elle est si grande, que sans aucun doute vn plus haut degré de grace est donné en vne seule Communion faite comme il faut auec l'attention, & la disposition requise, qu'en plusieurs y manquant ladite disposition. Ceuxlà ne croiront pas ce que ie dis, qui considerant les merites de Iesus-Christ, & la grace qu'il communique, s'imaginent que tous les thresors du Ciel se versent, & ne prennent pas garde que le mesme Iesus-Christ a voulu que la distribution de ses graces, & de ses dons, fust mesurée à nostre cooperation : mais ils adiousteront foy peut estre à Sainct Bonauenture, qui dit les paroles suiuantes: *Ie crois asseurément que l'homme reçoit plus de grace en vne Messe, & en vne Communion faite auec*

*deuotione, & sine sui cognitione cõdigna, & tanti beneficij attentione condigna, & mentis ad Deum eleuatione condigna, & tamen aliquando subito compũctus deuotè & cùm attentione accedit. Ibid.*

*e Maiorem efficaciam credo quod*

*recipiat homo in vna Missa, vel manducatione cum bona præparatione, quàm in multis, si non se præparet diligenter.*
D. Bonau.
4. sent. dist.
12. part. 2.
art. 1. qu. 2.

ses deuës circonstances, qu'en plusieurs sans icelles. Ceste conception n'est pas seulement de sainct Bonauenture, mais de tous les Theologiens Scholastiques, en la mesme distinction citée, où traictant de la frequentation de la Communion, la reigle qu'ils donnent pour la taxer est, que l'hon me s'esprouue soy-mesme, & qu'il remarque où il fait plus de fruict, & s'auance plus en la vie spirituelle frequentant plus, ou moins la Communion; & en cecy tous supposent comme chose asseurée, que l'on peut retirer plus de fruict en moins, qu'en plus de Communions; toutesfois selon la disposition de ceux qui communient.

De tout ce que nous venons de dire, l'on peut inferer que ces deux fins proposées de la gloire de Iesus-Christ, & de nostre profit spirituel, sont tellement enchaisnées, & vnies entr'elles en ceste matiere, que l'accroissement, ou decroissement de l'vne redonde à l'autre: car comme nous auons dit, la reuerence, l'attention, & la disposition de celuy qui communie souuent, s'ordonne à la premiere fin de la gloire de Iesus Christ: & selon la mesure de ceste disposition, l'on recueille les fruicts & auancemens spirituels, qui est la seconde fin de ceste frequentation: de façon que l'homme cedant ces fruicts iournaliers auec vne procedure entierement desinteressée, & s'approchant vne seule fois la semaine de cet auguste Sacrement, auec la reuerence & disposition requise; ce n'est pas les perdre, mais plustost les augmenter; parce que Dieu donne ordinairement plus

de

de grace & de dons spirituels en vne Communion accompagnée des circonstances requises, qu'en plusieurs sans icelles. Mais quand bien tout cela & dauantage se perdroit ne communiant si souuent, n'est-il pas raisonnable de ceder à son droict mesme, pour asseurer la gloire de Iesus Christ, & la reuerence deuë à cet auguste Sacrement?

Et afin que personne ne pense que ceste doctrine fauorise ceux qui different tousiours les communions, pour s'en approcher, disent-ils, auec plus de disposition & reuerence, ie dis & proteste qu'il n'y a rien si contraire à mon dessein : parce que, comme ie proueray apres au chapitre douziesme, tout ainsi que le delay moderé de la Communion augmente d'ordinaire la reuerence, & la disposition de celuy qui communie : aussi elle n'a rien de plus contraire, ny qui la diminuë d'auantage que le delay desmesuré.

## Chapitre VI.

*De la disposition requise pour frequenter la sacrée Communion en general, & de ses degrez.*

Les deux fins principales, que l'on pretend en la frequente Communion, sçauoir la gloire de Iesus-Christ, & le fruict spirituel de l'ame, demandent la disposition de celuy qui communie, comme il a esté prouué au chap. dernier. Ceste disposition est le moyen le plus proportionné, & le plus necessaire pour les deux fins, parce qu'à mesure qu'elle croist, croit aussi le profit spirituel de l'ame, on satisfait pareillement auec icelle à ce que l'on doit à la gloire du fils de Dieu, qui est present à ce S. Sacrement: car ceste mesme disposition contient la reuerence. Ce n'est pas mon dessein d'expliquer les differens moyens qu'il y a pour se preparer, & se disposer à la Communion, parce qu'ils sont sans nombre, & se trouuent en plusieurs liures de deuotion reduits desia à des points de meditation, disposez en oraisons, & colloques, & se peuuent prendre, ou laisser selon la disposition d'vn chacun: mon dessein est de declarer quelle est la disposition precisément necessaire pour iuger quand il est plus conuenable de communier, ou de s'en abstenir.

En ceste disposition il y a trois degrez, le premier est celuy qui est entierement necessaire pour communier dignement, de sorte que l'on ne perde le fruict spirituel, qui correspond à l'institution du Sacrement: il y a certaines indispositions en celuy qui communie, qui ne contrarient pas à ce fruict; parce qu'il peut arriuer comme nous auons dit au chap. dernier, que le mesme acte de la Communion soit peché veniel, & comme tel se deuroit obmettre; toutefois communiant en effet, il reçoit le fruict spirituel du Sacrement: estant neantmoins priué du merite, & des autres fruicts & aduancemens spirituels, qui correspondent à l'institution du Sacrement, & qu'il receuroit par le moyen d'vne meilleure disposition La pureté de l'ame de tout peché mortel, appartient à ce premier degré, & la confession sacramentelle supposé quelque peché mortel.

Le second degré de ceste disposition est celuy, par lequel l'ame se prepare de sorte à la Communion, que non seulement elle reçoit le fruict spirituel du Sacrement, mais encore tous les autres profits dont sont priuez ceux qui n'ont que le premier degré: sçauoir le merite, & l'accroissement de la grace, qui correspond à ceste meilleure disposition, & au fruict mesme du Sacrement.

La sincerité de l'intention appartient en premier lieu à ce second degré: elle est necessaire afin que cet acte de la Communion ne soit vicié par quelque fin exterieure: en second lieu la reuerence, & l'attention deuës naturellement à cet acte: & sans doute ce seroit peché veniel de communier sans icelles: en troisiesme lieu vn grand desir, & vne faim spirituelle de ce Sacrement, qui pour le moins ne donne lieu à la tiedeur. Ceste disposition n'est pas encore suffisante pour obtenir toutes les graces susdites: elle n'a pas non plus ce qui est necessaire pour conuaincre que ce sera le meilleur, & plus redondant à la gloire de Dieu de s'approcher de la saincte Eucharistie, que de s'en retirer.

C'est pourquoy le troisiesme degré est la disposition des ames, qui non seulement se trouuent en estat de iouyr de tous les susdits accroissemens de grace, parce qu'actuellement elles possedent toutes les conditions cy-dessus mentionnees, voire mesme il n'appert en elles aucun empeschement, ny aucune indecence interieure, ou exterieure de l'ame, ou du corps, d'où l'on puisse iuger que ce seroit meilleur, & redonderoit plus à la gloire de Dieu differer la Communion que de la receuoir, iusques à ce que l'on se fust purgé de ces indecences. Ceste disposition ne se treuue pas aux mariez apres l'vsage du mariage, & à plus forte raison elle manque en ceux qui depuis peu ont commis quelque peché mortel de sensualité: en ceux qui ont eu quelque soüilleure nocturne, & en d'autres que nous dirons cy-apres, parce que toutes ces choses apportent quant & soy des empeschemens, & indecences opposees directement à la reuerence deuë à ce sainct Sacrement, & il est necessaire que l'ame, & aussi le corps soient espurez, & purifiez pour receuoir dignement, & comme il faut le corps du fils de Dieu. Vous voyez donc par là clairement que le profit spirituel de l'ame ne peut estre sans la gloire de Iesus-Christ, qui est la fin principale que l'on doit pretendre en la frequentation de la Communion, ainsi que nous l'auons prouué au chapitre dernier.

Ie traiteray auec toute la briefueté possible de tous ces degrez de disposition, & de chacune des parties qui y sont comprises: parce qu'à peine y en a-il aucune, contre qui on n'ait semé en ce temps icy quelque doctrine bien peu asseuree, & qui seroit grandement dommageable, si elle auoit plus d'auctorité & plus d'Aduocats, qu'elle n'en a pour le present.

## CHAPITRE VII.

### Du premier degré de la disposition necessaire pour s'approcher de la saincte Eucharistie.

*Auquel se preuue que la pureté de conscience, ne suffit pas pour communier auec frequentation, mais qu'il est necessaire vne plus grande disposition.* §. I.

LE premier enseignement tenu pour asseuré, & infaillible par ceux, qui sans aucune difference encouragent toute sorte de personnes de quel estat, & condition qu'elles soient à communier tous les iours, est que pour rendre ceste action digne auec toutes ses circonstances, la pureté de conscience est necessaire, & la confession sacramentale supposé le peché mortel: de sorte qu'vne ame recognoissant en soy probablement ceste pureté, elle fera mieux, & luy sera chose plus salutaire de communier, mesme tous les iours, que de s'en abstenir: C'est là l'opinion des Aduersaires, pour l'establissement de laquelle ils s'appuyent sur quelques auctoritez de l'Escriture saincte, des Conciles, des diffinitions de Papes, & de quelques tesmoignages de Saincts. L'auctorité de l'Escriture saincte est de sainct Paul: a *Que l'homme s'esprouue & s'examine soy-mesme, & qu'ainsi il mange de ce pain, & boiue de ce calice.* Où par ces paroles (que l'homme s'esprouue soy-mesme) ne s'entend autre chose, selon la commune interpretation des Peres, que la pureté de conscience auec opinion interieure de la posseder.

LE Concile a tiré de ceste auctorité la necessité de la confession sacramentelle, quand l'homme en cet examen s'est trouué coupable de quelque grande faute. Sainct Basile explique ainsi ce texte, saint Iean Chrysostome, S. b August. S. c Anselme, Theophil. & plusieurs autres, que ie ne nomme pas pour euiter prolixité. Si donc S. Paule ne demande autre preparation, & disposition pour cōmunier dignement, personne n'en doit pas demander d'auantage.

LA seconde preuue est des Conciles, & deffinitions des Papes. Premierement, le Concile de Trente ne demande que la pureté de conscience, & la confession sacramentelle pour communier. Le Pape Nicolas n'en demande pas dauantage: Ceux de Bulgarie l'ayans consulté s'ils faisoient bien de poursuiure la coustume qui estoit en leur pays, de communier tous les iours de Caresme, il leur repondit : d *Ie le demande humblement à Dieu, & ie vous y exhorte de tout mon pouuoir, à condition que vous ne continuiez à offen-*

*a Probet autē se ipsum homo: & sic de pane illo edat, & de calice bibat. D. Paul. I. ad Cor. c. 11. b Aug. Epist. De Paul. I. ad Cor. 11. c Cōcil. Trident. sess. 13. c. 7. & 8.*

*d Quod vt fiat, Dominum omnipotentē supliciter exoramus, & vos omnes vehementissimè exhortamur: si tamē mens in affectu peccandi nō sit: vel si hanc nō de criminalibus culpis conscientia impenitens, vel non reconciliata fortassis accuset, vel si fratri discordanti suo vitio reconciliatus minus existat. Nam si quem de horum aliquo conscientia mordet, grauari potius tanto munere, quam remedium consequi, quemlibet arbitramur. Nicolaus I. ad consulta Bulgaror.*

## Communion.

ser Dieu, & que vous ayez fait penitence des pechez commis, que vous vous soyez reconciliez auec vostre prochain, si quelqu'vn a quelque chose contre vous: car la moindre de ces choses vous manquant, la frequentation de la Communion vous seroit plus nuisible que salutaire. De plus le Pape Gregoire e VII. exhortant Matildes à ceste frequentation, ne luy demande autre disposition pour communier tous les iours que la pureté de conscience, alleguant à ce suiet les paroles de S. Ambroise, que nous citerons apres, comme les plus expresses pour ceste opinion: & le Concile de Cologne dit les paroles suiuantes: f Il ne faut pas que l'ame soit attachee tant soit peu à ce qui offence Dieu: car si sa volonté & son affection persiste au peché, il est asseuré qu'elle reculera plustost, qu'elle n'aduancera en la vie parfaite, & qu'elle sera plustost appesantie, que soulagee par la sainte Communion: au contraire, quand bien quelqu'vn auroit des grands remors de conscience pour auoir commis des grands pechez, s'il en fait penitence, & ne continuë plus en ceste volonté d'offenser Dieu, qu'il s'approche librement, & sans crainte, de la sainte Eucharistie.

La troisiesme preuue est tirée du tesmoignage des Ss. & parce qu'ils sont en grand nombre, pour n'ennuyer, ie citeray les plus authentiques, & ceux qui en parlent plus clairement. Le premier sera Sainct Hilaire: g Si les pechez ne sont si grands, dit-il, que par eux l'homme merite d'estre excommunié, il ne se doit priuer du remede souuerain, qui est le corps & le sang de Iesus-Christ. L'auctorité de saint Gregebet à medicina corporis, & sanguinis Domini separare. D. Hilar. citatus in cap. 15. de consecr. dist. 2.

e Greg. 7. Epist. 47. ad Matildem. f Mens ergo ab omni affectu peccādi longe absit: nam si adhuc habet voluntatem peccādi, grauatur magis Eucharistiæ perceptione, quàm purificatur. At contra quāuis quis peccato mordeatur, si tamen pœniteat, & de cætero peccandi voluntatē nullam habeat confidēs de Domini miseratione, accedat ad Eucharistiam intrepidus, & securus. Cōcil. Col. part. 7. c. 19. g Si non sūt tanta peccata, nec excōmunicetur quis, non se

goires accorde à cecy: h *Ainsi que celuy qui a offensé, & persiste en son offence merite d'estre priué de la saincte Communion: aussi ce seroit mal fait de priuer vn innocent d'vn si grand bien.* S. Thomas est de mesme opinion, & dit, que le seul peché mortel rend l'homme indigne de s'approcher de ce sainct Sacrement. S. Ambroise parlant de l'Eglise, dit ainsi; k *Ton ame cognoist qu'elle est espurée de tout peché, & comme telle digne de s'approcher du sainct Sacrement de l'Autel.* Et en suitte de ceste doctrine, pour monstrer que ceste disposition suffit pour toute sorte de frequentation, il parle de la sorte: l *Si ce Sacrement est le pain iournalier, pourquoy attens-tu vn an pour le prendre? reçois tous les iours, ce que tous les iours t'est salutaire, & vis de telle sorte que tu merites tous les iours de le receuoir; car celuy, qui ne meritera pas le receuoir tous les iours, il ne le meritera non plus à la fin de l'année.* Il se voit clairement par ces paroles, qu'il n'est pas besoin de plus grande disposition pour cõmunier souuẽt, que pour cõmunier vne fois: ainsi la disposition necessaire, & suffisante autant pour vne, cõme pour plusieurs cõmunions, est la pureté de conscience. On a accoustumé de citer S. Aug. m & de luy attribuer vn Sermon, qui est de sainct Ambroise, c'est pourquoy il n'adiouste rien à la premiere auctorité. Mais on le peut alleguer en vn autre lieu, où l'on trouue les mesmes paroles, que i'ay apporté pour le Concile de Cologne, il les a pris de sainct Augustin, & en

h *Sicut exigente culpa, quis à sacramente Communionis dignè suspenditur: ita insontibus nullo modo talis debet irrogari vindicta.* D. Greg. lib. 3. Epist. 26.
i D. Thom. 3. part. quæst. 80. art. 7.
k *Anima tua videt se esse ab omnibus mundatam peccatis, atque ideo dignã, quod ad altare Christi possit accedere.* D. Amb. lib. 5 de sacram. cap. 2.
l *Si quotidianus est panis, cur post annum illum sumis? sic viue, vt quotidie me rearis accipere. Qui non meretur quotidie accipere, non meretur post annum accipere. Idem ibid. cap.* 15. m *S. Aug. ser. 28. de verb. Dom.*

## Communion. 57

son texte elles ont encores plus de force, parce que le S. parle là de la frequente Communion, & apres auoir dit que celuy, qui est en grace, & libre de tout peché, n *Confiant en la misericorde de Dieu*, dit-il, *qu'il s'approche sans crainte, & auec asseurance de la saincte Eucharistie*; & il adiouste apres les paroles suiuantes: *Ie parle de celuy, qui ne sent pas sa conscience appesantie de pechez mortels.* Il ne demande autre chose. De plus sainct Isidore rapporte au pied de la lettre les paroles de sainct Hilaire alleguées cy-dessus, & adiouste les suiuantes: o *Si les pechez sont si enormes, qu'ils l'éloignent de l'Autel comme chose morte, il en doit premierement faire penitence, & apres s'approcher de ce salutaire remede: car qui le reçoit indignement, reçoit son iugement & sa condemnation; & le receuoir au temps, auquel il faudroit faire penitence, c'est le receuoir indignement.* Et faut remarquer que ce Sainct dit les paroles alleguées exhortant à la Communion de tous les iours. Ie passe S. p Cyrille, sainct q Hierosme, sainct r Cyprian, & plusieurs autres Peres, qui parlent de la mesme façon, reduisant la preparation necessaire pour receuoir dignement la saincte Eucharistie à la pureté de conscience de tout peché mortel, sans demander autre chose. Ie mets en dernier lieu sainct Iean Chrysostome, les tesmoignages duquel ont plus de force pour persuader ceste doctrine, il dit ainsi: s *Sainct Paul n'a recogneu autre entree à la Com-*

n *Confidens de Domini miseratione accedat ad Eucharistiã intrepidus, & securus. Sed hoc de illo dico, quē mortalia, & capitalia peccata non grauant.* D. Aug. lib. de Eccles. dogmat. c. 53 o *Cæterum si talia sint peccata, quæ mortuum remoueant ab altari, prius agenda est penitentia, ac sic deinde hoc salutiferum meditamentum suscipiendū. Qui enim manducat, & bibit indignè, iudiciū sibi manducat, & bibit: hoc est enim* indignè accipere, si eo tempore quis accipiat quo debet agere penitentiã. S. Isidor. li. 1. de Eccles. offic. p. D. Cyrill. l. 4 in Ioan. c. 37. q D. Hier. ep. ad Lucian. D. Cypr. de Lapsis. s *Paulus vnum nouit tempus aditus, & communionis puritatem conscientiæ.* hom. 28. sup. Epist. 1. ad Corinth.

*t Tempus Aduentus, vel Epiphaniæ, vel Quadragesima dignos accedere non facit, sed animæ puritas, & synceritas. Cũ hac igitur semper accede, sine hac nunquam. Idem hom. 60:ad popul. Antioch.*

*u Hæc non vt temere communicemini dico, sed vt vos dignos reddatis. Non es hostia dignus, vel communione? ergo nec oratione. Ibidem.*

munion que la pureté de conscience; Et autre part: t L'Aduent & le Quaresme ne rendent pas les hommes dignes de s'approcher du sainct Sacrement de l'Autel: mais la netteté & syncerité de l'ame, auec icelle tu t'en pourras tousiours approcher, sans icelle iamais. Au mesme endroit il dit plusieurs sentences, qui contiennent la mesme chose: mais la plus difficile, & celle qu'il redit le plus souuent est, que celuy, qui n'est pas disposé pour communier, ne l'est pas non plus pour faire oraison publique en l'Eglise. Voicy ses paroles: u Ie ne vous dis pas cecy, afin que vous receuiez le corps du fils de Dieu temerairement, mais afin que vous vous en rendiez plus dignes: si vous n'estes dignes de communier, vous ne le serez non plus de prier. Paroles qui amoindrissent, ce semble, de beaucoup la disposition necessaire pour la Communion: car pour prier dignement, & sans irreuerence, l'estat de grace n'est pas necessaire: & quand nous dirons que sainct Iean Chrysostome asseure que la grace est necessaire, afin que l'oraison soit meritoire de la vie eternelle, il faudra que nous confessions que ceste seule suffit, & qu'il n'est point necessaire autre disposition pour communier.

A TOVS ces tesmoignages des Saincts, l'on peut ioindre vne raison Theologique bien efficace; & c'est que pour l'vsage de ce diuin Sacrement, il n'est pas requis vne plus grande disposition, que celle qu'il demande en son institution, ceste cy se contente de l'estat de la grace, & ainsi tout ce qui se peut adiouster à cet estat n'est point necessaire, mais volontaire, ores soit pour communier vne fois l'année, ou bien plus souuent: parce qu'il n'y a pas diuerse institution pour l'vn & l'autre. D'ailleurs, communiant auec ceste seule disposition, l'on obtient vne grande grace, & plusieurs aydes diuines, que l'on perd s'en retirant, bien que ce soit par reuerence. Il est donc beaucoup meilleur à toute sorte de personnes en quel temps que ce soit, de s'en approcher auec ceste seule disposition, que de s'en retirer faute de plus grande.

Voyla les plus forts argumens que peuuent obiecter les autheurs de la doctrine susdite, pour persuader à toute sorte de personnes la frequente Communion. Ceste doctrine embrasse deux parties: l'vne, qu'vne plus grande disposition n'est pas necessaire, parlant absolument, pour communier, que la pureté de conscience: l'autre, que la mesme disposition suffit pour communier souuent, comme pour communier rarement. Cette seconde partie se traitera au chapitre dixiesme, c'est pourquoy ie parleray seulement de la premiere en cestuy-cy.

Touchant laquelle, ie dis que ceste proposition absoluë [Pour communier dignement, de sorte qu'il soit meilleur, & chose plus salutaire de receuoir le sainct Sacrement, que de s'en abstenir, il n'est necessaire d'autre disposition que de la pureté de conscience, auec opinion d'estre en la grace de Dieu] merite pour le moins d'estre qualifiée du nom de temeraire, pour estre contraire à la raison, aux Conciles & aux Sts. Ie parle auec ceste liberté, parce que ie crois que ce blasme ne comprend aucun des Aduersaires : car il n'est pas possible qu'ils parlent au sens, que ie la blasme, quoy que regardant la teneur de leurs paroles, elles semblét en auoir quelque apparéce: I'ay deux raisons pour preuue de ceste conclusion : la premiere est tirée de ce principe apporté au chapitre sixiesme, & receu sans controuerse de tous les Theologiens, comme l'on verra plus au long au chapitre suiuant. C'est que si la sincerité d'intention mãque à vn homme, quoy qu'il ait la netteté de conscience, auec opinion d'estre en la grace de Dieu, ou bien à raison de quelque mauuaise circonstance, d'vne irreuerence, ou distraction, l'acte mesme de la Communion peut estre mauuais, & peché veniel : & en ce cas sans doute il est meilleur se retirer de la Communion, que de s'en approcher, comme il a esté prouué en ce mesme Chapitre. Il ne faut donc pas dire que d'estre en la grace de Dieu est vne disposition suffisante pour conclure qu'il est plus conuenable receuoir la Communion que de s'en abstenir. A ceste raison il n'y a point de responce, si on ne veut nier ce principe receu de tous les Theologiens.

Encore moins à la seconde, parce que le mesme estat de grace admet auec soy quelques indecences, & empeschemens, tant exterieurs du corps, comme interieurs de l'ame : à raison dequoy les Papes, les Conciles, & les Saincts sont d'aduis que les fidelles s'abstiennent de la sainte Communion, comme nous le prouuerons au long, au chapitre neufiesme. Ne seroit-ce pas vne grande temerité de dire que les Papes, les Conciles, & les Saincts conseillent ce qui est le moins salutaire pour les ames? Ce le sera donc aussi d'asseurer que le seul estat de grace est la disposition suffisante pour s'approcher de cet auguste Sacrement, auec toute sorte de frequentation.

I'aduertis en passant qu'en cecy, & en tout ce que ie diray aux chapitres suiuans, ie n'entends pas parler des communions de commandement, & d'obligation, parce que d'icelles il y a differente raison : Car si ces deux choses se rencontrent, sçauoir quelques indispositions de celles qui ne repugnent à l'estat de grace, & faire contre le precepte de l'Eglise, ou manquer à quelque obligation prouenante de la penitence eniointe par le Confesseur, ou bien du commandement du Superieur, ou de quelqu'autre cause: sans doute il vaudra mieux communier auec ceste indisposition, parce que pour le plus ce ne seroit que peché veniel, & ne communier en ce cas contre le commandement, ou contre l'obligation pourroit estre peché mortel, & de deux maux forcez, il faut tousiours choisir le moindre. C'est pourquoy ie ne parle que des communions volontaires, que l'on peut prendre, ou laisser, selon la volonté d'vn chacun.

## Pratique de la frequente

*Auquel l'on respond aux raisons de l'opinion contraire, & l'on monstre ce que les Saincts ont opiné touchant ce point.* §. 2.

La Solution des raisons contraires, est comprise sous les raisons que i'ay apportées pour preuue de la conclusion derniere: toutesfois i'y veux respondre plus particulierement. Ie dis donc qu'il est vray qu'à raison de l'institution de ce sainct Sacrement, & pour iouyr du fruit, qui luy respond, & à la promesse diuine, & qui luy est comme attaché, la seule pureté de conscience, & l'estat de grace, est la seule disposition necessaire pour communier: neantmoins il ne s'ensuit pas qu'en la mesme action de la Communion il n'arriue quelque peché leger, qui oblige de la differer, ou qu'il ne s'y rencontrent quelques empeschemens, & indecences, pour lesquelles, selon le conseil des Saincts, il est plus conuenable de s'en abstenir: jaçoit que pour ces empeschemens l'on ne perde la grace sacramentelle: & en ces deux cas, quand le precepte, ou l'obligation n'ont pas force, il est meilleur de ne pas receuoir le Sacrement, quoy que ce soit ceder le fruict spirituel, & l'accroissement de grace, que l'on deuoit obtenir le receuant; Ioint que par ceste abstinence, quand elle est ordonnée à la reuerence de cet auguste Sacrement, s'en approchant vne autre fois auec plus de disposition, l'on ne perd rien du fruict spirituel, que l'on eust gaigné auec ce peu de disposition: au contraire, on y profite beaucoup, comme nous auons prouué au chapitre sixiesme. Ie ne veux pas dire que ceste mesme abstinence de la communion vaille autant que le fruit du Sacrement receu auec cette moindre disposition, où plusieurs s'arrestent: car ie ne me veux pas arrester à cela, & ie crois qu'il n'y a personne qui en puisse iuger que Dieu seul, qui distribuë ses graces à qui il luy plaist. Ce que ie dis est ce que m'enseigne S. Bonauenture, & supposent tous les Theologiens, qu'en vne Communion accompagnee du troisiesme degré de disposition, qui est le plus releué de tous, l'on auance & profite d'auantage, qu'en plusieurs accompagnees seulement du premier & second degré, comme i'ay prouué au mesme chapitre : & ainsi differer la Communion d'auiourd'huy pour rendre demain plus parfaite la disposition, l'on ne hazarde pas le fruict spirituel, au contraire on l'asseure d'auantage.

Novs pourrions respondre auec ceste mesme doctrine à tous les tesmoignages cy-dessus alleguez de l'Escriture, des Conciles, & des Saincts, disant qu'ils parlent de la disposition requise en l'ame pour ce diuin Sacrement selon son institution, sçauoir de celle qui est necessaire, à fin que le Sacrement sorte son effect produisant la grace Sacramentelle: car ceste-cy n'est autre que la netteté de conscience: mais ils ne parlent pas des autres dispositions, qui bien qu'elles ne soient que circonstances accidentelles, sont toutefois deuës naturellement à l'acte de la Communion, comme nous auons dit:

& si ces Saincts ne parlent pas de celles-cy si expressément, c'est qu'ils les supposent comme asseurées.

Ie pourrois aussi respondre que l'argument tiré de ces témoignages n'a autre auctorité, que negatiue; terme dont se seruent les Scholastiques, c'est à dire, qui a fort peu de force: car reduit en forme dit ainsi: les Saincts exhortent tous les fideles estant en estat de grace, de s'approcher de cette sainte Table, auec toute la frequentation qu'ils voudront: donc ils rejettent toute autre disposition, comme n'estant point necessaire. C'est vne fort mauuaise consequence, & s'il estoit permis d'argumenter, & expliquer de la sorte l'Escriture saincte, & les Saints, il se commettroit vne infinité d'erreurs, que l'on pourroit confirmer par leurs mesmes tesmoignages. I'apporteray seulement deux exemples d'vn si grand nōbre. Nostre Seig. dit par S. Luc: a *Faites l'aumosne de ce qui vous reste, & ainsi vous serez nettoyez de tous vos pechez.* C'est l'interpretation de la pluspart des Peres. Si maintenant quelqu'vn fondé en ce texte de l'Escriture inferoit, que la seule aumosne iustifie sans autre chose, & purge des pechez, & faisant le mesme argument que dessus, disoit: Iesus-Christ ne demande, pour la iustification du pecheur, autre chose que l'aumosne: donc il exclud tout le reste: Ne seroit-ce pas vne erreur manifeste, & vne grande heresie? De plus Saint Paul: b *Estans iustifiez par la foy, ayons paix auec Dieu.* Et autre part: c *Le iuste vit par la foy.* Si l'on faisoit vn semblable argument que Iesus dit,

a *Verumtamen, quod superest date eleemosinam, & ecce omnia munda sunt vobis. Luc. 14.*
b *Iustificati ergo ex fide pacem habeamus ad Deum. Ad Rom. 5.*
c *Iustus ex fide viuit. Rom. 1.*

dit, qui est des aduersaires, l'on prouueroit que la seule foy iustifie le pecheur, & donne la vie à l'ame, & ainsi nous tomberions en l'heresie de ce temps. C'a esté la coustume ancienne des Heresiarques d'alleguer de la sorte l'Escriture saincte pour establir leurs erreurs, & iniquitez; aussi elle se trouue refutée *d* en S. Augustin, *e* en S. Hierosme, *f* Origene & autres.

*d* D. Aug. cont. Pelag.
*e* D. Hieron. contra Iouinian.
*f* Orig. cont. Celsum.

Mais quoy que cecy satisfasse suffisamment aux tesmoignages des Saincts, ie ne m'en veux pas contenter, ains ie veux respondre à chacun en particulier, & l'on pourra voir combien il est contraire à leur iugement, de dire que la seule pureté de conscience suffit pour communier auec toute sorte de frequentation. Et laissant plusieurs autres tesmoignages, par lesquels ie pourrois fortifier la vraye doctrine, ie la veux seulement prouuer par les tesmoignages des mesmes Peres, citez par les aduersaires en faueur de leur opinion.

Premierement l'auctorité de S. Paul prouue nostre doctrine : car l'Apostre donnant la raison, pourquoy celuy qui communie sans examiner, & purifier sa conscience, s'expose au rigoureux iugement de Dieu, dit : *g* Ne considerant pas que c'est le corps de Iesus-Christ qu'il reçoit. Voulant dire par là, qu'il ne faict distinction entre le pain celeste, & le pain commun & ordinaire, puis qu'il ne s'approche pas auec plus de respect à l'vn qu'à l'autre. Ou bien comme d'autres expliquent : il ne faict reflexion que le corps de Iesus-Christ est sous les es-

*g* Non diiudicans corpus Domini. 1. ad Cor. 11.

E

peces du pain veritablement, reellement & de faict, puis qu'il s'en approche ne plus ne moins que s'il n'y estoit pas. Ces raisons font voir clairement que non seulement l'estat de grace est requis pour communier : mais encores d'autres dispositions de reuerence, attention, & deuotion : ce que sainct Paul a compris en ces paroles : h *Que l'homme s'esprouue soy mesme, &c.* Autrement si quelqu'vn, quoy qu'en la grace de Dieu, s'approchoit de ceste table par coustume, par maniere d'acquit, sans reuerence, ny attention, que feroit-il d'auantage que s'il s'approchoit de la table terrestre ? Ou bien quelle preuue donne il de sa croyance, & de la foy, qu'il doit auoir, que le corps du fils de Dieu est sous les especes du pain, qu'il reçoit ? De sorte que par ceste raison sainct Paul a monstré euidemment que son dessein estoit de comprendre l'vn & l'autre. C'est l'opinion de sainct Ambroise, i *L'Apostre nous enseigne, dit-il, en ces paroles alleguées, que nous deuons nous approcher auec deuotion & crainte, de cest Auguste Sacrement, fin que l'ame recognoisse qu'elle doit toute sorte de reuerence à ce Seigneur, dont elle reçoit le corps; & c'est le iugement qu'elle doit faire en elle mesme, que le Seigneur de qui elle boit le sang, est là present, comme tesmoin du benefice qu'elle reçoit.* Comme s'il vouloit dire : Sainct Paul non seulement nous enseigne qu'il faut s'approcher de la saincte Eucharistie en estat de grace: mais encore auec crainte, deuotion, & reuerence. S. Cyprian dit le mesme, voicy ses paroles :

---

h *Probet autem seipsum homo, &c. Ibidem.*

i *Deuoto animo, & cum timore accedendum ad Communionem docet Apostolus, vt sciat mens se reuerentiam debere ei, ad cuius corpus sumendum accedit. Hoc enim apud se debet iudicare, quia Dominus est, cuius in ministerio sanguinem potat, qui testis est beneficij Dei. D. Amb. sup. epist. Paul. 1. ad Cor. 11.*

k Ceux qui seulement de bouche, les cœurs secs, & arides, les ames glacées osent s'insinuer aux choses diuines, & veulent participer aux dons celestes, c'est à dire au sainct Sacrement, il est vray qu'ils lichent la pierre: mais ils n'expriment ny le faict, ny le miel, qu'elle contient, ils ne s'esprouuent eux mesmes, comme dict l'Apostre, ils ne considerent pas bien ce diuin Sacrement: ils en vsent sans aucune reuerence, ne plus ne moins que des viandes communes, & terrestres. Se peut-il dire quelque chose de plus clair pour nostre doctrine?

Le Concile de Trente ne dit aucune chose, qui puisse fauoriser la doctrine contraire, ains il en dict plusieurs en faueur de la nostre, & premierement: l Si c'est chose indecente de s'exercer en quelque action vertueuse, & se mettre à quelque exercice spirituel sans aucune reuerence: a combien plus forte raison est elle necessaire pour receuoir ce diuin Sacrement, particulierement en vn Chrestien, qui n'ignore point sa saincteté, & diuinité? Remarquez comme le Concile ioinct la reuerence auec la saincteté: & en la comparaison, qu'il faict du sainct Sacrement auec les autres choses sacrées, est comprise celle, que nous faisons de l'oraison vocale à la Communion: car si l'oraison demande attention, & reuerence, plus iustement les doit demander la Communion. Le Concile de Cologne demande la mesme chose, la pureté de l'ame auec la reuerence: m Ceux qui auront atteint l'vsage de discretion, confessez, & contrits receurons auec grande reuerence la saincte Eu-

k Hi, qui verbo tenus corde sicci, & mente aridi sacris se ingerunt, vel etiã participant de donis, lambũt quidem petram, sed inde nec mel sugunt, nec oleum, nec se iudicãt, nec sacramenta diiudicant, sed sicut cibis communibus, irreuerenter sacris vtuntur muneribus.
D. Cyprian.
l Sess 23. cap. 7.

m Ab omnibus, qui ad discretionis annos peruenissent, confessis, & contritis Eu-

*charistia sũ-*
*ma cum re-*
*uerentia suf-*
*cipiatur.*
*Concil. Co-*
*lon. ubi su-*
*pra.*
*n. Ad consul-*
*ta Bulgaro-*
*rum.*

charistien Le Pape Nicolas apres auoir dit les paroles proposées, exhorte les fidelles de conseruer, & continuer la bonne coustume, qu'ils auoient de communier tous les iours durant le Quaresme, & les mariez de se priuer de l'vsage du mariage durant le temps de ceste frequentation par le consentement des deux parties. En quoy il donne bien à entendre que ceste frequentation requiert autre chose que la pureté de conscience.

Venant aux Peres citez pour l'opinion contraire: des deux premiers, ausquels l'on s'arreste dauantage, qui sont sainct Hilaire, & sainct Gregoire, ne font rien contre nous, parce que tous les deux parlent des pechez publics, & remis au iugement exterieur: Et ainsi sainct Hilaire dict que celuy qui n'est pas excommunié à raison de quelque grand peché, n'est pas obligé de se retirer de la saincte Communion: Et tout ce que les gloses peuuent tirer de ce chapitre est, que l'on ne peut fulminer contre personne, sentence d'excommunication maieure, qui priue entre autre chose de la reception palliue des Sacremens, si ce n'est à raison de quelque peché mortel. Et sainct Gregoire conforme à cecy, ordonne que personne ne soit excommunié & priué de l'vsage du Sacrement, si on n'est asseuré qu'il ait commis quelque grand peché. Or comme nous ne parlons icy des excommunications, ny du iugement exterieur: mais de la preparation, & disposition interieure, ces tesmoignages ne sont point à propos.

## Communion. 69

Povr sainct Ambroise, encor qu'il ne demande au lieu allegué autre disposition que la pureté de conscience, toutesfois il dit ⁰ ailleurs qu'outre ceste pureté il est necessaire d'auoir vne grande deuotion, reuerence, & crainte: ses paroles sont rapportées cy-dessus. Et qui voudra voir au long les dispositions que saint Thomas dit estre necessaires outre l'estat de grace pour s'approcher dignement de ceste table sacrée, qu'il lise les chapitre vnziesme, & douziesme de l'opuscule du sainct Sacrement de l'Autel, que ce S. a fait.

o *Sup. Epist. 1. ad Corint. cap. 11.*

Qvant à S. Augustin il est si esloigné de demander la seule netteté de conscience pour communier deuëment, que personne n'oseroit maintenant demander la disposition, que ce sainct *p* dit estre requise à ceux, qui apres auoir commis quelque grand peché mortel, s'approchent de ceste table celeste: car il exhorte ceux là de faire vne penitence publicque suffisante au iugement des Prestres auant que de receuoir le corps du Fils de Dieu, outre l'interieure, par le moyen de laquelle l'ame est purifiée de tout peché mortel. Et en plusieurs autres endroicts outre ladite pureté il demande vne reuerence, vne crainte, & attention pour communier, comme l'on verra au chapitre suiuant. Pour S. Isidore, auant les paroles alleguées, il dit ainsi: *q Quelques-uns disent que quand il n'arriue aucun peché, c'est vne chose grandement profitable de receuoir tous les iours le S. Sacrement. Ils disent bien, ie l'approuue, à condition que cela se fasse auec vn*

p *Lib citato. 2 cap. de Eccles. dogm.*

q *Dicunt aliqui, nisi aliquo intercedente peccato, Ezech...*

E iij

religieux respect, vne deuotion, & humilité. Nous n'auons encores cité aucun sainct qui ait parlé de ce suiet plus clairement, & plus à propos.

MAIS sainct Iean Chrysostome le dit encores plus clairement au lieu mesme allegué par les aduersaires: car expliquant ces paroles, que le Diacre en ce temps la auoit de coustume de dire à haute voix auant la Communion: e *Les choses sainctes sont pour les saincts*, par où l'on vouloit dire que ce Sacrement si sainct n'estoit que pour les saincts; il pese ces paroles de ceste sorte: ʃ Quand le Diacre dit que les choses sainctes sont pour les saincts, c'est comme s'il disoit : celuy qui ne se recognoist tel, ne s'approche point de cest Auguste Sacrement; il ne parle pas seulement de celuy, qui est purifié de ses pechez : mais de celuy qui est sainct. Car estre libre de peché, n'est pas ce qui rend l'homme sainct mais la presence de l'esprit de Dieu, & les richesses des bonnes œuures. Ce n'est pas assez, dit ce sainct, que vous soyez purs, & nets de la boüe du peché : mais outre cela il est requis que vous soyez blancs & reluisans. Car si le Roy de Babylone choisit pour son seruice de ieunes hommes, qui n'estoient ny difformes, ny contrefaicts, mais de belle taille, beaux de visage, et bien auenans : il faut que ceux, qui se veulent approcher de ce sacré festin, où le Roy des Roys preside, soient personnes choisies, & ne se trouue en

*ristiam quotidie accipiendā, quod quidem bene dicunt, si hāc cum religione, & deuotione, & humilitate suscipiant.*
D. Isidor. loco citato.

✝ Sancta sanctis.

ʃ *Cùm enim dixerit sancta sanctis, hoc dicit, si quis nō sanctus, non accedat : non simpliciter dicit à peccatis purus, sed sanctus. Non peccatorum tantum liberatio, verùm & spiritus presentia sanctum facit, & bonorum operum diuitiæ. Nolo vos tantùm, inquit, à cæno esse liberatos, verùm & candidos, ac splendidos. Nam si Rex Babylonius ex captiuitate deligens adolescentes pulchros specie, & decoros aspectu sumpsit: multo magis, & nos mensæ assistentes Regiæ, specie pulchros esse decet, aureum animæ mundum habentes, vestem puram, calceamenta regia, decorúmque animæ cultum.* D. I. Chrysost. ubi sup.

eux aucune tache, qui puisse offenser les yeux de sa maiesté souueraine: il faut estre embellis de toute sorte de vertus, bien & richement couuers, & auec tous les autres ornemens de l'ame. Ces paroles sont toutes de S. Iean Chrysostome, qui monstrent bien que ce Sainct n'a pas estimé que la seule pureté de conscience fust vne suffisante disposition pour communier dignement, & comme il faut: puis qu'il dit que quand le Diacre commandoit que ceux, qui n'estoient pas disposez pour communier, se retirassent, il parloit aussi à ceux, qui bien qu'ils fussent en estat de grace, & sans peché pour le moins mortel: n'auoiét neantmoins les autres dispositions, qui appartiennent à la reuerence deuë naturellement à ce S. Sacrement. Pour ce qu'il dit de l'oraison la comparant à la Communion, il a vn autre sens different, lequel nous expliquerons au chapitre dixiesme.

IL NE NOVS manque plus des Peres, que les aduersaires ont alleguez de leur costé, que S. Cyrille, S. Hierosme, & S. Cyprian, qui tous ont declaré leur intention en nostre faueur: car S. Cyrille dit: t *Qu'outre la netteté de conscience de tout peché, il faut que l'homme ait deja ietté les fondemens de bien viure, & qu'il ait commencé l'exercice des œuures bonnes, & vertueuses.* Pour S. Cyprian, il n'y a pas long temps que nous disions, qu'il parle bien rudement à ceux qui s'aprochét de ce S. Sacrement les ames froides, & glacees, & sans aucune deuotion. Et S. Hierosme, qui au lieu cité ne semble demander que la pureté de l'ame, autre part parle de ceste sor-

t *Quare oportet omnibus viribus à peccato nudari, & bene viuēdi iactis fundamentis magna cum fiducia ad sumendam vitam concurrere.* D. Cyril. lib. 4. in Ioan. cap. 37.
H *Ioseph ille iustus propterea syndone noua inuolutum in sepulchro*

*nouo corpus Domini sepeliuit: præfiguras corpus Domini accepturos, tam mundam mentem habere debere, quam nouam. D. Hieron. sup. epist. 1. ad Cor. c. 15.*

te: n'Ioseph homme iuste enseuelit Iesus-Christ, apres l'auoir enueloppé d'un drap neuf, en vn sepulchre neuf, figurant par là que ceux qui le veulent receuoir en leurs ames, & leurs corps, ne les doiuent pas seulement conseruer purs, & nets, mais comme nouueaux. C'est à dire non seulement nets de tout peché: mais renouuelez, ou pour mieux dire raieunis auec vne nouuelle feruer, & chaleur actuelle de deuotion.

Il n'y auroit point de fin d'alleguer tous les Saints, & les Peres, qui outre la pureté de conscience de tout peché mortel, demandent pour la Communion d'autres dispositions, sans lesquelles ils estiment chose plus vtile, & plus salutaire de s'en abstenir, iusques à ce qu'on les ait acquises, que de la frequenter sans icelles. Ie n'ay pas voulu apporter autres tesmoignages, que des Peres, de qui les aduersaires se fortifient: afin que l'on voye le peu de verité, & asseurance, qui se trouue en leur doctrine.

### De la necessité de la confession Sacramentelle, touchant la frequente Communion.

### §. 3.

CE n'est pas mon dessein de traiter icy la question que les Theologiens Scholastiques disputent touchant ceste matiere, ny ammonceler les auctoritez des Peres, & des Conciles, qui disent que la confession est necessaire auant la Communion, supposé le peché mortel, outre le precepte de l'Eglise touchant ce point:

seulement mon dessein est d'examiner la proposition, & doctrine suiuante. (Quand vn homme de quel estat, & condition qu'il soit, ne sent en soy aucun remord de conscience d'auoir commis quelque peché mortel, il peut librement s'introduire en ce banquet celeste, sans qu'il soit necessaire que la confession Sacramentelle precede, parce que cela n'est point contre la reuerence deuë à ce S. Sacrement.) Quelques Docteurs modernes sement ceste doctrine parmy le peuple: & de vray s'arrestant à l'escorce elle est veritable: car tous les Theologiens l'enseignent ainsi sans aucune controuerse. Mais parce que la prenant de la sorte, elle pourroit donner occasion aux plus simples de faillir en vne matiere si graue, ie la veux examiner, & y remarquer quelque chose.

En premier lieu, il faut remarquer, que sans doute c'est le meilleur, & le plus asseuré de se munir de la confession auant que receuoir le corps du fils de Dieu, ne se trouuant mesme que des pechez veniels: car la purification d'iceux augmente la disposition en vne chose de grande importance, & qui sert beaucoup pour l'accroissement du fruict, & merite de la mesme Communion, qui a ses augmentations, comme nous auons remarqué au chap. 5. correspondantes à la disposition de celuy qui communie. C'est vne chose si ancienne en l'Eglise, de confesser les pechez veniels auparauant que communier, que S. Cyprian en a fait vne expresse mention: Car voulant prouuer que les fidelles ne pouuoient, ny deuoient en aucune sorte receuoir la sainte Eucharistie sans premierement se confesser des grands pechez, fait l'argument suiuant : *a Les pecheurs font penitence mesme des fautes les plus legeres au temps determiné, afin de venir selon l'ordre de la doctrine Chrestienne à la confession, & l'absolution receuë auec l'imposition des mains de l'Euesque, & du Clergé, ils puissent librement s'approcher de ce S. Sacrement.* Or que ces fautes legeres fussent des pechez veniels, cela se voit clairement par ce qu'il dit apres : *b Si l'on fait penitence des moindres pechez, qui ne sont pas directement contre Dieu,* c'est ainsi qu'il nomme le peché veniel, parce qu'il ne priue pas de la grace, & de l'amitié de Dieu, *& le penitent en la confession declare sa vie, & encore ne peut receuoir cest auguste Sacrement qu'il n'ait receu la benediction auec l'imposition des mains de l'Euesque, & du Clergé : à plus forte raison des grands pechez, &c.* De ces paroles de S. Cyprian se colligent les choses suiuantes : La premiere, que les fidelles se confessoient des pechez veniels, auparauant que de communier : La seconde, qu'on ne leur permettoit pas de s'en approcher sans auoir fait ceste confession, & obtenu congé de l'Euesque, & du Clergé, qui leur estoit accordé par l'imposition des mains : cela estoit rude, & fascheux : toutesfois il leur sembloit estre necessaire pour la reuerence du S. Sacrement : parce qu'ils iugeoient qu'il n'estoit pas bon de laisser à la liberté des seculiers examiner, & resoudre, sçauoir s'ils auoient la pureté de l'ame necessaire pour receuoir la sacree Eucharistie, auec vn peril manifeste de s'en approcher plusieurs fois auec peché mortel sans en faire scru-

*a Nam cum in minoribus peccatis pœnitentiam iusto tempore, & secundum pœnitentiæ ordinem ad exomologesin veniant, & per manus impositionē Episcopi, & Clerisius cōmunicationis accipiāt. D. Cyprian. Epist. 11. ad pleb. & Epi. 10. ad Presbyt.*
*b Nam cum in minorib⁹ delictis, quæ non in Dominum cōmittuntur, pœnitentia agatur iusto tempore, & exomologesis fiat in spectu vita eius, qui agit pœnitentiam, nec ad communionem*

pule. La troisiesme chose, qui se collige du tesmoignage de S. Cyprian est, que c'est vne chose bien ancienne en l'Eglise, que les fidelles ne s'approchent pas de ce S. Sacrement sans la permission de leurs peres spirituels: poinct, dõt nous ferons vn Chap. particulier à la fin de ce traité.

Ceste doctrine de S. Cyprian presupposée, la seconde remarque, que ie fais est de S. c Bernardin de Sienne, qui traitant de ceste necessité de la confession sacramentelle touchant la Communion, dit qu'il y a deux sortes de conscience; vne, qu'il appelle demesurément scrupuleuse, meslee de fantaisies: autre, qu'il appelle temeraire : il appelle toutes les deux, crainte nocturne, neantmoins auec differens effets. Prenons l'exemple en deux hommes, dont l'vn est si craintif, que cheminant de nuict, il luy semble à chaque pas perdre sont sentier, que les arbres, & les pierres, qu'il rencontre en ceste obscurité, sont des voleurs, il tremble à la cheute des fueilles, bref il se pasme, où il n'y a aucun sujet de crainte: l'autre est si asseuré qu'il en est temeraire, il va de nuict, & quoy qu'il n'ait aucune asseurance de tenir le vray chemin: neantmoins estant fouruoyé s'imagine qu'il va bien, & parmy les tenebres, & l'obscurité de la nuit voyant les voleurs, il croit que ce sont des arbres, ou des pierres, qui sont au chemin : en fin au contraire de l'autre il ne craint rien, où il y a beaucoup de subiet d'apprehension. De mesme il y a deux sortes de conscience : l'vne scrupuleuse , qui craint sans subiet, & se persuadera estre peché de fou-

*venire quis possit, nisi prius ab Episcopo, & Clero manus fuerit illi imposita: quanto magis in his grauissimis, & extremis delictis, &c. Idem epist. 12.*

c *Tom. 1. serm. 56. art. 2. cap 1. & 3.*

ler aux pieds les rayons du Soleil, &c. Vne autre presomptueuse, qui n'a aucune crainte, là mesme, où il y en a des grandes occasions, & iaçoit qu'elle ait tousiours quelque esmotion, & soupçon suffisant pour luy causer du trouble, neantmoins d'autre costé elle a assez de presomption, & de courage pour le dissiper: ou bien il faut dire qu'elle a vne grande ignorance, coupable toutesfois, qui luy faict aualler les pechez, comme l'eau, & l'empesche de faire scrupule aux choses les plus enormes.

LA TROISIESME remarque ce sera la definition, & doctrine du Concile de Trente qui dit, que la grande saincteté, & diuinité du sainct Sacrement de l'Eucharistie, prouenant de la presence reelle de IESVS-CHRIST, oblige vn chacun à se disposer de telle sorte, qu'on ne s'en approche sans saincteté, & reuerence: & apres auoir cité l'auctorité de sainct Paul, *d* Que l'homme s'esprouue soy-mesme, &c. conclud disant: *e* La coustume de l'Eglise monstre assez clairement, qu'il est necessaire que l'homme s'esprouue, & s'examine auparauant que de receuoir ce diuin Sacrement. de sorte que se sentant atteint de quelque peché mortel, quelque contrition qu'il recognoisse en luy, ne s'approche de la saincte Eucharistie, qu'au prealable il ne se soit confessé de tous ses pechez. Cecy n'est poinct necessaire, selon tous les Theologiens, pour receuoir, & administrer les autres Sacremens: & quoy que pour tous l'estat de grâ-

*d Probet autem seipsum homo, &c.* 1. ad Cor. 11.
*e Ecclesiastica autem consuetudo declarat eam probatione necessariam esse, vt nullus sibi conscius mortalis peccati quantumuis sibi contritus videatur absque præmissa sacramentali cōfessione ad sacram Eucharistiam accedere debeat. Concil. Trident. sess. cap. 5.*

ce soit necessaire : neantmoins pour les autres c'est assez, quand quelqu'vn recognoist en soy quelque peché mortel : c'est assez, dis-je, de l'asseurance moralement probable qu'il s'est iustifié par son propre acte de la contrition, sans que la confession sacramentelle soit requise, comme pour receuoir la saincte Eucharistie. La raison est que l'Eglise a iugé appartenir à la reuerence deuë à ce sainct Sacrement vne grande asseurance de sa iustification, laquelle l'on a par la confession sacramentelle beaucoup mieux, que par ceste esseurance morale : & qu'ainsi l'on ne se mit en peril de s'en approcher en estat de peché mortel. Et ie crois que ceste-cy est la raison, pourquoy au temps de sainct Cyprian, l'on ne permettoit à personne de communier sans se confesser, & obtenir à cet effect permission de son Pere spirituel, n'ayant mesme que des pechez veniels : parce que l'Eglise iugeoit que pour la seureté de la grace, & iustification necessaire pour la reception de la saincte Eucharistie, il n'en falloit pas laisser le iugement aux seculiers, qui par ignorance, & conscience erronee se pourroient facilement persuader que ce n'est pas peché ce qui le seroit bien grand ; & auec ceste asseurance pourroient s'aprocher en mauuais estat de ceste auguste, & tout diuin Sacrement.

Cela presupposé, venant à la resolution de la difficulté, ie dis en premier lieu, que c'est le meilleur, & le plus salutaire de se confesser toujours auant la Communion, bien que l'on soit asseuré que l'on n'a que des pechez veniels: par ce que outre le fruict, & le merite, qui correspond à la mesme confession, la pureté de ces pechez veniels perfectionnant la disposition de celuy, qui communie, luy fait obtenir vn plus grand fruict, & vne plus grande grace de la Communion, comme nous auons dit & prouué cy dessus.

EN SECOND LIEV, ie dis que ceux, qui ont ceste conscience si scrupuleuse, que sainct Bernardin appelle fantastique, peuuent bien en rigueur s'approcher de la Communion sans se confesser; toutefois il me semble bien qu'il n'est pas besoin de les en aduertir, parce que de leur costé ils ennuyent assez leurs Confesseurs: ie dis qu'il me semble que c'est le meilleur qu'ils confessent leurs scrupules, si ce n'est que le pere spirituel leur commande le contraire, comme remede pour leur oster ces inquietudes: parce que conformément à la doctrine du Concile de Trente, & de toute l'Eglise, la matiere de la pureté de conscience requise pour receuoir dignement le corps du fils de Dieu, est si delicate, que c'est le meilleur de choisir tousiours le plus asseuré. C'est l'opinion de sainct Bernardin.

*f D. Bernardin. ubi supra.*

EN TROISIESME LIEV, ie dis auec le mesme Sainct, que ceux qui ont la conscience douteuse, ceux-là sans doute sont obligez à se confesser auant que de receuoir le S. Sacrement.

MAIS le poinct suiuant enueloppe plus de difficulté. Il y a des personnes qui sçauent peu, & mesme cela se rencontre aux mieux entendus, particulierement aux actes interieurs, qui ne peuuent discerner si ce qu'ils ont faict est peché mortel, ou non: s'ils ont eu ce motif, & ce dessein, ou vn autre: mais discourant par les coniectures des circonstances tirent vn iugement probable, que l'action ou la pensée n'est pas peché mortel, quoy qu'ils n'en soient du tout asseurez: l'on pourroit douter de ceux-cy s'ils peuuent receuoir le sainct Sacrement de l'Autel, sans se confesser premierement.

EN PREMIER LIEV, ie responds que si nous parlons de ce qui est le meilleur, & le plus asseuré, sans doute c'est de se confesser auant la Communion, qui disposera d'auantage le subjet pour receuoir la grace sacramentelle: car autrement c'est se mettre en vn grand peril, de s'approcher de ce sainct Sacrement en peché mortel: c'est pourquoy celuy, qui procure de se mondifier de ses pechez par le moyen de la Confession, apporte vne des grandes dispositions requises pour receuoir abondamment le fruict de la saincte Communion. Et si on y prend garde attentiuement, c'est ce en quoy l'Eglise s'est fondée pour obliger à la confession auant que receuoir la saincte Eucharistie, ceux qui ont commis quelque peché mortel, sans dispenser de ceste obligation ceux qui auec vn iugement plus probable presument qu'ils sont contrits, & iustifiez par la seule contrition : afin qu'ils asseurent dauantage la pureté de leurs ames, & euitent le peril de communier en peché mortel.

EN SECOND LIEV, ie dis que si nous parlons de l'obligation, sans doute, parlant speculatiuement, ceux qui se trouuent en cet estat, que nous venons de dire, peuuent communier sans anticiper la confession : Mais parlant de la pratique, il me semble que les hommes doctes, & entendus, qui peuuent auec verité, & asseurance resoudre les doutes de leur conscience, & consequemment se peuuent fier à leur iugement, pourront asseurément practiquer ceste doctrine : Mais les ignorans, qui plus par ignorance doutent si ce qu'ils ont faict, ou pensé, est peché ou non, & qui n'ont aucun principe pour sortir de ce doute, & former vn iugement probable s'ils ont offensé Dieu mortellement, s'ils ont donné leur consentement à la mauuaise pensée, ou non, s'ils ont eu ce motif, ou bien vn autre, & en plusieurs autres choses ; ie suis d'aduis qu'en semblables cas ils sont obligez à se confesser ; bien qu'à raison de quelques principes & regles, qu'ils ont peut-estre mal appliquées, il leur semble n'auoir offensé Dieu parce que le iugement de telles gens ignorans, & en ceste matiere est grandement sujet à faillir, & se mettent en grand peril de communier en mauuais estat : ce qu'on doit soigneusement euiter, puisque l'on a vn moyen si facile, comme la Confession sacramentelle.

De

DE tout cela ie tire vne resolution, qui s'infere clairement du discours passé; sçauoir que c'est mal fait de conseiller aux ignorans, qui n'ont pas des principes suffisans pour resoudre les doutes de leur conscience, de receuoir le S. Sacrement de l'Autel sans se confesser; parce que prenant ceste liberté ils pourroient quelquefois communier en mauuais estat: & ainsi il leur faut plustost conseiller le contraire, qu'ils se confessent auant que de communier, mesme ne recognoissant en eux aucun peché mortel. Et la raison est, qu'ainsi faisant on ioüe au plus seur, & euite-on le peril. La seconde raison, que la Confession des pechez est vne disposition pour l'accroissement de la grace, comme nous auons dit cy-dessus.

IE conclus ce Chapitre, disant, que ceux qui demeurent en ce premier degré de disposition, qui est la seule pureté de conscience suffisante pour l'institution du Sacrement, & pour en obtenir l'effect, & le fruict; ceux-là, dis-je, qui s'arrestent là, & ne passent au second, qui consiste en vne droite intention, à auoir la reuerence, & attention deuë à ceste saincte action, deuroient se retirer de ceste saincte Table, tandis qu'ils n'auront ceste disposition requise, si ce n'est à raison du precepte, ou de quelque autre obligation: Car quoy que ceste premiere disposition les rende suffisamment dignes de receuoir le fruict appellé, *ex opere operato*, qui correspond à l'institution du Sacrement: neantmoins elle ne les rend pas dignes de communier. Et c'est ce que disoit S.

F

Bonauenture: *g Prends bien garde de t'approcher de ce diuin Sacrement auec tiedeur, sans consideration, & attention, sans auoir vne sincere intention: car si tu le reçois sans ceste reuerence, & circonspection, tu le reçois indignement.* En ces paroles il ne comprend que les indispositions qui sont pechez veniels: Il vaut donc mieux se retirer de ceste Table celeste, auec ceste seule disposition en la forme que nous l'auons dit, que de s'en approcher.

ET quand le peché veniel ne seroit de tant de poids, qu'il obligeast de s'abstenir de la saincte Communion, par ceste raison generale: Qu'il ne faut commettre vn peché veniel pour tous les biens du monde, tant spirituels, comme temporels; l'irreuerence, qui se fait à ce diuin Sacrement, offensant le Seigneur, qui y est reellement present, par la mesme action par laquelle on le reçoit, ne seroit elle pas capable d'en retirer toute sorte de personnes, qui le voudroit bien considerer? Ie ne veux pas dire pour cela, que receuoir le S. Sacrement de ceste sorte, ce soit vn autre peché d'irreuerence different de celuy qui se commet faute d'attention, & de droicture d'intention: ce que quelqu'vn a voulu dire, & que reproue le Pere Vasquez. *h* Mais ie dis qu'entre toutes les choses, qui meritent le nom d'irreuerence: & toutefois ne repugnent à la grace, & amitié de Dieu, & pour lesquelles les Saincts iugent qu'il est expedient de se retirer de la Communion, la plus grande est le peché veniel commis au mesme acte de la reception de

---

*g Ideo cane ne nimis tepidus, & inordinatus atque inconsideratus accedas: quia indigné sumis, si non accedas reuerenter, circonspectè, & consideratè.*
D. Bonauent.

*h Sur la 3. part. tom. 3. disp. 207.*

ce S. Sacrement: & consequemment c'est luy qui diminuë le plus le fruict spirituel, & qui oblige dauantage à se retirer de l'vsage frequent de la sacrée Eucharistie: Car il n'y a point de doute qu'vne autre indecence quelle qu'elle soit, interieure, ou exterieure, qui n'enferme en soy aucun peché, desplaist moins à Dieu, & est moins contraire au respect, qui est deu à sa Majesté, que celle qui le contient tant leger soit-il.

Si quelqu'vn objecte, que si cela estoit vray, bien peu de personnes pourroiet communier. Ie responds, qu'en cela ie monstre seulement la disposition, qui est necessaire pour receuoir dignement nostre Seigneur en la saincte Eucharistie, procurant de passer du premier degré au second, & du second au troisiesme; ce qui n'est point si difficile, & pour si peu de personnes, comme plusieurs s'imaginent, & comme l'on verra plus amplement en ce Traicté.

## Chapitre VIII.

### Du second degré de la disposition.

CE second degré adjouste au premier toutes les circonstances, qui sont necessaires pour rendre l'action de la Communion entierement bonne d'vne bonté morale, de sorte qu'il ne s'y puisse trouuer aucune malice de peché veniel. Car ne plus ne moins qu'en l'o-

F ij

raison vocale, où nous conuersons auec Dieu, est necessaire la reuerence, & attention en certain degré, mesurée non à la grandeur de Dieu, auquel l'on parle, mais à nostre fragilité & petitesse: de façon que si elle manque il y a peché veniel en la mesme action de prier, comme nous auons dit au Chapitre cinquiesme en la premiere remarque: de mesme sont necessaires pour la Communion quelques circonstances de reuerence & attention: & d'autant plus releuées, que c'est chose plus noble, & plus excellente de communier, que prier vocalement; & à mesure qu'elles manquent, à mesure l'action de la Communion se rend vicieuse par quelque malice legere. Ainsi le supposent tous les Theologiens auec S. Thomas *a* en plusieurs lieux.

*a* D. Thom. 3. par. q. 79. art. 9.

Il y a quatre circonstances necessaires, sçauoir sincerité d'intention, attention, reuerence, & vn grand desir, ou faim spirituelle de ce sainct Sacrement. Et quoy que plusieurs autres adjoustent la foy actuelle de ce mystere, d'autres la deuotion pareillement actuelle, & d'autres autres choses: neantmoins il est vray qu'elles sont fort expedientes, mais non pas si necessaires, que la faute d'icelles rende l'acte de la Communion imparfait, comme feroit la faute des autres quatre proposées. Et parce que le grād desir de ceux, qui ont voulu estendre la Communion de tous les iours à toute sorte de personnes, a esté cause qu'ils ont enseigné quelque doctrine, touchant ces circonstances, qui n'est pas si asseurée, & aussi que de leur cognoissance dépend en partie la bonne eslection, que l'on doit faire en la frequentation de la Communion, comme il sera plus expedient à vn chacun; il est necessaire pour mon sujet d'en traiter en particulier.

*De la sincerité de l'intention requise pour communier souuent.* §. 1.

LA premiere, & plus necessaire circonstance pour asseurer la bonté de l'œuure est la droicture, & la sincerité de l'intention; parce que la fin est la fontaine, d'où se deriue toute la bonté, & la malice des actions; & l'intention en est le conduict. C'est pourquoy la premiere chose, que le Communiant doit procurer, est l'intention, l'ordonnant à des fins bonnes, & honnestes. Il y en a deux, qui sont les plus propres, & naturelles à l'action de communier, dont nous traictions au Chapitre cinquiesme, sçauoir la gloire de IESVS CHRIST, & le bien spirituel de nos ames. Celles qui luy sont comme accessoires, que chacun selon sa volonté peut auoir, sont sans nombre; l'vn peut ordonner la Communion pour obtenir la chasteté, l'humilité, ou vne autre vertu; l'autre pour remedier à tel, & tel vice; l'autre à la reuerence de tel Sainct: vn autre à plusieurs autres choses bonnes, & vertueuses; car comme la Communion est vn moyen vniuersel pour toute sorte de biens: aussi elle y peut estre ordonnée auec bonne, & droite intention. Lisez si vous voulez Sainct Bonauenre, au traicté de la preparation à la Messe, là il reduit toutes ces fins à dix poincts. Nous pouuons dire de mesme auec quelque proportiõ, que comme le vice a plusieurs motifs, l'homme peut auec des mauuaises intentiõs ordonner les Communions à plusieurs fins peruerses, l'vne de plus grande malice, & l'autre de moindre. Ie ne veux pas maintenant parler des fins, & des intentions mauuaises, dont la malice est mortelle : parce que celles-là sans controuerse destruisent tout, & conuertissent le remede, & antidote souuerain du Sacremẽt en poison : mais des fins, dont les propres intentions, & ellections des moyens necessaires pour les obtenir, sont des sources d'où se deriue le peché veniel : parce que ceste malice n'empesche pas du tout (comme i'ay dit) le fruict du sainct Sacrement, mais le diminuë grandement.

CELA presupposé, la premiere chose que l'on peut dire en general est, que communier pour quelque fin temporelle, & humaine, s'y arrestant sans passer plus auant, enferme pour le moins vn peché veniel: parce qu'vn moyen si haut, & diuin comme la Communion, ne se peut ordonner à des fins semblables, que par vne volonté desordonnée. Ceste doctrine est de S. Bernardin *b* de Sienne, qui reduit ce peché à vne espece de Symonie mentale, acheptant ce qui est precisement temporel par vne chose spirituelle, & celeste. Et sainct Thomas dit, & bien à propos, qu'il estoit commandé au vieil Testament en figure de cecy,

*b D. Bernard. loco citato.*

que l'on mangeast l'Agneau auec des laictuës ameres, & du pain sans leuain : c Les laictuës sauuages (dit sainct Thomas) signifient la douleur, & l'amertume des pechez, & le pain sans leuain la pure, & droite intention. Et plus bas expliquant le but, qui souuentefois desordonne l'intention de ceux qui communient souuent, adjouste les paroles suiuantes : d Celuy mange le pain sans leuain, qui reçoit le sainct Sacrement sans vaine gloire. Sainct Isidore dit, que de ne donner lieu à la vaine gloire, & à la presomption, c'est vne des principales dispositions pour communier dignement : e Quelques-vns disent qu'il faut communier tous les iours, & disent fort bien, à condition qu'ils le fassent auec religion, deuotion, & humilité ; de peur que se fiant trop à leurs merites, & saincteté, ils ne tombent en presomption ; c'est à dire qu'ils ne communient par vn motif de vanité, & de presomption. Et sans doute c'est la fin, qui plus ordinairement desordonne les intentions de ceux qui communient auec vne plus grande frequentation que l'ordinaire : parce que comme ils voyent qu'ils sont iugez capables de communier si souuent par leurs Peres spirituels, ils croyent qu'ils ont vne grande satisfaction de leur vertu, & saincteté : & de là la vanité, & presomption prennent leur source, si ce n'est que ce soit des personnes bien fondées en l'humilité. Pour ce sujet sainct Isidore dit fort bien, qu'il n'est bon à personne de communier tous les iours sans ceste humilité.

c *Lactucæ agrestes significāt dolorem de peccatis: panes azimi intentionem puram.*
D. Thom. opusc. de Sacram. altaris c. 16.
d *Panes sine fermento comedit, qui sine corruptione inanis gloriæ facit.*
D. Thom. ib.
e *Dicunt alii qui Eucharistiam quotidie accipiendam. & bene dicunt, si hanc cum religione, & deuotione, & humilitate suscipiant, ne fidendo de iustitia, superba præsumptione id faciant.*
D. Isid. lib. 7. de offic. Eccl. c. 16.

Et selon mon opinion, & celle de plusieurs Peres spirituels, qui l'ont ainsi laissée par escrit, c'est vne des principales raisons, pourquoy l'on ne doit si librement permettre aux femmes de communier tous les iours, que premierement les Peres spirituels n'ayent bien consideré, & esprouué en d'autres choses si elles sont bien fondées en ceste vraye humilité: parce qu'elles sont plus enclines naturellement à la vanité, & à l'orgueil; & il est grandement à craindre qu'elles ne se seruent de ladite Communion pour auoir le credit & estime de ceux qui les regardent.

SAINCT Bonauenture conuient auec tous les autres Peres alleguez, & joignant a la vanité les autres motifs, qui d'ordinaire desordonnent l'intention, dit ainsi : f *Reigle ta volonté par vne bonne intention au but qui t'est proposé, consideres bien ce que tu desires, de peur que tu ne t'approches de ceste Table celeste par vanité, par orgueil, par coustume, par quelque complaisance humaine, ou bien pour obtenir quelque faueur temporelle, comme font plusieurs en ce siecle miserable, se seruant à leur perte de ce que nostre Seigneur a donné pour nostre salut.* Que si quelqu'vn m'apporte la doctrine de S. Bernardin, & des autres Saincts, tant souuent repetée, qui disent, & exhortent de ne pas desister des bonnes œuures pour crainte de la vanité; & conclud de là, qu'il ne faut pas laisser ladite frequentation pour ce sujet : qu'il die pour sa deffense, que sainct Vincent Ferrier Apostre de la Bretagne, & de l'Ordre des Freres Prescheurs, confessoit de

f *Dirige aciem ad debitam intentionem, vt propositum necessarium. Vide quid desideres, ne propter tumorē, aut vanam gloriam, aut consuetudinē, aut alicuius mundanæ cōplacentiæ, aut temporalis fauoris respectū accedas, sicut multi diebus istis abutuntur ad sui perditionem eo, quod est datū ad salutem.* D. Bonauen. § sent. citato.

luy mesme qu'il estoit grandement tourmenté de la vanité, se voyant suiuy & ouy de tant de peuple: mais qu'il ne desistoit pas pour cela de ce qu'il auoit commencé, & n'eust pas bien fait s'il eust fait autrement. Ie respondray à cela, que je n'entends pas qu'il faille laisser la frequente Communion pour des tentations de vanité, mais bien pour y auoir donné consentement. Les Saincts n'ont iamais dit, & n'ont peu dire, que les œuures faites par vanité deussent estre continuées; car estans vicieuses, comme elles sont, on est obligé de les laisser. Ce que les Saincts disent, & à quoy ils exhortent est, qu'on ne discontinuë pour crainte des tentatiõs de vanité, mais qu'on procure de les rejetter & les vaincre auec la grace de Dieu. C'est aussi ce que respondoit le bien-heureux S. Vincent Ferrier, interrogé s'il estoit inquieté de la vaine gloire à ce concours, & acclamation de peuple: Elle va & vient, dit-il, mais elle ne s'arreste pas, qui vaut autant comme s'il disoit: Elle vient à la pensée, mais elle ne s'arreste pas par le consentement. De façon que ce n'est pas mon intention de dire, qu'il faille deffendre les Communions de tous les iours aux hommes, ny aux femmes, qui se sentãs combattus de la vanité, croyent probablement auec l'ayde de Dieu, qu'ils la vaincront; jaçoit que quelquefois par fragilité ils se rendent à la passion: mais à ceux, & à celles, qui à raison de leurs inclinatiõs naturelles, & pour le peu d'exercice d'humilité qu'ils ont, communient habituellement, &

quasi tousiours auec quelque fin de vanité; parce que l'occasion est trop grande, & n'ont encores ietté d'assez profondes racines d'humilité, cecy est particulier à ceste saincte actiō de la Communion; parce que la vanité n'oste que le merite aux autres œuures vertueuses: mais en l'acte de la Communion non seulemēt la vanité le priue du merite, qui deuoit respondre à sa bonté propre, comme elle fait les autres œuures vertueuses, ains elle s'oppose directement à la reuerence interieure, qui est deuë à la presence de Iesus-Christ en ce S. Sacrement, qui consiste toute en l'humilité, & en la recognoissance de la grandeur & gloire de Dieu, comme nous dirōs bien tost, laquelle ne peut auoir celuy qui cōmunie, puis qu'il cherche la sienne propre par ceste action. Et c'est la raison pourquoy il faut fuyr plus la vanité en la Communion, qu'aux autres œuures vertueuses.

*De l'attention necessaire pour la Communion.* §. 2.

QVELQVES Autheurs modernes enseignent, touchant ceste partie de la disposition du second degré (qui est l'attention, & consideration) qu'il vaut mieux communier auec vne distraction actuelle volontaire, que de laisser la Communion faute d'attention. Et disent cecy, afin que ceux qui ne peuuent auoir ceste attention necessaire pour communier tous les iours, à raison de leurs occupations, & affaires, ou pour autres causes, ne laissent pas

## Communion. 91

de le faire. Leur fondement est tousiours le mesme: sçauoir que ceste distraction n'empesche pas l'effect du Sacrement, ny les accroissemens de la grace: & consequemment que c'est le meilleur de communier auec ceste distraction, que de s'en abstenir.

CESTE doctrine est fausse, & contraire à la raison, & à la doctrine des Saincts. Commençant par l'auctorité de l'Angelique Docteur S. Thomas: *a* Ie dis que ce S. Docteur tient pour tout asseuré que c'est vn peché veniel de s'approcher de ceste Table des Anges auec distraction actuelle & volontaire: en quoy tous ses Commentateurs le suiuent, qui quoy qu'ils dient, que ny la distraction, ny le peché veniel, mesme celuy qui se commet au mesme acte de la Communion, n'empesche pas l'effect, & le fruict du Sacrement: toutefois ils ne nient pas que ladite distractiõ volontaire ne soit peché veniel, cõme enfermant en soy vne irreuerẽce manifeste. D'abondant S. Thomas demandãt, *b* Si l'effect du Sacremẽt est empesché par le peché veniel, parlant sous ce titre de la distractiõ volontaire, suppose clairemẽt qu'elle est peché veniel: & quoy que luy, & tous ses Commentateurs, qui traictent de ce poinct, ayent separé ceste distraction des autres pechez veniels, ce n'est pas qu'ils croyent qu'elle ne le soit: mais que l'estant, il y a vne difficulté particuliere, sçauoir mon si elle seule est suffisante d'empescher tout l'effet du Sacremẽt, cõme l'õt creu expressémẽt Caietain, & Pierre de Soto, qui en iugeoiẽt autremẽt que des autres pechez veniels.

SAINCT Bonauenture est de ceste mesme

*a 3. part. quæst. 79. art. 8.*

*b Vtrùm per peccatum veniale impediatur effectᵘ huius Sacramenti, art. 8. illius quæst.*

opinion, & suppose que ceste distraction est peché veniel; c'en que ce n'est pas la chair, dit ce S. qui reçoit Iesus-Christ, mais l'esprit; non le ventre, mais l'ame, & que l'ame ne le touche que par la cognoissance, & par la foy, par l'amour, & par la charité: de sorte que la foy illumine l'esprit pour le cognoistre, & l'embrase pour l'aymer: c'est pourquoy, afin de recevoir dignement ce divin Sacrement, il le faut manger spirituellement, c'est à dire qu'il se mange auec attention, & reçoiue auec deuotion. D'où l'on collige clairement, que celuy qui s'en approche auec tiedeur, sans deuotion, sans consideration, qui est le mesme que sans attention, il boit & mange son iugement, pour l'iniure qu'il fait à cét auguste Sacrement. S. Bernardin de Sienne rapporte les mesmes paroles de Sainct Bonauenture, parlant de la seule distraction.

QVE si quelqu'vn me dit qu'il semble que ces deux Saincts ont esté d'opinion que c'est peché mortel de s'approcher de ce S Sacremēt auec ceste distraction, & sans attention, ce que l'on ne doit admettre. Ie respondray premierement, que si ces deux Saincts ont creu que c'estoit vn grand peché de communier auec la distraction volontaire, cela pour le moins ne prouuera pas mal que c'est peché veniel; & c'est le plus asseuré que ces deux Saincts l'ont creu ainsi: neantmoins ils ont appellé ceux qui communient auec ceste distraction, indignes de ceste action, non pas qu'ils le soient de l'effect du Sacrement, mais parce qu'ils s'en approchent indeuëment, & mangent de ceste

---

*c Quoniam capacitas nostra ad Christum efficaciter suscipiendum non est in carne, sed in spiritu, non in ventre, sed in mente: & mens Christi non attingit nisi per cognitionem, & amorem, per fidem, & charitatem: ita quod fides illuminat ad cognitionem, & charitas inflammat ad deuotionem, ideo ad hoc, quod aliquis dignè accedat, oportet quod spiritualiter comedat, & vt sic Christum per recordationē fidei manducet, & per deuotionem amoris suscipiat. Propter quod manifestè colligitur, quod qui tepidè, ia-negotie, & in-*

forte leur iugement, parce qu'ils font vne mauuaise œuure, quoy que legere, dont ils seront iugez deuant le tribunal de Dieu. Cela se voit clairement, parce que le mesme sainct Bonauenture apres auoir apporté la mesme doctrine alleguée, dit ainsi : *le dis à la demande que l'on fait, si le iuste reçoit tousiours l'efficace du Sacrement, que s'il se prepare deuëment, qu'il la reçoit : mais aussi, s'il y va auec tiedeur & negligence, ou auec distraction, il n'en reçoit point, ou peu, quoy qu'il n'offense pas Dieu mortellement.* C'est l'opinion de ce Sainct, tenant bon contre ces deux opinions bien disputées entre les Scholastiques : l'vne, qui dit que le peché veniel commis au mesme acte de la Communion, empesche l'effect du Sacrement : l'autre, qui le nie, quoy qu'il soit vray que le peché veniel l'amoindrisse. ſ S. Thomas est de mesme opinion que S. Bonauenture, que la distraction est vn peché veniel : & ie ne sçay aucun Autheur ancien, qui merite d'estre nommé, qui ne soit d'aduis que la Communion faite auec ceste distraction volontaire, est peché veniel.

Povr preuue de cecy, outre l'autorité de tant de grands Docteurs, la raison de Sainct Bonauenture que nous auons apportée cy-dessus, le persuade, & l'argument à simili, & à maiori, c'est à dire, qui se fait par comparaison, & du plus petit au plus grand. Car si prier Dieu vocalement, & ouyr la Messe auec distraction volontaire sans controuerse, est peché veniel, encor qu'il n'y ait aucune obligation de ce faire, seulement parce qu'en l'orai-

*considerat accedit, indicium sibi manducat, & bibit.*
D. Bonauen. in breuil. part. 6. c. 9.
d Tom. 1. ser. 50. art. 2. c. 5.
e Ad illud quod quaeritur, vtrum homo iustus recipiat efficaciã Sacramẽti? dicendum quod si se debitè praeparet, aut nullam, aut modicam reportat efficaciã, quamuis non incurrat mortalem offensionem.
4. senten. dist. 12. part. 2. art. 1. qu. 1.
f 4. sent. dist. 12. qu. 2. art. 1. qu. 1.

son l'homme parle à Dieu, & en la Messe il assiste aux divins mysteres, & c'est vne irreuerence manifeste de parler à Dieu, & estre en sa presence pensant à autre chose : à combien plus forte raison le sera-il de receuoir au S. Sacrement la personne mesme de Iesus Christ sans considerer, ny prendre garde à ce que l'on fait, comme le disoit bien S. Bonauenture, *g Celuy ne prepare pas le logis à l'hoste qu'il inuite, s'il ne le cognoist, ny le veut cognoistre.*

PAR là l'on peut voir clairement la fausseté de la doctrine de ceux qui disent, que c'est le meilleur, & plus salutaire pour l'ame, de s'approcher de la saincte Communion auec ceste distraction actuelle volontaire, que de s'en retirer; qui vaut autant comme s'ils disoient, que c'est le meilleur faire vn peché veniel, que ne le faire pas, & que c'est le meilleur faire vne œuure, dont l'homme sera iugé deuant le tribunal de Dieu, & pour laquelle condamné à quelque peine temporelle, que ne la faire pas. Et n'importe que l'on peut gaigner la grace sacramentelle : car l'on ne doit point commettre aucun peché, tant leger soit-il, à raison de quelque bien spirituel, ou temporel, comme nous auons dit plusieurs fois.

Si quelqu'vn maintenant desire sçauoir quelle attention est necessaire pour receuoir dignement, & comme il faut, ce S. Sacrement : Ie dis, en premier lieu, que les SS. en ont parlé fort particulierement : mais ie me contenteray de deux tesmoignages de S. Iean Chrysostome, qui expliquât les paroles que le Diacre auoit accoustumé de dire auant la Communion : *h Leuons-nous*

---

*g Quia non præparat hospitium hospiti, nisi ipsum cognoscat. D. Bonauent. ibid.*

*h stemus honestè.*

*i Propter hoc honestè tempore diuini sacrificij stare iubemur, vt cogitationes humi repentes erigamus, vt à languore, quē ex huius vitæ negotijs contraximus, rectum coram Deo animum nostrum ex-*

modestement, dit ainsi : i *Le Diacre nous commande de nous lever honnestement au temps du sacrifice, pour nous advertir que nous esleuions nos pensées qui rampent sur la terre, que nous esueillions nos ames de la langueur, & du sommeil lethargique qui les appesantit. Car il est asseuré que le Diacre ne parle pas des corps, ny des mains, ny des genoux; qu'il n'adresse pas ses paroles à ceux qui courent, ou à ceux qui combattent en vn amphitheatre: ce qu'il commande est, que nous esueillions toutes nos pensées interieures, & les esleuions à Dieu.* Et autre part il dit: k *Quand tu consideres, que tu dois estre vny estroitement à la chair de Iesus-Christ, viuant encor en ceste vie mortelle, & que tu es admis au temple auec les Anges pour loüer Dieu, considere quels compagnons tu as: ne t'arreste point en ce temps-là aux choses de ce môde, ains transporte-toy du tout au Ciel, libre de tous les soins terrestres, comme celuy qui est deuant le throsne de Dieu, & qui vole auec les Seraphins.*

MESVRANT donc ceste attention, non à la dignité du Fils de Dieu, qui est present au S. Sacrement, & veut loger en l'homme (parce que de ceste sorte elle demanderoit le rauissemēt des Anges, & des bien-heureux) ains à nostre fragilité; Ie dis que l'attention necessaire pour receuoir cét auguste Sacrement, est celle qui est suffisante, afin que celuy qui cōmunie, considere attentiuement au temps de la Communion, le Seigneur qu'il doit receuoir, qu'il reçoit, & qu'il a receu, c'est à dire que ceste attention dure quelque espace de temps. Ie ne veux pas taxer ceste quantité de tēps, ie le laisse à d'autres; & me contente seulement de dire qu'elle doit durer deuant & apres la Cōmuniō

*suscitare possimus. Neque enim de corporibus, manibus, ac genibus dicit: neque cum cursoribus, aut pancratiastis loquitur, sed interiores cogitationum vires tentationibus prostratas exsuscitare his verbis iubet.* D. I. Chrysost. hom. de non contemnendis Eccl. myster.

k *Nemo igitur animo resoluto sacras illas, & mysticas laudes ineat; nemo rerum ac humanæ vitæ consilia illo tempore voluitet; sed omnis terrena sordes animo pulsa, in cœlū quisque se transferat, vt pote qui propinquus solio Dei cum Seraphinis volitet.*

autant qu'il est necessaire pour forclorre l'irreuerence, & cét espace n'est pas si court comme croyent quelques-vns, qui apres auoir communié, attendent fort peu à tourner le dos à l'hoste qu'ils viennent de receuoir. Car sans doute il est necessaire (qui ne veut pas commettre vne irreuerence par ceste distraction volontaire) de s'arrester vn peu de temps à la consideration de ce grand benefice, & celuy qui se veut empescher de tout poinct de peché veniel, que l'on a accoustumé de commettre par ceste distraction, il luy faut allonger plustost qu'accourcir cedit espace.

CETTE necessité de l'attention requise pour la Communion forclost de la trop grande frequentation tous ceux qui sont embroüillez en plusieurs affaires & occupatiõs, tãt publiques, que domestiques, qui sont asseurez ne pouuoir auoir tous les iours le temps conuenable à ceste action: & quand bien ils l'auroient, ces mesmes affaires & occupations les inquietent, & diuertissent, de sorte qu'ils sont asseurez que se laissant emporter à la consideratiõ de quelques vnes d'icelles, ils se diuertiront volontairement auec tant d'irreuerẽce du Seigneur qu'ils reçoiuent, que le mesme acte de la Communion sera peché veniel. D'abondant ie dis pour conclusion de ce paragraphe, que quand l'action de la Communion auec ladite distraction, ne seroit pas peché veniel: neantmoins les hommes occupez & diuertis la deuroient differer, & s'en approcher plus ou moins souuent, selon qu'il leur sembleroit pouuoir recueillir

*Idem hom. de Dei natura.*

cueillir vne attention raisonnable suffisante d'empescher l'indecence & l'irreuerence, à raison de la difformité que ceste action porte quant & soy, de receuoir ce S. Sacrement sans attention. Les hommes sages & bien aduisez, & qui ont soin de leur santé, ne vont pas à la table temporelle sans attention, ils prennent garde à ce qu'ils mangent, de peur de prendre quelque chose, soit en quantité, ou qualité, qui nuise à leur bonne disposition. C'est pourquoy, sans considerer maintenant si la distraction est peché veniel, ou non, mais que le deffaut est grand quand l'attention manque en la Communion, à cause de la reuerence qui est deuë naturellement au Seigneur que l'on reçoit : ( Et c'est ce que l'on considere en plusieurs autres choses, qui ne sont pas pechez, comme nous verrons au Chapitre suiuant) il me semble que l'on ne doit pas permettre vne si grande frequentation ( comme est celle de tous les iours ) à ceux qui ont des continuelles distractions, quoy qu'elles ne soient pas volontaires. Car encor que ces distractions ne contiennent en elles aucun peché; neantmoins elles denotent que ceux qui les ont ne sont pas capables de communier si souuent. C'est pourquoy c'est mal fait de permettre indifferemmēt aux seculiers de communier tous les iours, comme nous verrons plus amplement au Chapitre vnziesme, & aux suiuans, si ce n'est qu'ils soient grandement exercez en l'oraison, & en la contemplation; qu'ils soient accoustumez à reietter les distractions, & auoir Dieu present,

G

Et si quelqu'vn oppose de nouueau que l'on perd le fruict du Sacrement : Ie responds, qu'il n'importe pas, & voyez-en les raisons dites au Chapitre cinquiesme, pour ne repeter si souuēt la mesme chose.

### De la reuerence necessaire pour la Communion. §. III.

LA reuerence est la troisiesme chose qui appartient à ce second degré de disposition ; nous ne parlons pas icy de la reuerence prise en general, auquel sens tout ce qui est disposition pour receuoir dignement la sacrée Eucharistie, s'appelle reuerence : mais nous en parlons en vne signification plus estroite, de celle que S. Isidore appelle religion ; a *S'ils reçoiuent*, dit-il, *le S. Sacrement auec religion, deuotion, & humilité.* Et S. Bonauenture l'appelle honneur. b *Il faut receuoir Iesus-Christ*, dit ce Sainct, *quand il vient en nos ames, auec honneur & deuotion.* Ces deux Saincts estiment necessaire pour communier deuëment, ce qu'ils appellent religion & honneur. Sainct Ambroise l'appelle crainte & tremblement : c *Il faut s'approcher de cet auguste Sacrement auec crainte & deuotion ; Il faut que l'ame considere la reuerence qu'elle doit au Seigneur, dont elle reçoit le corps.* Ie laisse les autres Peres & Docteurs innombrables, qui content ceste reuerence entre les parties necessaires de la dispositiõ requise pour communier dignement.

I'E crois qu'il n'y a personne qui sçachant l'im-

---

*a Si hanc, cũ religione, deuotione, & humilitate suscipiunt. S. Isid. loco citato.*
*b Oportet in hospitium paratum recipere cum honore, & deuotione. D. Bonau. 4. sent. dist. 12. ar. 1 quæst. 1.*
*c Deuoto animo, & cũ timore accedendum ad Communionem, ut sciat mens reuerentiam se debere ei, ad cuius corpus sumendum accedit. D. Ambr. sup. Epist. 1. ad Cor. ca. 11.*

portance & la necessité de ceste reuerence ne desire quant & quant de sçauoir en quoy elle consiste. A quoy ie réponds que ceste reuerence est vn acte de la vertu de religion, appellée adoration, sçauoir la soubmissiō que l'on doit faire à vn si grand Seigneur, & si souuerain Prince, quād il vient loger en l'estomach de celuy qui le reçoit. Ainsi le dit expressément sainct Augustin pesant ces paroles de Dauid : *Adorez l'escabeau de ses pieds, parce qu'il est Sainct.* Où entr'autres choses il dit : *Personne ne mange ceste chair sacree, sans premierement l'adorer.* Il entend au mesme sens ces autres paroles du Psalme : *Ils ont mangé, & adoré.* Pource que la loy naturelle & diuine dictent, que Iesus-Christ venant en personne loger veritablement & reellement en la poictrine de celuy qui communie, qu'il l'adore, & luy porte la reuerence auec la soubmission qui est deuë à vn tel hoste. Car si entre les hommes, vn Prince estime que ce luy est vn affront, & vne iniure, si s'arrestant au logis d'vn sien vassal, il n'est receu auec toute la courtoisie, honneur & respect qui est deu à sa personne : à combien plus forte raison nostre Seigneur se doit-il tenir pour offensé, n'estant pas receu de la sorte ?

Sainct Augustin diuise ceste adoration en interieure & exterieure, qui sont les deux parties essentielles de l'adoration : Car le corps sans l'ame, ne fait rien ; c'est pourquoy ce sainct aduertit que quād l'homme s'incline du corps en terre, qu'il s'incline aussi de l'ame, &

*d Adorate scabellū pedum eius, quoniā sanctum est. Psalm. 98.*
*e Nemo autem carnem illam manducat nisi prius adorauerit. D. August. sup. prædictum Psal.*
*f Manducauerunt, & adorauerunt. Psal. 21.*

G ij

qu'il fasse soubmission à l'escabeau des pieds de Dieu, qui est sa chair au sainct Sacrement. De façon que la reuerence deuë à ce Sacrement, contient ces deux choses; l'inclination du corps auec vne posture humble & deuote; & beaucoup plus, la soubmission de l'ame. Sainct Bonauenture fait la mesme diuision, & entre les dispositions necessaires pour receuoir la saincte Eucharistie, conte la reuerence qu'il nomme du nom de latrie, & dit: Le culte de latrie est vn honneur qui se fait à Dieu seul, Createur vniuersel de toutes les choses qui ont estre. g. Il nous faut approcher de ceste table diuine auec cet honneur & ceste humilité, nous prosternant deuant les yeux de la Maiesté diuine auec tous les signes de deuotion, tãt interieurs, comme exterieurs.

VOVLEZ VOVS voir la difformité qu'a le deffaut de ces deux choses? Sainct Augustin le dit clairement: h Personne ne mange ceste chair sacree, qu'au prealable il ne l'ait adoree: & c'est vne inuention de nostre Dieu, que non seulement nous ne l'offensons pas adorant l'escabeau de ses pieds, qui est la terre, (c'est le nom qu'il donne au corps de Iesus-Christ, pour auoir esté formé de la terre:) mais nous l'offenserions, ne l'adorant pas quand nous le receuons. Et ainsi ce Sainct dict, que c'est peché de le manger sans l'adorer, cela s'entend peché veniel. Sainct Bonauenture en dit autant: i Pource que la Maiesté diuine est presente au S. Sacrement, il la faut receuoir auec vn grand honneur. Et ailleurs, il dit que le deffaut de cet honneur est peché

*g Et hoc spiritu humiliato, & toto affectu, & actu, & habitu, & gestibus, & signis prosternentes nos ante oculos diuinæ maiestatis. D. Bonau. tract. de præpar. ad Miss.*

*h Nemo autem illam carnem manducat, nisi prius adorauerit. Inuentum est quemadmodum adoretur, & non solum non peccemus adorãdo, sed peccemus non adorando.*

*i Et quia in hoc Sacramento præsens est diuina maiestas, ideò debet recipi cum honore. D. Bonau. loco citato.*

veniel; bref, il dit: k *Considère que tu reçois indignement la saincte Eucharistie, si tu t'en approches sans reuerence, sans attention & circonspection.* Sainct Bernardin dit le mesme, lequel appliquant ces paroles de l'Ecclesiastique au sainct Sacrement: *l Pour la reuerence, tu receuras vne bonne grace,* c'est à dire l'Eucharistie, dit ainsi: *m Si tu te prepares comme il faut par la reuerence, l'honorant comme tu dois, & luy allant au deuant, il t'honnorera de mesme, & augmentera en toy la grace.* Il descrit aussi tost apres le moyen qu'il faut tenir en la reuerence interieure & exterieure, & dit, que celuy en qui elle manque s'approche indignement de la saincte Eucharistie. n Sainct Thomas est de ceste mesme opinion, & les autres citez cy-dessus, & ie ne sçay homme qui le nie, ou le puisse nier. Car si prier vocalement sans la reuerence interieure & exterieure requise à ceste action, est peché veniel, sans aucune controuerse; parce qu'en l'oraison l'on parle à Dieu: à plus forte raison le sera-il de receuoir le corps de Iesus-Christ sans ce respect & ceste reuerance.

DE là ie concluds que l'on peut dire le mesme de l'irreuerence, que de la distraction, & de la faute de la droiture de l'intention; parce qu'en son genre elle rend aussi imparfaict l'acte de la Communion, voire mesme le veniel; c'est pourquoy il est aussi faux de dire qu'il vaut mieux communier sans reuerence, que de s'en abstenir faute d'icelle; comme il est faux de dire, que c'est le meilleur de faire vn

K *Quia indigne sumis, si non accedis renereter, circumspecte, & considerate.* Idem tract. de præp. ad Miss. cap. 5. l *Et pro reuerentia accedes tibi bona gratia.* Eccl. 32. m *Si per reuerentiā te dignè præparas obuiam Christo, ipse quoque gratiam multiplicando occurrens tibi honorabit te.* D. Bernardinus ibid. art. 1. c. 4. n. 4. sent. dist. 12. art. 1. qu. 3.

peché veniel, qui offense Dieu, que ne le faire pas. Et quant est du fruict spirituel du Sacrement, que l'on gaigneroit le receuant, il ne fait rien contre nous, comme il a esté suffisamment prouué aux deux Paragraphes derniers, & au Chap. cinquiesme. Tout cecy se doit entendre de l'irreuerence volontaire, soit exterieure, faute de composition & de modestie au corps, soit interieure, faute de soubmission & veneration en l'ame. La raison que nous auons produite de la distraction volontaire, a icy force, sçauoir, que quand ce ne seroit pas peché veniel de s'approcher de ce saint Sacrement sans la reuerence exterieure & interieure, & que ceste cause ne seroit pas suffisante de nous en retirer; la seule difformité & indecence que ceste irreuerence porte quant & soy, eu esgard au respect qui est deu à nostre Seigneur present à ce S. Sacrement, deuroit suffire pour en esloigner celuy qui ne recognoistroit en soy ceste sousmission requise selon la fragilité de nostre nature. Ceux qui sçauent comme les Saincts conseillent de differer la Communion pour des choses moindres, & qui enferment vne moindre indecence, mesme exterieure, seront de mon opinion; & que l'Eglise s'arreste tant à ceste reuerence en des choses si petites, que seulement pour faute d'vne ceinture, d'vn manipule benist, elle ne permet pas que l'on die la Messe, voire en vn iour de commandement.

I'ay dit cecy pour aduertir que non seulement le defaut de la reuerence, qui pour estre volontaire, est coupable; suffit pour empescher la frequente Communion : mais encore celuy qui n'est pas volontaire, & n'enferme aucun peché; s'il contient quelque indecence, c'est assez pour la moderer: De façon qu'vn homme qui a des occupations forcées, lesquelles luy ostent le temps necessaire pour ceste reuerence exterieure & interieure (& cela ordinairement sans les pouuoir euiter) encor qu'il puisse excuser le peché, sans doute le meilleur pour luy sera de moderer ceste grande frequentation, comme nous dirons plus amplement aux Chapitre douze, treize & quatorziesme, parce que ceste excuse de peché n'oste pas du tout l'indecence, qui seule suffit pour empescher que la Communion ne soit si frequente.

Si quelqu'vn me demande maintenant quelle reuerence est necessaire & suffisante pour communier: Ie responds, que quant au temps qu'elle doit continuer, ie fais le mesme iugement que de l'attention, sçauoir qu'elle doit commencer auparauant comme preparation, attendant de receuoir le corps du Fils de Dieu auec vne grande composition, & modestie de toutes les actions exterieures; à quoy manqueroit celuy qui venant de quelque entretien, ou affaire, & occupation mondaine, sans autre preuention, s'approcheroit de ce sainct Sacrement, comme font plusieurs : ce que reprend aigrement & condamne o Alexandre de Halès, comme chose tres-indecente. D'abondant ceste reuerence doit estre continuée au mesme acte

o 4. sent. dist. 12. 4. part. q. 45. memb. 3. art. 2.

de la Communion, auquel ne suffit pas le respect exterieur, mais encore les actes interieurs de soufmiffion, & adoration font necessaires, portant honneur à l'hoste, qui vient loger en nostre ame : bref elle doit continuer vn peu de temps apres la Communion, autrement c'est vne irreuerence manifeste de retourner si tost apres à l'entretien, d'aller disner, ou faire quelque autre chose exterieure, par laquelle l'on perd le respect deu a l'hoste, que l'on a receu. Et veritablement elle ne se peut excuser de peché veniel, ou bien retenant le seul nom d'irreuerence, & indecence, elle est bastante de ratifier ce que i'ay dit, sçauoir qu'a raison d'icelle l'on doit moderer les Communions, pour ne manquer au respect deu à nostre Seigneur, qui est present à cest auguste Sacrement, si ce n'est qu'il se presente quelque necessité, ou vtilité considerable.

CESTE doctrine du delay de la Communion faute de reuerence, sans distinction de celle qui est coulpable, ou non, est de tous les anciens Scholastiques, qui traictent de ceste matiere; & sont si vniformes en cecy, qu'il semble qu'ils ayent pris les paroles les vns des autres. I'apporteray seulement celles de sainct Thomas, lesquelles disent ainsi : *p Quand quelqu'vn cognoistra par experience, que par la Communion de tous les iours s'augmente la ferueur, & la reuerence ne se diminuë point, il peut librement continuer ceste saincte coustume ; mais si au contraire il experimente que la ferueur ne s'accroist pas beaucoup, & que la reuerence s'amoindrit, il s'en doit*

*p Si aliquis experimentaliter cognosceret ex quotidiana sumptione feruorem amoris augeri & reuerentiam non minui, talis deberet quotidie communicare: si autem sentiret per quotidianam frequentationē reuerentiam minui, &*

## Communion. 105

retirer pour quelque temps, afin de s'en approcher apres auec vne plus grande reuerence. Le mesme disent Richard, Durand, Thomas de Argentina, Palud, Gabriel, & plusieurs autres. S. Bonauenture dit ainsi: *Il faut quelquefois qu'il se retire du S. Sacrement, pour apprendre à respecter le Seigneur qu'il reçoit.* Tous ces Autheurs parlent non seulement de l'irreuerence, qui est peché veniel (si l'on considere bien leurs paroles) mais encore de celle qui ne l'est pas, laquelle toutefois contient en soy quelque indecence.

L'OPINION de ces sages Docteurs est fondée en la condition de l'homme, qui passe de l'vsage familier de quelque chose à son mespris; & c'est pour cela que ces Docteurs disent, qu'il faut prendre garde soigneusement à ceux qui communient si souuent, que la trop grande frequentation ne diminuë le respect, qui est deu à ce diuin Sacrement; & ils estiment ceste reuerence si necessaire, qu'ils conseillent le delay pour quelque tẽps, iusques à ce qu'on l'ait acquise. L'on verra au Chapitre vnziesme comme ce delay sert de beaucoup, afin d'accroistre la reuerence, & les autres dispositions, à condition qu'il ne soit trop long. C'est vn point, qui est debatu particulierement par les aduersaires.

CEPENDANT ie dis, que tous ceux qui ne sont pas si spirituels, & qui ne vont pas croissant sensiblement en vertu & perfection, sont forclos de la Communion de tous les iours, faute de ceste reuerence: Car l'on doit croire

*seruarem nõ multum augeri, talis deberet interdũ abstinere, vt cum maiori reuerentia postmodum accederet.*
D. Thom. 4. sent. dist. 12. art. 2. q. 3.
*Aliquando debet cessare vt discat reuereri.*
D. Bonau. loco citat. part. 2. q. 2.

seulement de ceux qui s'auancent en la vie parfaite, qu'ils ne perdront pas le respect deu à ce diuin Sacrement, le receuant si souuent. C'est ce qu'ont voulu dire sainct Thomas, & les autres Autheurs citez, par ces paroles; *r Si l'on recognoist sensiblement que par la frequente Communion la reuerence s'amoindrisse, & la ferueur n'augmente pas beaucoup.* Comme s'ils disoient que ces deux choses ne sont iamais l'vne sans l'autre, sçauoir le trop lent accroissement de la ferueur, & la diminution de la reuerence. Et sans doute ce seroit merueille, si la grande frequentation aux personnes, en qui la ferueur de l'esprit ne s'augmente de iour en iour, ne portoit quant & soy des grandes irreuerences. Nous en parlerons plus amplement aux Chap. 11. 12. & 13.

*r Si autem sesserunt per quotidianā frequentiā reuerentiā minui, & feruore non multū augeri. D. Thom. ibid.*

### Du grand desir, & de la faim spirituelle qu'il faut auoir du saint Sacrement : & conclusion de tout ce qui s'est dit. §. IV.

SAINCT Isidore, & S. Thomas auec tous les Docteurs Theologiens, mettent la deuotion actuelle entre les dispositions necessaires pour communier dignement, comme l'on peut voir aux lieux alleguez aux deux Paragraphes derniers. Par ceste deuotion ils n'ont entendu autre chose qu'vn grand desir de l'ame; le mesme S. Thomas s'explique de ceste sorte: Car ce qu'il appelle deuotion par ces paroles; *a Il faut s'approcher de ce diuin Sacrement auec deuotion, & reuerence*: autre part il l'apelle de-

*a Requiritur, vt cum magna deuotione, & reuerentia ad hoc Sacramentum accedat. D. Thom. 3. part. qu. 8. art. 10. in corp.*

## Communion. 107

sir: ᵇLe desir de receuoir le S. Sacrement prouient de l'amour, & de la crainte l'humilité pour le respecter. La mesme chose se peut voir aux autres Autheurs. Les SS. appellent ce desir faim spirituelle, la contant entre les dispositions plus necessaires pour iouyr du fruict de ce S. Sacrement. Et en effet il semble que c'est luy faire vne iniure, de s'en approcher sans ceste faim: comme c'est mal fait de manger les viandes corporelles sans faim, ny appetit; & celuy qui les mange ainsi ne reçoit aucun contentement en les goustant, ny en les sauourant, mais plustost de la peine conforme à ce qu'a d̄ᵗ Salomon: ᶜ Le miel mesme est amer à vne personne qui est trop remplie de viande. Cela est vne grande indisposition à la Communion, de laquelle S. Iean Chrysostome parlant, dit: ᵈ Iesus-Christ t'a permis non seulement de le voir, voire de le toucher, de le manger, & de le receuoir en ta poistrine: Ne t'en approche donc pas auec desdain, & dégoust; mais tout enflammé, tout feruant, & esueillé. S. Bonauenture dit le mesme: ᵉ Que l'homme prenne bien garde de ne s'approcher pas de ce S. Sacrement, où est renfermee toute la douceur, & suauité, auec dégoust, & desdain.

Ie ne veux pas resoudre, ny asseurer que ce soit peché veniel de s'approcher de la saincte Communion sans ce desir, ou faim spirituelle, & auec vn certain dégoust, comme nous l'auons dit, & proué de l'attention, de la reuerence, & de la droite intention, quand elles manquent, si ce n'est que ce dégoust nasquist de quelque peché veniel, comme de la distraction volontaire, laquelle ordinaire-

ᵇ Ex amore probatur desiderium sumēdi, & ex timore cōsurgit humilitas reuerendi. Idem ibid. ad 2. ᵉ Anima saturata calcabit fauū. ᵈ Ipse tibi concessit nō tantum videre, verum & manducare, & tāgere, & in te suscipere; Igitur accedat nemo cū nausea, nemo resolutus, omnes accēsi, omnes feruentes, & excitati. D. Chrysost. hom. 70. ad popul. ᵉ Multùm cauere debit homo, ne cum tædio ad illud Sacramentum acce-

ment produit ce dégoust spirituel: ou bien qu'il fust cause de quelque peché veniel, comme d'vne irreuerence volontaire. Parce que celuy qui communie auec ce dégoust, selon la doctrine de S. Thomas, *f* perd le plaisir, la saueur, & la douceur actuelle, & sensible, dont iouyssent en la Communion ceux qui s'en approchent comme il faut, & comme nous dirons amplement au Chapitre douziesme. C'est de là que prend naissance le mespris, & que se perd la reuerence deuë à ceste viande celeste, n'y trouuant aucun goust, ny saueur, comme disoit Salomon: *g L'homme qui pour a-uoir desmesurement mangé est remply dedaigneroit le miel, & les choses les plus douces.*

POVR ce suiet ie suis d'aduis, & tiens pour plus expedient, que les hommes qui recognoissent en eux-mesmes ceste faute, s'abstiennent de la Communion iournaliere; parce que le desdain, & dégoust de ce saint Sacrement, est le plus souuent vn effect, ou vne cause de quelque peché, & pource qu'il enferme en soy-mesme vne irreuerence, & indisposition pour manger ceste viande des Anges. C'est le conseil de saint Iean Chrysostome quand il dit: *h Que personne ne s'en approche auec dégoust, & desdain.* C'est le plus expedient pour telles ames de differer pour quelque temps la saincte Communion, afin que ce delay de manger ce pain celeste, leur en cause vne faim, & vn desir, qui est vne des plus importantes dispositions pour obtenir les fruicts du sainct Sacrement, donnant à vne Communion la valeur

*f dat, in quo continetur summa iucunditas. D. Bonau. lib. de præp. ad Miss. f 3. part. q. 79. art. 6.*

*g Anima saturata calcabit fauum.*

*h Igitur accedat nemo cum nausea, nemo resolutus. D. Chrisost. loco citato.*

*Communion.* 109

de plusieurs. Et sans doute c'est de ceste disposition que parle sainct Bonauenture sous le nom de deuotion, quand il dit : *i Ie crois que l'homme obtient en vne seule Communion vn plus haut degré de grace auec vne bonne & parfaite preparation & disposition, qu'en plusieurs sans icelle.*

L'on peut colliger de là clairement, combien est grand le nombre de ceux qui sont forclos de la Communion iournaliere faute de ceste condition : car sans doute ceux-là seront aysez à conter, qui communiant tous les iours, recognoissent en eux ceste faim spirituelle, & desir veritable du pain des Anges; de sorte que ceste frequentation ne se termine à quelque dégoust. I'ay dit faim, & desir veritable; parce que l'on trouue en cest aliment de l'ame, comme en celuy du corps des faims fausses, & apparentes : telles sont celles qui ne naissent de l'estime de cest auguste Sacrement, ny du desir du profit spirituel : mais de quelque autre respect humain, comme nous dirons au Chap. 12. de ce traicté.

*i Maiorem efficaciam credo quod recipiat homo in vna māducatione cū bona præparatione, quam in multis, si nō se præparet diligenter. D. Bonau. loco citato.*

*Conclusion de tout ce qui a esté dit en ce Chapitre.*
§. V.

IL ne manque plus rien pour la conclusion de ce Chapitre qu'inferer deux choses, qui se colligent clairement de ce qui a esté dit. La premiere, combien lourdement se trōpent ceux qui disent que toutes ces dispositions, dont nous venons de parler, sont seulement de conseil, & precisément volontaires, excepté l'estat de grace, & la Confession sacramentelle ; supposé quelque peché mortel : Car celles là sont de commandement, & sans elles l'on ne pourroit obtenir le fruit du Sacrement. Cela est grandement esloigné de la verité, puisque ces trois choses, droicture d'intention, attention, & reuerence, sans aucune controuerse, & la quatriesme auec beaucoup de probabilité sont necessaires pour communier deuëment sous peine, non de peché mortel, mais veniel; comme il appert par les raisons alleguées ; & cela suffit, afin que l'on ne puisse dire qu'elles sont precisément volontaires, & de conseil ; & beaucoup plus afin que l'on n'asseure que ce soit le meilleur de communier sans icelles, mesme tous les iours, que de differer la Communion pour les acquerir. Ce sont des doctrines, qui n'ont iamais esté ouyes en l'Eglise de Dieu, & qui sont contraires à tout ce que nous ont enseigné les SS. & les Docteurs Scholastiques. La seconde chose qui se collige est, que tous ceux qui ont ce second degré de disposition, qui à la pureté de conscience, adiouste les 4. choses susdites, sçauoir la droicture de l'intention, l'attention, la reuerence, & vn desir, ou faim spirituelle de ce S. Sacrement, ont tout ce qui est necessaire pour s'en approcher dignement, & pour en obtenir le fruict, non seulement celuy qui respond à l'institution, & promesse diuine, appellé *ex opere operato* : mais encore celuy que l'on appelle *ex opere operantis*, & qui respond à la disposition de celuy qui communie. Et ainsi ce ne sera pas mal fait de communier auec ceste disposition, comme ce le seroit sans icelle. Mais parce qu'il y a plus & moins d'attention, de reuerence, & de droiture d'intention en toutes ces choses, qui composent ce second degré de disposition, comme parties integrantes, il est necessaire de verifier particulierement, si pour communier tous les iours ces choses sont necessaires en vn plus parfait degré, que pour communier moins souuent, c'est pourquoy nous en ferons vn particulier Chapitre, qui sera le douziesme de ce traicté.

## Chapitre IX.

### Du troisième degré de la disposition necessaire pour la frequente Communion.

QVoy que le second degré de disposition soit suffisant pour faire que la Communion auec toute sorte de frequentation, ne soit iamais infructueuse: toutesfois il n'est pas suffisant pour faire qu'en toutes occasions ce soit le meilleur de communier, que de s'en abstenir: Parce qu'en ce second degré de preparation se trouue plusieurs fois des empeschemens contingens, & des indecences personnelles, qui sont bastantes de rendre meilleur le delay par respect pour quelque temps, que la Communion auec confiance. C'est pour ce suiet, que i'ay dit qu'il y a vne autre troisiesme disposition, qui destourne tous les empeschemens & obstacles. De sorte que ce troisiesme degré supposé auec les autres deux susdits, ce sera tousiours le meilleur, & le plus salutaire receuoir cest auguste Sacrement, que de s'en retirer. Ces empeschemens se reduisent à deux especes: les vns sont corporels, & exterieurs: les autres spirituels, & interieurs. Nous parlerons des vns, & des autres en ce Chapitre.

### *De l'vsage du mariage, & comme c'est vn empeschement à la frequente Communion.* §. I.

IE suppose en premier lieu, comme chose asseuree, que tous les SS. & Docteurs, qui ont traité de la disposition conuenable à la Communion, demandent en general la pureté de l'ame, & du corps: leurs tesmoignages sont si cogneus, que ie ne me veux pas arrester à les alleguer, pour ne perdre le temps à prouuer chose si asseurée; & aussi parce que la preuue, & confirmation des doctrines particulieres, est suffisante pour l'asseurance des vniuerselles. En second lieu, ie suppose que les empeschemens corporels ne le sont pas pour estre pechez, ny pour naistre de pechez, mais pour l'indecence qu'ils portent quant & eux, selon la naturelle, & commune opinion des hommes.

LES exemples qui suiuent nous seruiront de preuue. La iuste sentence de mort du Iuge, l'effusion de sang, mesme des ennemis en vne

iuste

iuste guerre; l'exercice du Medecin, les secondes nopces, le defaut de quelque membre, qui apporte notable difformité au corps (choses qui tant s'en faut ayent quelque malice, ou indignité, qu'au contraire plusieurs d'icelles sont bonnes, & meritoires) sont des empeschemens pour receuoir les ordres; & la seule raison est, que ces choses contiennent en elles (selon la commune opinion des hommes) quelque sorte d'indecence, & difformité repugnante à cest estat. Et en ceste matiere dont nous traictons, auoir rompu le ieusne naturel, qui de soy n'a aucune malice, est toutefois empeschement à la Communion, pour la mesme raison: De mesme l'vsage precedent du mariage legitime, & autres choses dont nous parlerons cy-apres, quoy qu'elles n'ayent en soy aucune malice grande, ny legere, seulement à raison de ladite indecence, sont des empeschemens à la Communion; non de telle sorte que l'on ne puisse en façon quelconque communier auec eux; mais que c'est le meilleur, & plus à la gloire de Dieu, & au profit de l'ame de differer la Communion. Cecy se doit entendre quand il ne se presente pas quelque necessité, ou grãde vtilité, ou quelque scandale, qui seroit iuger temerairement.

Nous prendrons la principale preuue de cecy de l'auctorité de l'Escriture saincte, des Conciles, & des Peres. Commençant par l'vsage permis du Mariage, ie dis que S. Paul l'a estimé empeschement, & S. Pierre de mesme; l'vn & l'autre exhortent les mariez à s'abstenir de l'vsage conjugal pour l'oraison. S. Paul dit:*a* Que les mariez ne se refusent point l'vn à l'autre le deuoir, si ce n'est par vn mutuel consentement, & pour vn temps pour vacquer à l'oraison. Et S. Pierre: *b* Que les marys se comportent discretement auec leurs femmes, comme auec vn vaisseau plus fragile, leur portant honneur comme à celles qui sont aussi heritieres de la grace, afin que les oraisons ne soient point empeschees. Où ces deux Apostres exhortent les mariez de se disposer à l'oraison par quelque continence, à raison de la reuerence qui luy est deuë; c'est à dire, afin que les oraisons soient plus pures, elles doiuent estre accompagnées de la netteté du corps, comme dit S. Ambroise.

L'Eglise saincte dés son origine fondée sur ces auctoritès, a tousiours exhorté les mariez de s'abstenir de l'vsage conjugal pour quelque temps, afin de receuoir le corps de Iesus-Christ. Sainct Hierosme apres auoir allegué l'auctorité de S. Paul, tire ceste doctrine par voye de consequence: *c* Quel est ce bien, dit-il, qui empesché de receuoir le corps du fils de Dieu? Ie responds par vne autre demande. Qui est le plus excellent prier Dieu, ou bien receuoir son corps? sans doute le second: si doncques l'vsage du Mariage est vn empeschement pour le premier, qui est le moindre, sçauoir l'oraison, à plus forte raison le sera-il pour le second, qui est le plus excellent, sçauoir la Communion.

Origene, & S. Ambroise ne tirent pas ceste doctrine par voye de consequence, mais la proposent, comme expressément enseignée par l'Apostre S. Paul, au lieu cotté. D'abon-

---

*a* Nolite fraudare, inuicē, nisi forte ex consensu, vt vacetis orationi. 1. ad Cor. c. 7.

*b* Viri similiter cohabitantes secūdum scientiam, quasi infirmiori vasculo muliebri impartientes honorē, quasi cohæredib. gratiæ vitæ, vt non impediantur orationes vestræ. 1. Pet. c. 3.

*c* Quale est illud bonū, quod Christi corpus accipere non permittit? Ad hoc bene respondebo. Quid est maius, orare an corpus Christi accipere? vtique corpus

dant. Origene concluc de ceste auctorité, que les Prestres qui sacrifient, ou doiuent sacrifier tous les iours le corps de Iesus-Christ, doiuent garder chasteté perpetuelle : *d Il me semble*, dit-il, *que celuy seul doit offrir le perpetuel sacrifice de la saincte Eucharistie, qui garde perpetuelle chasteté.* Et sainct Ambroise sans former aucun argument, dit sans hesiter : e *L'Apostre conseille, & exhorte les fideles de se tourner à Dieu, se priuant pour quelque temps de l'vsage conjugal, afin de recevoir plus dignement le corps de Iesus-Christ.*

IE veux suiure l'opinion de S. Ambroise, & d'Origene; parce que l'Apostre ne parle point des oraisons, que chacun fait en particulier, mais des publiques, comme a bien remarqué le Pere Salmeron ; *f* & c'est vne doctrine de sainct Iean Chrysostome, *g* qui explique sainct Paul des oraisons qui se disent au sainct sacrifice de la Messe. Sainct Hierosme *h* dit, que les Romains ( qu'il reprend auec rigueur ) entendoient ainsi sainct Paul, & c'estoit leur coustume que les Mariez, selon le conseil de l'Apostre, ne se trouuoient point aux oraisons de la Messe, mais on leur portoit le sainct Sacrement en leurs maisons. Cela donques estant, que sainct Paul parle de ces oraisons publiques, que l'on faisoit dés le commencemēt de l'Eglise au sainct sacrifice de la Messe, comme l'on peut voir aux Constitutions des Apostres *i* ; Ie tiens pour l'explication plus veritable de ce texte de sainct Paul, celle de sainct Ambroise, & que sainct Pierre, & S. Paul parlent de l'oraison, qui se faisoit

*Ram epis. Paul. g Hom. 70. ad popul. h Loco citato. i Lib. 7.*

*Christi accipere. Si ergo per coitū, quod minus est impeditur, multo magis quod maius est. D. Hier. contr. Iouin. d Vnde videtur mihi, quod illius est solius offerre sacrificium indesinens, qui indesinenti, & perpetua se deuouerit castitati. Orig. hom. 23. sup. lib. Numer. e Paulus cōiugibus consilium dat, vt ad ipsum Dominum reuertantur abstinentes ab vxorib. vt possint dignius accipere corpus Domini. D. Ambros. sup. ep. Paul. 1. ad Cor. 7. f Sup. præ-dic. const. Apst.*

en la Messe, & en la Communion; & ainsi l'exhortation qu'ils font aux Mariez de la continence estoit expressément touchant la Communion, eu esgard à la reuerence deuë à ce S. Sacrement.

On pourra bien maintenant entendre l'authorité de S. Iean Chrysostome, que nous auons apporté au Chapitre septiesme, & renuoyé à cestuy-cy : k *Si tu n'es pas digne*, dit ce sainct, *de la sacree Communion, tu ne le seras non plus de l'oraison*. Il parle des oraisons publiques, qui se faisoient du temps du sacrifice, & de la Communion, conforme à la doctrine de l'Apostre. De sorte qu'exhorter les Mariez à la continence pour se disposer à la saincte Communion, est vne doctrine qui prend son origine des deux Princes des Apostres, sainct Pierre, & S. Paul, & comme telle a esté receuë de l'Eglise, & des Peres : Car au Concile Illib. celebré l'année de Iesus-Christ 305. l'on trouue le texte suiuant : l *Tous les hommes doiuent se retirer de l'vsage conjugal l'espace de trois iours, ou de quatre, ou bien d'vne sepmaine auant la saincte Communion*. L'on peut voir clairement par ces paroles, que le Concile recueillit toutes les opinions qui estoient en vogue pour lors, touchant le temps que l'on deuoit obseruer ceste continence, comme le remarque Seuerinus Bimius. m Le Concile de Challon n conseille le mesme, le Pape Nicolas I. o & outre les Peres alleguez S. Isidore, p & S. Hierosme q le dit encore vne fois, Amalarius r Fortunatus, qui cite sainct August. s Le Maistre des Sentences enseigne le

*k Non est hostia dignus, vel communione; ergo nec oratione. D. I. Chrys. Omnis homo ante sacram Communionē à propria vxore abstinere debet tribus, aut quatuor, aut octo diebus. Concil. Illiberitanum in cap. omnis homo de Cōsecr. dist. 2. m sup. prædict. epist. n Concil. Cabilonens. cap. 46. o Ad consulta Bulgaror. cap. 9. p Lib. de offic. Eccl. c. 18. r Apol. 1. corr. Ionin. s Li. 3. de offic. Eccl. c. 3. t in quæst. veteris, & noui Test. c. 127.*

mesme, & tous ses Commentateurs, S. Thom. & S. Bonauent. Scot:& il y a eu loy Ecclesiastique en vn temps touchant ce poinct, qui commandoit de le faire ainsi, comme le P. Gabriel Vasquez a l'a remarqué, & nous le prouuerons au §. suiuant.

*in 4. Sent.*
*dist. 32.*
*x Sup 3 par.*
*D. Thom. q.*
*80 art. 7. in*
*Coment. art.*

MAIS pour venir au point, l'Escriture sainte, les Conciles, les SS. & les Docteurs Catholiques conseillent, & exhortent les mariez de ne point receuoir le sacré corps de Iesus-Ch. sans ladite continence côtinuée quelque espace de temps. C'est vne chose asseurée, & conuaincuë par les auctoritez alleguees. Les aduersaires oseroient ils maintenãt dire qu'ils côseillent le meilleur? Il n'y a point de doute que ce seroit temerité de dire, que toutes ces authoritez veulent persuader le moindre, & le moins parfait; ce sera donc aussi temerité de dire absolument & sans aucune restriction, que c'est le meilleur, & plus parfait de communier estant en estat de grace, ayãt aussi d'autre costé cet empeschemẽt de l'vsage du mariage, que de s'en retirer pour quelque tẽps; ie dis que ce sera temerité y contrariant l'authorité de tãt de SS. Peres, des Conciles, & de l'Eglise, qui exhortẽt au contraire, & le qualifie pour le meilleur, & plus parfait.

LA responce que les aduersaires ont inuentee pour decliner la force des tesmoignages alleguez, est que les SS. ne conseillent pas de differer la Communion pour l'vsage permis du mariage, mais qu'ils exhortent de la preuenir auec ceste continence, non que la faute d'icelle soit empeschement à la Communion, mais

H iij

qu'elle sert pour la faire auec plus de decence. Ceste euasion est entierement contraire à l'intention des Peres, & des Conciles, qui non seulement conseillent le delay, voire determinent le temps de trois, quatre, ou plus de iours, qui se doiuent passer auant la Communion apres l'vsage du mariage; ils exhortent donc clairement à ne communier pas ces iours là, iusques à ce qu'on ait purifié par ce delay ceste indecence; & consequemment ils iugent la faute de ladite continence estre vn empeschement à la Communion. Il ne faut que lire les Saincts, & les Conciles, que nous auons alleguez, pour voir l'insuffisance de ceste response, & tous ceux qui les liront auec tant soit peu d'attention, iugeront aysément que non seulement l'interpretation des aduersaires est fausse, mais presque temeraire; parce qu'elle va directement contre l'intention, & la doctrine des Conciles, & des Peres.

Ils n'ont autre refuge, que de dire ce à quoy tant de fois nous auons respondu, sçauoir que par ce delay l'on perd le fruict spirituel de la Communion d'auiourd'huy, que l'on ne sçauroit recompenser demain. Mais toutes ces raisons n'ont point de force: Car il ne faut pas en ceste matiere alleguer nostre interest, quand il repugne à la plus grande gloire de Iesus-Christ, ce qui doit estre la fin principale de ceux qui communient, comme nous auons dit au Chapitre cinquiesme. C'est pourquoy puisque le delay de la Communion aux Mariez pour le suiet que nous auons dit, est pour euiter l'indecence

## Communion. 119

& garder la reuerence deuë à ce Sainct Sacrement, (ce qui regarde directement la gloire de Iesus-Christ) nostre propre interest luy doit ceder. D'abondant, comme ce delay s'ordonne à ceste fin de s'en approcher apres auec plus de decence, & de reuerence, pour lors la doctrine de S. Bonauenture se verifie, sçauoir que par vne Communion faite auec la deuë preparation, l'on obtient plus de fruicts, que par plusieurs sans icelle, comme il a esté dit.

Que si quelqu'vn me demande, que ie declare mon opinion touchant le temps de ceste continence, qui doit preceder la Communion; Ie diray que le Concile Illib. y a recueilly toutes les opinions qui estoient en vogue de ce temps là, sans en condamner aucune. Il est vray que la plus receuë entre les Peres anciens a esté celle des trois iours, à l'imitation de Dauid, & de ses Soldats, qui alleguerent qu'ils s'estoient abstenus trois iours de l'vsage coniugal, pour manger les pains de proposition, figure de ce S. Sacrement; en voicy les paroles de l'Escriture saincte: z *S'il est question des femmes, nous nous en sommes abstenus depuis trois iours, que nous sommes à la campagne.* Le Roy Dauid entendoit en ce lieu là par ces femmes, les propres, & legitimes, comme remarque S. Hieros. aa expliquant ce passage, & auec luy quasi tous les Interpretes. Mais les Theolog. Scholastiques pour la plus grande part, ne demandent qu'vn iour naturel, qui est de vingt-quatre heures, & c'est pour le moins: De façon que cela manquant, sans doute ce sera vne indecence de communier

*y Concil. Illib. loco citato.*

*z Et quidem si de mulieribus agitur, continuimus nos ab heri, & nudiustertius, quando egrediebamur.*

*aa In Apol. cont. Ionin.*

H iiij

pour le seul interest du fruict du Sacrement, si ce n'est qu'il y ait quelque obligation precise, quelque necessité, ou grande vtilité, ou bien quelque scandale à euiter; autrement l'on pourra dire tousiours auec verité, que c'est le meilleur de s'esloigner de ce S. Sacrement durant ce temps, que de s'en approcher.

Finalement quelqu'vn desirera peut-estre de sçauoir quelle conuenance il y a de ne communier pas sans ceste continence. *bb* Sainct Bonauenture dit, que c'est peché veniel, quand cela se fait sans les conditions dites d'obligation, de necessité, d'vtilité, & de scandale. Sainct Bernardin de Sienne est de mesme opinion, & Abulensis panche de ce costé-là. Si cela estoit asseuré, il ne faudroit point chercher autre raison de ce delay, que celle que nous auons donné de la droiture de l'intention, de la reuerence, & attention, aux Chapitres derniers. Mais cela semble vn peu trop rude, c'est pourquoy ie ne veux pas fonder la verité de ceste conclusion sur vne chose si incertaine: & ainsi admettant qu'en cet vsage coniugal il n'y a aucun peché, ny grand, ny leger, mais seulement vne indecence, ie dis qu'à raison d'icelle precisément il faut differer la Communion.

L'on peut icy douter si c'est la mesme indecence aux deux mariez, en la personne qui paye le deuoir coniugal, sans s'en pouuoir excuser, & en celle qui le demande. Sainct Bonauenture resout ceste question en peu de paroles: *dd* On ne doit pas deffendre l'entrée de l'Eglise,

*bb 4. sent. dist 32. art. 5. qu. 2.*

*et Tom. 2. serm. 13. art. 3. cap. 1.*

*dd Dicendum quod contendens*

## Communion. 121

ny la Communion, à celuy ou celle qui aura payé le d'uoir coniugal auec regret, mais elle pourra bien estre differée du conseil et consentement du Prestre. Comme s'il disoit, qu'il n'est pas obligé de differer la Communion, toutefois qu'il le conseille de le faire, comme chose plus asseurée, & plus conforme à la doctrine des Conciles & des Peres, qui pour conter l'ysage du mariage entre les autres empeschemens de la frequente Communion, ne se fondent pas en la coulpe, ny en la concupiscence, comme i'ay dit au commencement, mais seulement en l'indecence qu'il a en l'opinion des hommes, quoy qu'il ait toutes les circonstances qui le iustifient, & le rendent honneste.

Quelqu'vn dira sans doute, que i'ay oublié à dessein l'authorité de Sainct Gregoire Pape, parce qu'elle semble parler contre ma conclusion : *Si quelqu'vn*, dit ce Sainct, *se sert licitement du mariage, non pour le plaisir, mais pour la fin à laquelle il est ordonné, qui est la generation, il ne doit point estre priué, ny de l'entrée de l'Eglise, ny de la Communion du corps & du sang de Iesus-Christ, ains on le doit laisser libre en cela, car il n'est pas raisonnable de repousser celuy qui mis au feu, n'en ressent pas l'ardeur.* Ie dis que ie ne m'en suis pas oublié, mais ie l'ay gardée pour la fin, veu que son explication dépend de ce que nous auons dit. Premierement, S. Bernardin de Sienne alleguant ce tesmoignage de sainct Gregoire, dit ces paroles du Sage : *Qui est celuy là, & nous le loüerons ? car il a fait des merueilles en sa vie.* Il est asseuré qu'ils sont

*debitum cũ dolore, & inuitus reddit, non arceatur ab ingressu Ecclesia, nec à Communione, tamen Communio possit de cẽsensu sacerdotis differri.*

*D. Bonac. loco citato sup.*

*Si quis vero sua coniuge non cupiditate voluptatis captus, sed solùmodo creandorum filiorum gratia vtitur, profectò iste siue de ingressu Ecclesiæ, siue de suẽdo Dominici corporis, sãguinisque mysterio, suo est iudicio relinquẽdus; quia per nos prohiberi nõ debet, qui in*

*igne positus, nescit ardere.*
*D. Greg. Pap. relatus in ca. si quis 33 qu. 4.*

bien clair semez, qui bien qu'ils ne s'embrasent au feu de la concupiscence, n'en ressentent pour le moins la chaleur. En second lieu, ie dis que S. Gregoire condamne en ce lieu-là tous les mariez qui ont ressenty quelque ardeur de la concupiscence en l'vsage permis du mariage, à differer la Communion. Et cela est clairement contraire à la doctrine moderne, qui ne iuge pas cecy, dequoy nous parlons, ny autres choses plus grandes, estre empeschemens à la Communion. En troisiesme lieu ie dis, que d'auoir remis au iugement de celuy qui communie, de s'approcher, ou de s'esloigner de l'Autel, ne fut autre chose que de n'imposer aucun precepte, ny obligation touchant ce poinct, afin qu'on fust libre de l'exercer, ou non, en des occasions contingentes; à raison de quelque vtilité d'importance, ou d'obligation, & de necessité; laissant tousiours la doctrine des Saincts, & les enseignemens que nous auons deffendu iusques à present en leur rigueur, sçauoir que ces choses ne se presentant pas, il est tousiours meilleur, & chose plus salutaire, & à la plus grande gloire de Iesus-Christ, de differer la sacrée Communion.

### *Des souïlleures nocturnes, & des autres immondices corporelles.* §. II.

LE second empeschement touchāt le corps, contraire à la pureté & decence requise pour communier, est la pollution ou souïlleu-

## Communion. 125

re nocturne, & quelques autres immodices corporelles, qui luy ont vne grande affinité. Veritablement ie parle à regret de ces matieres, & ie ne voudrois pas que traictees en langue vulgaire elles offensassent les oreilles chastes : mais puisque quelque Autheurs modernes ont semé plusieurs choses mal fondées touchant ce suiet, & en ce mesme langage, ie suis obligé à y satisfaire au mesme langage, pour detromper ceux qui n'en peuvent entendre d'autres ; ie le feray auec les paroles les plus honnestes qu'il me sera possible.

La resolution de ce poinct depend du dernier, & se doit faire par les mesmes principes ; c'est pourquoy i'accorde ce que i'iy presupposé & establi au commencement du Parrgraphe dernier, sçauoir que ces empeschemens du corps n'ont en eux aucune malice grande, ny legere, mais seulement vne indecence & difformité. Pour preuue de cecy, outre les similitudes que ie monstreray en passant, tirées du Sacrement de l'Ordre, i'en approuueray d'autres qui sont plus propres à la matiere que nous traictons. Premierement, les immondices des mois viennent naturellement, contre la volonté de celles qui les ont, & consequemment sans offense ; neantmoins il y eut loy & precepte anciennement en l'Eglise, que les femmes ne communiassent point auant que de se purifier de ceste immondice, comme il se collige de sainct Denys *a* Alexandrin, de Timoth. *b* Alexand. & de ce qu'escrit Balsamon *c*, qui dit que l'Empereur Leon *d* appellé le Sage, com-

*a* Tom. 3. Biblioth. Patr. Epist. ad Basilid.
*b* Tom. 6. Biblioth. Patr. in respon. Canon. cap. 7.
*c* Sup Canon. Epist. præd. Dienys.
*d* En la 13. de ses Nouel.

manda d'ainsi le faire; non pas qu'il creust auoir puissance pour establir des loix en ceste matiere, mais seulement pour donner poids & auctorité à la loy Ecclesiastique par sa constitution, comme plusieurs autres Empereurs l'ont fait anciennement en d'autres matieres appartenantes a l'Eglise, & les Princes Chrestiens font de mesme aujourd'huy, afin qu'elles soient mieux & plus soigneusement obseruées. Vous pourrez lire, si vous voulez, touchant ce poinct le Pere Gabriel Vasquez *e*, qui dit que ceste loy est abrogée par la coustume contraire.

SAINCT Augustin parlant des nouuelles mariées, dit que l'entrée de l'Eglise leur estoit deffenduë l'espace de trente iours, voicy ses paroles: *f Qu'elles ne soient si hardies d'entrer dans l'Eglise, que trente iours ne soient escoulez.* Et cela faisoit; *g A raison de la perte de leur virginité*, quoy qu'il n'y eust aucun peché, ny aucune malice ny en l'vn, ny en l'autre. Et c'est la coustume en ce temps icy, que les femmes qui ont enfanté, *h* laissent escouler quelque temps auant qu'aller à la Messe, à cause des immondices de l'enfantement, ce qui estoit receu comme loy par vne longue coustume auant Innocent III. mais ce Pape l'abrogea, *i* & commanda qu'on laissast les femmes libres en ce poinct, pour en faire selon leur deuotion, sans que personne les puisse empescher ces iours là d'oüyr la saincte Messe. C'est pourquoy quelqu'vn me pourra dire que l'Eglise a cassé toutes ces loix, & coustumes, pource qu'elles auoient quelquechose de ceremonies de la loy

*e Sup: 3. part. D. Th. quest. 80. art. 7.*
*f Per triginta dies Ecclesiā ingredi non praesumant. D. August. serm. 244. de temp.*
*g Propter violatū primum florem pudoris.*
*h Propter sordes puerperii.*
*i In cap. de purgatione post partū.*

ancienne. C'est la mesme obiection que ces Autheurs modernes font touchant la pollution nocturne, leur semblant vne façon de ceremonie Iudaïque de se retirer de la Communion, ou du sacrifice de la Messe, pour vne cause si corporelle, & materielle. Mais c'est sans raison qu'ils parlent de ceste sorte contre la coustume de l'Eglise, en des matieres si importantes; Car l'Eglise s'est tousiours conformee aux preceptes de la loy de Moyse és choses qui regardent le droit naturel, quoy qu'elle n'ait obserué ses ceremonies en plusieurs autres choses. Ceste-cy en est vne, & la nature mesme nous dicte qu'il y a beaucoup de difformité, & d'indecence: D'ailleurs la foy nous fait voir clairement qu'vne grande pureté, & reuerence est necessaire pour des misteres si purs, & si hauts: L'Eglise ioint encore à cela vn autre principe, qui est, que comme ce n'est pas assez que la reuerence, & l'adoration deuë à Dieu soit en l'ame auec la soubmissiõ, & respect interieur; mais encore il est necessaire qu'elles sẽ mõstre au corps par les genuflexions, inclinations, & humiliations exterieures: ne plus ne moins ce n'est pas assez que la pureté, & netteté soit en l'ame; ains il est requis qu'elle s'estéde au corps, procurant qu'il soit libre de toute sorte d'immondices, que la nature mesme repute telles. Pour ceste cause l'Eglise, & la loy de grace a bien voulu imiter en cela Loy escrite, establissant au commencement des loix, & des preceptes à ce suiet : & quoy qu'elle ait osté en suitte le precepte, & la loy: toutefois elle a toujours tenu comme vne chose plus expediante que l'on s'en retirast pour quelque temps par deuotion, & reuerence de ce S. Sacrement, comme il appert par les Canons, & chap. alleguez.

VENANT au point, à sa resolution, ie dis en premier lieu que la pollution, quoy qu'inculpable, est vn empeschement à la Communion, non pas d'obligation, mais de decence. Ceste conclusion contient trois diuers points. Le premier qu'elle est vn empeschement en general : le second qu'elle l'est, encor qu'elle soit exempte de peché: le troisiesme que c'est vn empeschement volontaire, & non forcé. La preuue de tout cecy est aisée. Le premier point sera suffisamment prouué par l'auctorité des SS & des Peres, qui sans dispute la content entre les empeschemens de la Communion. k S. Iustin martyr, l saint Basile, m S. Augustin, n S. Gregoire le grand, o Cassion, p S. Thomas, & tous ses disciples, q le Maistre des Sentences, & tous ses commentateurs tiennent expressément qu'elle est empeschement de bienseance à la frequente Communion, aux lieux cottez à la marge.

La seconde partie de nostre conclusion, sçauoir que ceste souilleure mesme inculpable est vn empeschement à la frequente Communion, se preuue premierement par l'argument, que l'on fait par comparaison, & similitude, de ceste sorte : tous les autres immondices, & indecences corporelles sont des empeschemens pour receuoir la saincte Eucharistie,

*k Quæst 21.*
*l D. Basil. in reg. breuior. interr. 309.*
*m D. Aug. serm 144 de temp.*
*n D. Greg. magnus in lib. interrog. Aug. Cantuariens. resp. 11.*
*o Cassianus collat. Patr. 22. c. 4*
*p D. Thom. 3 part. quæst 80. a:t. 7.*
*q 4. Sent. dist. 12.*

non pour aucune malice: mais seulement pour la difformité, & irreuerence qu'elles contiennent: il faudra donc faire le mesme iugement de la soüilleure nocturne, puis qu'elle contient la mesme difformité. En second lieu elle est empeschement selon la commune opinion des Saints, non pour aucun peché mortel, ou veniel qu'elle enueloppe: car si c'estoit du premier, il en faudroit parler de mesme que des autres pechez mortels, puisque tous esgalement empeschent la Communion; si du second, ce seroit sans suiet, puis qu'aucun peché veniel n'y donne empeschement, ceux-là notamment qui n'alterent pas le mesme acte de la Communion, comme nous l'auons dit au Chapitre 5. Il faut donc dire de necessité que c'est la seule difformité & indecence naturelle.

C'EST la resolution expresse de S. Thomas, voicy ses paroles: r. *L'on peut considerer deux choses touchant la pollution, quand elle empesche la Communion, l'vne de necessité, l'autre de bien-seance: pour la premiere elle n'empesche que quand elle est peché mortel.* Et apres auoir donné des reigles pour cognoistre si c'est peché mortel, ou non, ce mesme Docteur apportant toutes les causes d'où elle peut proceder, dit: ſ. *Elle n'empesche*

r *Dicendum est circa pollutionē duo posse considerari. Vnū ratione suius ex necessitate impedit hominem à sumptione huius Sacramēti. Aliud autē ratione ebius nō ex necessitate impedit, sed ex quadā congruētia. Ex necessitate impedit solum peccatū mortale. D. Thom. 3. part. qu. 80. art. 7.*
ſ *Et si quidem sit sine peccato, vel*

*cum peccato veniali, non ex necessitate impedit sumptionem, ita quod sumendo sit reni corporis, & sanguinis Domini. Ex quadam verò congruentia impedit quantum ad duo quorum vnum semper accedit, scilicet quædam fœditas Corporis, cum qua propter reuerentiam Sacramenti non decet ad altare accedere. Vnde & volentes tangere aliquod sacrum manus lauant, nisi forte talis immunditia sit perpetua. Aliud autem est euagatio mentis, quæ sequitur eamdem pollutionem, præcipuè quando cum imaginatione contingit. Idem ibid.*

pas de necessité la Communion, si elle est sans peché, ou bien auec le seul peché veniel: de sorte que celuy qui communieroit en cet estat fust criminel du corps & du sang de Iesus Christ. Ouy bien par vne certaine bien-seance, & ce pour deux raisons, dont l'vne ne manque iamais, sçauoir vne difformité corporelle, qui nous doit esloigner de ce S. Autel, pour la reuerence deuë à cet auguste Sacrement; Ceux qui doiuent toucher les choses sacrees se purifient bien auparauant, pourueu que la souilleure ne soit perpetuelle. La distractiō de l'ame est l'autre chose, qui se trouue en ceste souilleure, & qui la suit ordinairemēt, particulierement quand elle procede de quelque songe deshoneste. Ceste mesme doctrine sans rien adiouster, ny diminuer est de S. Bonauenture, d'Alex. de Hales, d'Albert le grand, d'Abulens. de S. Bernardin de Sienne, & de tous les scholastiques.

Ie ne veux qu'apporter icy les paroles, par lesquelles S. Bonauenture conclut son discours: *Si quelqu'vn me demande*, dit ce Sainct, *si celuy à qui vne souilleure nocturne est arriuee, doit tousiours differer la Communion. Ie dis que s'il recognoist que ceste saleté l'ait troublé, & alteré sa resolution, soit qu'elle arriue en dormant, ou en veillant, il luy faut conseiller de differer la Communion, & porter reuerence au sainct Sacrement : mais aussi il pourra s'approcher de ceste saincte table sans remord de conscience, s'il sent son ame libre, & desembrouillée, s'il se sent porté de deuotion, si c'est vn iour solemnel, ou à raison de quelqu'autre vtilité, qui recompense le defaut de la pureté corporelle.* S. Bonauenture confirme premierement nostre conclusion

*è Loco citato. n Si quis quærat vtrum sēper, quādo polluitur corporaliter cessare debeat à communione: dicendum est, quod si sentit inquinatione illa multùm animā inclinasse, quia in actu illo sit homo rarò, siue in somnis, siue in vigilijs, consulendum ei esset facere reuerentiam sacramento: si autē sentit naturā magis expeditam, & vlteriùs deuotio trahat, vel aliquid quod multū recompēset, tūc arbitraretur ipsū siue remorsu posse accedere. D. Bonau. ibid.*

conclusion par ces paroles, & apres en declare la condition : & ainsi il resoud que quand il arriue quelque pollution de quelque façon que ce soit, c'est le meilleur de differer la Communion ; si ce n'est qu'il arriue quelque necessité, ou vtilité, qui puisse recompenser le defaut de la pureté corporelle. Alexandre de Hales adjouste vne autre condition, qui est le scandale, que l'on pourroit donner ne communiant pas au iour determiné en quelque Congregation, ou communauté : il s'accorde auec les autres Docteurs en tout le reste. Sainct Thomas en adiouste vne autre, outre ladite, par laquelle il exempte de ce delay ceux, en qui ceste immondice continuë long temps, & quand elle arriue par illusion du diable, qui les veut destourner de la saincte Communion, comme cet Anachorete, de qui il est dit aux coliations des Peres, que ceste soüilleure luy arriuoit par la suggestion du Diable tous les iours, qu'il deuoit communier : il fut ordonné qu'il communieroit nonobstant tout cela. x Sainct Bernardin de Sienne apporte la mesme condition.

x *Serm. 57. art. 1. cap. 2.*

Il y a trois auctoritez bien expresses contre ceste resolution, la premiere de sainct Iustin martyr, qui dit : y Sans doute il n'est pas raisonnable que ceux, à qui ceste immondice est arriuee contre leur volonté, s'abstiennent de la participation de ce diuin Sacrement : car ce seroit oster la difference, qui se trouue parmy le mal volontaire, & celuy qui ne l'est pas. La seconde est de S. Gregoire le Grand, qui apres auoir monstré en combien

y *Eos autem plane æquum non est, qui inuiti talia passi sunt, à participatione diuinorum sacramentorum abstinere: sic*

de façons elle peut arriuer, parle de la sorte. 7 Si ceste souilleure prouient de l'excez du boire, ou du manger, l'ame en est souillee en quelque façon: non pas toutesfois de la sorte, que cela soit capable d'empescher la Communion, ou de dire la Messe vn iour de feste solemnelle, ou bien en cas de necessité, quand le Prestre est obligé d'exercer son ministere, & qu'il n'y en a point d'autres, qui le puissent faire: pour lors ceste pollution, qui procede de l'excez du manger, quoy qu'elle n'empesche pas l'vsage de la Communion: neantmoins ce sera bien faict que le Prestre se retire du sacrifice par humilité. La troisiesme auctorité est de Cassian, qui dit: aa Si le Diable nostre ennemy excite en nous par ses illusions quelque immondice, pour nous rauir le moyen de receuoir la celeste medecine, & le souuerain remede des infirmitez de l'ame: de sorte neantmoins que celuy, à qui ceste illusion est arriuee, n'y preste quelque consentement, à raison du chatouillement de la chair: mais que cela arriue precisément de la nature, qui se soulage, ou bien par la malice du Diable, qui veut empescher le sacrifice; en ce cas là nous pouuons, & deuons nous approcher auec asseurance de ceste diuine table.

*autem, sustulerimus per hoc voluntariorum, & inuoluntariorū malorum differētiam. Iustinus Mart. loco citato.*

7 *Cum vero vltra modum appetitus in sumendis alimentis capitur habet exinde animus aliquē reatum: non tamen vsque ad prohibitionem percipiendi sacri mysterij, vel Missarum solemnia celebrandi, cū fortasse aut festus dies exigit: aut exhiberi per eum mysterium; eo quod sacerdos alius in loco deest, ipsa necessitas compellit. Nam si adsunt alij, qui implere mysterium valeant, pollutio per crapulam facta à perceptione sacri mysterij prohibere non debet, sed ab immolatione abstinere, vt arbitror debet. D. Greg. ep. ad Aug. Cantuar.*

*aa Si hostis ille nequißimus, vt nobis celestis remedij subtrahat medicinam; custodiam sopitæ mentis illuserit: ita duntaxat vt nullo reprehensibili interueniente pruritu, nullo contaminetur oblectationis affectu, sed egestione naturali necessitate propulsa, aut certè impugnatione diaboli, absque sensu voluptatis elicita; ad impedimentum nostræ sanctificationis obtenderit; possumus, & debemus ad gratiam salutaris sibi confidenter accedere. Cassianus vbi sup.*

Il n'y a pas peu de difficulté d'accorder ces tesmoignages & entr'eux, & auec la doctrine, laquelle nous auons dit iusques à present estre commune entre les Theologiens: pource qu'il semble que tous ces Peres veulent dire que ces soüilleures nocturnes n'empeschent point de s'approcher de la saincte Eucharistie, ny de necessité, ny de bien-seance, quand on ne donne aucun consentement à la delectation.

Pour donner mieux à entendre ces propositions, ie veux supposer en premier lieu la confirmation de la troisiesme partie de ceste resolution. Ie dis donc que l'empeschement à la Communion, qui naist de ceste sorte d'immondice, n'est pas forcé, & necessaire, ains seulement conuenable. Et si vous considerez auec attention, les tesmoignages des Peres, qui parlent de ceste matiere, vous verrez clairement, qu'il y auoit parmy eux diuersité d'opinion touchant ceste difficulté: & il y en eut plusieurs qui furent d'aduis, que cet empeschement estoit necessaire, & obligatoire, fondez en la saincteté de cet auguste Sacrement, ou en quelque precepte Ecclesiastique. S. Basile apres auoir demandé: *bb Celuy à qui ces infirmitez de la nature sont arriuées* (parlant en ces termes de la pollution, dont nous traictons) *osera-il s'approcher de la Communion des saincts?* Il respond absolument, & sans limitation, que non: *cc Nous auons faict voir par l'auctorité du viel testament, combien celuy à qui ces ordures sont arriuées, doit craindre de s'appro-*

*bb Nunquid is cui ea contigerint, vt faciüt que consuetudo, & natura fert, audere debeat ad sanctorum Communionem accedere? D. Basil. loco citato.*

*cc Quod verò in immunditia positus quispiã ad sacrosanctã Communionẽ accedat, id certè quam vehementer formidandum sit, animaduertimus, etiam ex iudicio veteris testamenti. Quod si plus quam templum est his, sine dubio terribilius docebis nos*

*Pratique de la frequente*

cher de ce sacré autel : car si anciennement ceux là qui succedoient semblables choses, se tenoient pour immondes, & n'osoient entrer au temple, qu'ils ne fussent purifiez : qui est celuy qui s'estonnera, si l'Apostre parle auec tant de rigueur : Qui boit & mange indignement boit & mange son iugement ? puis qu'il n'y a point de proportion de ce temple materiel à cet auguste Sacrement. Sainct Augustin est de mesme aduis : *dd S'il t'arriue en songe quelque pollution, prends bien garde de ne point manger de la chair du sacrifice salutaire, si tu desires sauuer ton ame.* Il parle là de ces ordures, qui arriuent sans peché, comme il se voit clairement aux paroles suiuantes : *ee Si apres ces immondices nocturnes, qui arriuent contre nostre volonté, il n'est pas permis de Communier, qu'apres la componction, l'aumosne, & le iesne si les forces le permettent : qui sera si temeraire de dire que ce que nous commettons veillans & auec volonté deliberee, ne soit pas peché ?* En ces paroles ce sainct monstre le moyen, dont on se seruoit pour se purifier de ceste soüilleure, quoy que non volontaire. Il est vray, qu'il y a vn bon autheur, qui croit que S. Augustin parle là de la pollution coulpable, fondé en ce qu'il dit, que ceste immondice se purifioit par componction, iesne & aumosne. Mais si cela estoit, ce seroit vne rude penitence pour vn peché veniel (duquel il parle) outre que ce sainct compare la pollution nocturne (qu'il appelle inuolontaire) auec la volontaire, monstrant par là que son dessein estoit de separer la coulpable de celle, qui ne l'est pas, & que l'indecence de ceste-cy est plus

---

*Apostolus, qui dicit : Qui manducat, & bibit indigne, iudicium sibi manducat, & bibit.*
*Idem ibid.*
*dd Si quis nocturno pollutus fuerit somno, non manducet carnes sacrificij salutaris, ne pereat anima sua de populo.*
*D. Aug. se. 254 de temp.*
*ee Si post pollutionem, quæ nobis nolentibus fieri solet, nobis communicare non licet, nisi prius præcedat compunctio, & eleemosina : & si infirmitas non prohibet, etiam ieiuniū, quis ergo potest dicere illud, quod vigilantes & volentes facimus, non esse peccatum ?*
*Idem ibid.*

que suffisante pour differer la Communion.

Mais dirons nous que S. Basile, & S. Augustin ont manqué en ce point, tenant pour necessaire, & obligatoire ce qui ne l'estoit pas? Ce n'est pas merueille qu'en ce temps là, auquel ce point estoit en controuerse, S. Basile, & S. Augustin inclinassent dauantage à l'opinion, qui estimoit que ces pollutiós nocturnes estoient des empeschemens necessaires à la Cómunion: & peut estre qu'en leur temps & Eglises il y auoit quelque precepte, & loy particuliere qui le deffendoit, comme il est asseuré qu'il y en eut pour les Mariez, & ceste table leur estoit defenduë apres l'vsage du Mariage, comme nous l'auons dit cy-dessus, & ie tiens ceste raison pour la plus asseuree.

Il n'y a aucun commandement pour le present: & ainsi la pollution nocturne n'empesche que par bienseance de s'approcher de la saincte Cómunion, & non par necessité, soit qu'elle naisse de quelque excez au boire, & au manger, ou de quelque pensee sale & deshoneste, quád mesme elle seroit peché mortel, pourueu que la confession sacramentelle precede: Tous les Theologiens scholastiques l'enseignent expressémét. Il est vray que la mesme conuenance demeure tousiours, quoy que la pollution soit libre de tout peché, comme il a esté dit. L'on peut respódre auec cecy aux trois auctoritez des Peres cy-dessus alleguez, qui ont respódu par leurs conclusions à la questió, qui de leur temps estoit en controuersie, sçauoir si la pollution estoit vn empeschement necessaire, & obligeant à differer la Communion, ou non, ne parlant que de la bienseance, & non pas de la necessité, comme nous auons dit. C'est l'explication que Sainct Thomas ff donne à l'epistre de S. Gregoire, celuy qui lira ses paroles cognoistra que ceste là est la vraye intelligence. Pour Cassian il parle selon la limitation, que S. Thomas a donné à la doctrine generale, sçauoir quand l'on croit que le Diable a procuré ceste immondice par son illusion pour empescher le fruict spirituel de l'ame.

Quand nous expliquerions la doctrine de ces Saincts, & de tous les autres de la pollution coulpable, il n'y a aucun autheur, qui ne die que ces Ss. ont estimé que quand il y ariue quelque peché veniel, elle est vn suffisant empeschement à la Communion: côme l'a remarqué le Pere Vasquez. gg Et pour preuue de cecy il ne faut que leurs paroles, que i'ay apportees. Les Ss. n'entendent pas pour peché veniel, celuy seulement qui resulte de la pollution passee, côme vne certaine complaisance, & delectation morose, qui procede du plaisir sensuel: mais encore le peché commis en la mesme pollution nocturne, ie veux dire en sa cause, comme en l'excez du boire, & du manger, ou aux pensees sales antecedentes. Cela se voit clairement en la doctrine de S. Gregoire, bb qui estime que le peché veniel, lequel procede desdites causes, & qui mesme ne repugne pas au desplaisir, que l'ame a apres la pollution, est empeschement à la Communion

*ff D. Thom. art. 8. quest. citat.*

*gg loco sup. cit.*

*bb Epist. citat.*

c'est pourquoy quand quelques Docteurs remarquant les raisons, pour lesquelles la pollution precedente empesche la Communion, content le plaisir suiuāt, la distraction de l'esprit, & autres choses qui en procedent: ce n'est pas leur dessein de dire que ces seules choses soient vn empeschement, mais de recueillir plusieurs raisons de difformité, pour lesquelles elle est empeschement. Bref les aduersaires pour euader la force des auctoritez de ces Saincts, ont esté contraincts de dire qu'ils exhortoient à rechercher en la Communion la plus grande pureté, qu'il est possible, laquelle s'accroist quand la pureté du corps est iointe à celle de l'ame : non pas pourtant qu'à son defaut l'on doiue laisser, ou differer la Communion. Mais qui ne voit clairement que celle interpretation est tiree par les cheueux, qu'elle est fausse, & contraire à l'intelligence des Saincts, & des Docteurs citez, faute de ne les auoir bien leu, & entendu? car ils conseillent expressément aux fidelles de s'abstenir, & de differer la Communion, à raison de cet empeschement : termes qui ne peuuent souffrir vne explication si forcee, comme nous auons dit au paragraphe dernier.

*Conclusions de ce, que nous auons dit aux paragraphes derniers.*

§. III.

IE CONCLVS de ce que nous auons dit, que toute pollution nocturne, quoy que du tout incoulpable, selon la plus veritable opinion : & selon la moins probable toute celle qui contient quelque peché, quoy que leger, est empeschement de bien-seance suffisant pour différer la Communion, lors qu'il n'y a point de raisons exterieures de quelques necessité, vtilité, ou scandale, c'est à dire quand il n'y a aucune chose qui oblige à communier que le desir de iouyr du fruict spirituel de la Communion: car pour lors sans doute il sera meilleur, & plus salutaire de la differer que de s'en approcher le mesme iour que ceste immondice est arriuee. Et quoy qu'au temps de sainct Augustin ce delay fust plus long que d'vn iour naturel, puis qu'il falloit quelqu'vn pour ieusner, & se purger de ceste soüilleure : neantmoins les autres autheurs, qui traittent de cette matière, ne demandent qu'vn iour de delay, afin que l'homme soit capable de s'approcher du sainct Sacrement, si toutesfois il a les autres dispositions requises à cet effet.

Ie ne puis m'empescher en passant de blasmer les Confesseurs negligens & oublieux en ce point, qui permettent à leurs penitens de communier sans faire cas de cet empeschemét, sans prendre garde à l'irreuerence, qui se commet contre ce diuin Sacrement, quoy que l'Eglise y prenant garde particulierement en tout temps a obligé ou pour le moins conseillé les fidelles de se priuer pour vn peu de temps de la saincte Communion, lors que ces immondices leur sont arriuées. Outre que ceste negligence des Confesseurs de ne pas conseiller à leurs penitens ce qui leur est plus salutaire, lors particulierement qu'ils sont disposez de l'embrasser, a ie ne sçay quoy d'infidelité: elle leur donne encor suiet de mespriser, ou pour le moins de n'estimer pas comme il necessaire, cet auguste Sacrement: car vn des effets du delay de la Communion en ceux à qui quelque ordure corporelle est arriuee, est de leur faire cognoistre la grande saincteté, & diuinité de ce Sainct Sacrement, & la pureté qui est necessaire pour le receuoir: afin que considerant la grande netteté qui est requise au corps, ils esleuent leur consideration, & recognoissent celle qui est requise en l'ame.

Si ceux cy sont dignes de grande reprehension: quoy qu'ils n'ayent aucune fausse opinion en ceste matiere, mais de pure negligence & inaduertence n'obseruent pas ce que nous venons de dire: côme se pourront excuser ceux qui preferant leur iugement à celuy de tous les Saincts, de tous les Theologiens, & de toute l'Eglise qui a tousiours enseigné ceste mesme doctrine sans aucune controuerse, osent neantmoins dire qu'il est plus expediét, & plus salutaire de s'approcher de ceste table sacrée que de s'en retirer, non seulement apres l'vsage permis du mariage, ou apres la pollution nocturne inculpable, & celle qui enferme quelque peché veniel? Encore que pour cecy seul, ils meritent d'estre seuerement blasmez, ils sont bien encor si temeraires de dire qu'il est aussi plus expediét & salutaire de

*a Sermon. cit.*
*b Sanctæ communionis mysterium in eisdē diebus percipere prohiberi non debet: si autē ex veneratione magna percipere non præsumit laudanda est, sed si perceperit, non iudicanda. D. Greg. loc. citat.*
*c Atque adeo fœminæ, quæ semet ipsas cōsiderātes in mēstrua cōsuetudine, si ad sacramentū Dominici corporis accedere non præsumunt, de sua recta consideratione laudandæ sūt: dum verò percipiendi ex religiosa vitæ cōsuetudine, eiusdem mysterij amore rapiuntur, reprēhendæ, sicut diximus non sunt. Idem ibid.*

communier apres la pollution volontaire qui est peché mortel, & apres l'acte de la fornication, pourueu que la Confession sacramentelle precede. Ie laisse à qualifier ceste doctrine à celuy qui cognoist le peril qu'il y a de s'esloigner du sens commun de l'Eglise en matiere si importante. Et concluds finalement que les raisons, que i'ay apportees pour l'vsage permis du mariage, & pour la pollution ont la mesme force touchant les autres immondices, qui selon la cognoissance naturelle sont honteuses & indecentes, comme est le flux de sang, s'il n'est perpetuel, & les immondices de l'enfantement: les Peres en parlent, & les estiment empeschemens à la Communion, non forcez & necessaires, comme il est determiné aux Chapitres du decret cy-dessus cottez, mais de bien-seance. *a* S. Augustin recueillant toutes ces choses en parle fort au long. Sainct Gregoire de mesme, & donne la reigle suiuante pour la femme qui a le flux de sang: *b On ne doit pas dénier la Communion à la femme, qui est suiete à ceste infirmité: mais si elle s'en retire volontairement par reuerence & respect, elle merite d'estre louée: que si elle s'en approche, on ne doit pas la iuger ny condamner.* Il dit tout le mesme de celles qui ont leurs mois auec la mesme doctrine, & la mesme condition, *c* & conseille cōme chose meilleure en ces cas le delay de la cōmunion: neantmoins il permet à ceux qui ont coustume de communier souuent de s'en approcher quand ils ressentent en leurs ames vn desir extraordinaire, & vne faim spirituelle de manger le corps de Iesus Christ.

# Communion. 139

Il se presente vne difficulté fondée sur vn chapitre du decret [d] contre ceste doctrine des empeschemens corporels, & exterieurs de la Communion, le texte en a esté pris de sainct Gregoire, & dit : e L'homme qui se sera purifié apres l'vsage coniugal, peut bien receuoir la sacrée Eucharistie, puis qu'il luy est permis d'entrer en l'Eglise. Quelques-vns ont tiré de ces paroles l'argument, & la raison suiuante. Il estoit necessaire anciennement de se purifier par quelque ablution d'eau pour entrer dans l'Eglise, & pour communier apres l'vsage permis du mariage, comme on auoit de coustume parmy les iuifs pour entrer au temple : mais on a laissé ceste coustume auec le temps, comme chose qui ressentoit les ceremonies Iudaïques : si donc l'Eglise a laissé iustement le moyen, dont elle se seruoit pour purifier ses enfans de ceste indecence & immondice, il est asseuré qu'elle ne la tient plus maintenant pour telle, puis qu'elle permet indiferemment que les mariez entrent en l'Eglise sans presupposer le lauement, l'estimant superstition, il semble qu'elle ne iuge plus ledit vsage du mariage estre empeschement, ny pour entrer en l'Eglise, ny pour communier ; c'est la raison de Sainct Gregoire. f Il peut librement communier, puis qu'il luy est permis d'entrer en l'Eglise, où il ne demande pas dauantage pour l'vn que pour l'autre. C'est pourquoy, puis qu'en ce temps de l'Eglise les mariez ne sont pas obligez de se purifier, ny par l'eau, ny par le temps pour entrer dans l'Eglise, ils ne le se-

d. Sup. cap. Vir cum propria. 34 q. 4.
e Tunc autem vir qui post admixtionem coniugis aqua lotus fuerit, etiam sacræ communionis mysterium valet accipere, cũ ei iuxta præfinitã sententiã Ecclesiam licuerit intrare. D. Greg. ep. cit. ad Aug. Cantuar. responf. 10. relat. in illo ca. Vir cum propria, &c.

f Etiam sacræ communionis mysterium valet accipere, cum ei Ecclesiam licuerit intrare.

ront non plus pour communier. Et là raison est que l'Eglise a laissé peu à peu tout ce qui ressentoit en quelque façon la superstition, cóseruant la substance, & la verité de l'Euangile.

Il faut supporter deux choses pour respondre à ce tesmoignage de sainct Gregoire & aux argumens, qu'on en tire. La premiere que ce Sainct dit, que les mariez non seulement se purifioient par ladite ablution pour entrer en l'Eglise, mais encore par le delay. Voicy ses paroles : g *Le mary ne doit entrer en l'Eglise apres l'vsage coniugal, qu'il ne se soit purifié par le lauement de l'eau: & encore ne doit y entrer si tost apres l'ablution*: il adiouste incontinent : h *La coustume de l'Eglise Romaine a esté de tout temps de se seruir du lauement de l'eau apres l'vsage du mariage, & de s'abstenir par reuerence d'entrer en l'Eglise pour quelque temps.* De sorte que le delay du temps estoit necessaire outre ladite ablution, pour purifier l'indecence causee de l'acte du mariage, quoy que permis : & ainsi bien que l'Eglise ait sagement laissé l'vsage de ces lauemens, comme chose importune : toutefois elle a tousiours obserué religieusement le delay de reuerence, comme chose grandement raisonnable, & deuë à la sainctecé de cet auguste Sacrement : & pour preuue de cecy, il ne faut que la doctrine des Conciles, des Peres, & Docteurs alleguez auant & apres S. Gregoire, qui vnanimemét conuiennent en ce delay du temps sans se souuenir de ce lauement: parquoy c'est mal à propos de tirer cósequence de l'vn à l'autre, & d'esgaler la conuenance de ces deux choses.

*g Vir cū propria vxore dormiens, nisi lotus aqua, intrare Ecclesiam non debet, sed neque lotus intrare statim debet. D. Greg. vbi supr.*
*h Romanorum semper ab antiquioribus vsus fuit post admixtionem propriæ coniugis, & lauacri purificationē quærere, & ab ingressu Ecclesiæ paululum reuerenter abstinere. Idem ibid.*

La seconde chose, que ie remarque, & suppose est, que ceux la parlent tres-mal, qui appellent les lauemens, dont l'Eglise Romaine s'est seruie depuis sa naissance iusques apres le temps de sainct Gregoire, pour la purification des mariez, superstition Iudaique: pource qu'il suffit que toute l'Eglise l'ait obserué, que sainct Gregoire l'ait approuué, pour l'estimer & le qualifier d'autre sorte. Ie me conforme en cecy à quelques autheurs, qui disent que la coustume de ces ablutions a esté introduite en l'Eglise Romaine, non pas à l'imitation de la ceremonie des Iuifs, mais comme vn moyen naturel propre à temperer l'ardeur, & la chaleur, que l'vsage du mariage a causé au corps: car on l'estimoit empeschemēt pour entrer en l'Eglise & pour communier, entant qu'il diuertit l'attention necessaire à l'oraison, & empesche que l'ame ne s'esleue à Dieu comme il faut. C'est pourquoy sainct Gregoire dit: k *Le marié se doit estimer indigne d'estre en l'assemblee de ses freres Chrestiens pour prier en l'Eglise, iusques à ce qu'il ait temperé, & refroidi en soy les ardeurs de la concupiscence.*

Ceste vraye doctrine supposée, ie dis que tant s'en faut que ce tesmoignage de sainct Gregoire preuue que l'acte permis du mariage ne soit empeschement, ny indecence pour differer la Communion, qu'il preuue efficacement le contraire, & monstre clairement que sainct Gregoire l'a estimé vne grande indecence, puis qu'il demande pour la purifier non seulement le delay du temps, mais encore ce

k *Qui nisi prius ignis cōcupiscentiæ à mente deseruat, dignum se congregatione fratrum æstimare non debet.* D. Greg. ibid.

*Pratique de la frequente*

lauement corporel & exterieur. Que si l'Eglise sagement l'a laissé, ce n'est pas à dire qu'elle doiue aussi laisser ce delay de reuerence : Il faut conclure au contraire, que puis que ce lauement propre à temperer l'ardeur susdite de la concupiscence, n'est plus en vsage, le delay soit plus long pour suppleer à l'vn & à l'autre.

Bref, c'est parler sans suiet de dire que sainct Gregoire ne demandoit pas dauantage pour communier, que pour entrer dans l'Eglise & pour assister aux offices diuins, faisant argument de la rigueur de son temps à la relaxation, & liberté de ce siecle. Pource que l'on portoit vn si grand respect aux Eglises du temps de sainct Gregoire, que la pureté requise pour y entrer, se iugeoit suffisante pour communier : & au contraire, celle qui estoit insuffisante pour la Communion, l'estoit aussi pour la priere, qui se faisoit en l'Eglise : c'est ce que nous auons dit de saint Iean Chrysostome. *l Si tu es indigne de communier, & receuoir l'Hostie consacree faute de pureté, tu l'es aussi de prier, & assister aux offices diuins.* Il parle de l'oraison publique faicte en l'Eglise. Mais en ce siecle, où le libertinage s'est effrontément licentié à faire tout ce qu'il se fantaisie, à entrer en l'Eglise sans prendre garde aux indecences & immondices, qui autrefois arrestoient les fidelles, il ne seroit pas iuste que l'on fist le mesme en la Communion, puis qu'il y a tant de difference de l'vn à l'autre. Ce que l'Eglise considerant a laissé peu à peu l'obseruation des empeschemens de l'entree de l'E-

*l Non es hostia dignus, vel communione : ergo nec oratione. D. Chrysost.*

glife, les conseruant tous pour la seule Communion.

Auant que mettre fin à ce paragraphe, ie veux respondre à vne obiection que l'on fait ordinairement contre ce que nous venons de dire, sçauoir que si nous concedons que la pollution, & les autres immondices susdites empeschent la Communion, il n'y aura personne, qui puisse communier tous les iours: parce qu'il n'y a celuy qui n'y tombe quelquefois; ce qui semble contraire à la doctrine de plusieurs Conciles & Peres, qui exhortent les fidelles à la Communion de tous les iours, comme l'on verra aux Chapitres suiuans. Ie respons que les Conciles & les Peres ne parlent pas de la Communion de tous les iours auec vne rigueur metaphysique, mais morale, & comme l'on dit ordinairement, *vt in plurimum*, le plus souuent. L'on dira bien d'vn homme, qu'il disne & souppe tous les iours, quoy qu'il s'en priue quelque fois à raison de quelque indisposition: disons en de mesme, & iustement des communions de tous les iours, il ne faut les prendre auec tant de rigueur, qu'on donne tousiours lieu au respect, & à la reuerence deuë à ce diuin Sacrement. Mais tout cecy s'entend quand il n'y a point de scandale, ny autre necessité, comme nous auons remarqué plusieurs fois.

*De quelques autres empeschemens interieurs à la Communion, & premierement des pechez veniels. §. 4.*

L'Ame ne peut auoir autre empeschement, qui l'oblige à differer la Communion, que le peché, & parce que nous ne traictons icy que de ceux qui ne repugnent point à l'estat de grace, nous parlerons seulement des pechez veniels, & non pas des mortels, si ce n'est de ceux dont on s'est confessé, & desquels on a faict penitence : Nous verrons s'il y en a quelqu'vn quoy que confessé & absou, qui oblige de differer la Communion pour quelque téps. Vous serez tousiours aduertis en passant que ie ne parle d'aucune obligatiō forcée: car les dispositions que le droit demande mises à part, & exceptez certains pechez à qui il donne pour peine de ne cōmunier point en vn temps determiné, il n'y a aucun peché veniel, bien qu'il ne soit confessé, ny mortel tant grand soit-il, apres la confession & l'absolution, qui soit empeschement forcé à la Communion : ie ne parle donc que de l'obligation volontaire, & de bien seante : s'il sera meilleur, & chose plus profitable à celuy, qui aura quelqu'vn de ces pechez, de diferer la Communion.

Pour commencer par les pechez veniels, vous remarquerez auant toute chose que ie ne parle pas de ceux, qui se commettent au mesme acte de la Communion faute d'attention, de reuerence, ou de droicture d'intention, parce que nous en auons dit, tout ce qui s'en peut dire aux Chapitres derniers: mais de ceux qui sont comme accidentels à l'action de la Communion. La premiere difficulté

difficulté qui se presente touchant ce point est, sçauoir, si plusieurs pechez veniels faicts auec deliberation empeschét la frequente Communion: par exemple, vn homme, qui a vn ferme propos de ne point offenser Dieu mortellement: neantmoins il ne se soucie gueres des pechez veniels, il commet tous ceux qui se presentent auec vne volonté deliberée, sçauoir, si toute sorte de frequentation, mesme celle de tous les iours luy sera meilleure, & plus profitable en cet estat, que la moderée.

Il y a deux raisons bien efficaces, pour prouuer la partie affirmatiue que les pechez veniels en quel nombre, & de quelque condition qu'ils soient n'empeschent point la frequente Communion. La premiere est du Concile de Trente, qui monstrant les fruicts que la saincte Eucharistie cause en l'ame, dit: *Le fils de Dieu a voulu que les fidelles receussent ce diuin Sacrement comme vne viande spirituelle des ames, & comme vn remede, & antidote souuerain pour nous deliurer des fautes iournalieres, c'est à dire venielles, & nous preseruer des mortelles.* Si donc purger l'ame des pechez veniels, & la preseruer des mortels, est vn des principaux effets du frequent vsage de l'Eucharistie, tant s'en faut qu'il sera meilleur de laisser pour des pechez veniels, ce qui doit estre leur souuerain remede, qu'il ne sera pas si salutaire. La seconde raison est, que ces pechez veniels n'empeschent pas que l'homme ne se dispose comme il faut, pour receuoir dignement le corps de IESVS-CHRIST: c'est à

*a sumi ánté voluit hoc Sacramentum, tanquam spiritualem animarum cibum, & tanquam antidotum, quo liberemur à culpis quotidianis, & à peccatis mortalibus præseruemur.* Conc. Trid. sess. 13. ca. 2.

K

dire, qu'ils ne répugnent pas à l'estat de grace, à la droicture de l'intention, ny à l'attention & reuerence, qui sont necessaires pour obtenir les fruicts de cet auguste Sacrement. Il sera donc meilleur que celuy qui reconnoistra en soy la disposition susdicte communie tous les iours, sans auoir esgard à ces pechez veniels.

LA partie negatiue n'a pas moins d'Aduocats que l'affirmatiue. Sainct Augustin entre les autres est admirable pour ce suiet : *b* Ne mesprise pas le grand nombre de tes pechez tant legers soient-ils : Les goutes de pluye, dit ce sainct, enflent les riuieres, les font inonder & assabler toute la campagne, renuerser les edifices, & déraciner les plus gros arbres. Tu dis que le peché est leger, ie le veux : voudrois-tu bien que l'on fist en ton corps autant de playes, quoy que petites & autant de ruptures en ton habit ? Comment peux-tu consentir qu'il soit faict à ton ame ce que tu ne pourrois souffrir qu'il fust fait à ton corps, ny à ton vestement ? Considere que nous auons tous esté formez à l'image de Dieu, & que nous la souillons toutes & quantesfois que nous l'offençons soit par paroles, ou par œuures. Et remarquez en passant comme il parle des pechez veniels, veu qu'il ne dit pas que nous effaçons l'image de Dieu, mais que nous la souillons. Quand est-ce que Dieu nous a donné subiect de faire ceste iniure à son pourtraict par nos appetits desordonnez ? Est-il possible que l'on fasse conscience d'entrer en l'Eglise auec vn habit sale, & plein d'ordure, & qu'on n'en fasse point de

*b Noli despicere peccata tua, quia parua sunt: qui spluuiarum guttæ sunt, quæ flumina implent & moles trahunt & arbores cum suis radicibus tollunt. Tu qui dicis, quia parua peccatum est, velim scire, quoties tale peccatū admittis, si tot paruulas plagas in corpore, & tot scissuras in vestibus tuis fieri velles ? Cum*

s'approcher de ceste table diuine l'ame souillée de la boüe de la sensualité? N'a-il point d'apprehension de ce que dit l'Apôstre: Celuy qui mangera le corps, boira le sang de IESVS-CHRIST indignement, sera criminel de ce corps meurdry, & de ce sang espandu? Nous aurions honte, ou plustost horreur de toucher, & traitter ce pain des Anges les mains souillées & vilaines, & nous serons bien si temeraires de le receuoir dans nos ames remplies d'ordures? Ce sont les paroles de sainct Augustin, lesquelles bien considerées, s'entendent des pechez veniels; qui selon son opinion empeschent la frequente Communion: & l'exagerant dauantage dit: que ceux qui s'en approchent de ceste sorte deuroient craindre, & apprehender la sentence de l'Apôstre, tant souuent repetée. Il s'explique luy-mesme disant: c Ie ne parle pas des pechez mortels.

QVELQVES autres ont creu que sainct Augustin parloit là des pechez veniels, qui arriuent auant & apres les songes, & soüilleures nocturnes, dont il auoit parlé auparauant: mais la plus veritable, & plus asseurée explication, est que sainct Augustin parle generalement des pechez veniels de la chair, comme il appert par ses paroles mesmes: d Quand nous disons, faisons quelque chose deshonneste: & reprend ai-

*ergo in corpore tuo plagas, & in veste tua scissuras fieri non acquiescis, quæ conscientia facere in anima tua non metuis? Cũ ad imaginẽ Dei facti simus, quoties aliquid turpe aut loquimur, aut facimus, toties imaginẽ Dei sordidamus. Non hoc de nobis Deus meretur, vt in nobis imago ipsius per malas cogitationes iniuriã patiatur. Et cum nullus homo velit cũ tunica sordida plena ad Ecclesiã veni-*

re, nescio qua conscientia cũ anima sit per luxuriam inquinata, præsumit ad altare accedere, non timens illud, quod Apostolus dixit: Qui manducat corpus, &c. Si erubescimus, ac timemus Eucharistiam manibus sordidis tangere, plus debemus timere ipsam Eucharistiam anima polluta suscipere. D. August. serm. 244. de temp. c Nec nos dicimus, quia capitale peccatum est.

*d Quoties aliquid turpe aut loquimur, aut facimus.*

*e Nescio qua cõscientia cum anima per luxuriam inquinata præsumit ad altare accedere.*

*f Indigné.*

grement ceux, qui chargez de semblables *pechez* s'approchent de ce diuin Sacrement: *e* Ie ne sçay auec quelle conscience celuy qui a l'ame souillee des pechez de la chair, ose s'approcher de ce sacré Autel. C'est là l'intention de sainct Augustin: c'est pourquoy i'en veux former en particulier vne question, sçauoir, si l'on doit de bien-seance differer la Communion, ces pechez veniels de la chair estans en grand nombre, & commis auec vne volonté deliberee? I'adiouste pour vne plus grande intelligence des paroles de sainct Augustin, qu'il a entendu ceste parole de sainct Paul, *f indignement*, non de l'indignité, ou inhabilité, qui prouient des pechez mortels: mais de celle qui procede des veniels, au mesme sens que l'ont entendu sainct Cyprian, sainct Bernardin de Sienne, & plusieurs autres, que nous auons alleguez au Chapitre sixiesme.

CESTE doctrine de sainct Augustin se peut confirmer efficacement par ceste raison. Les pechez veniels en general, & estans en grand nombre diminuent de beaucoup l'ardeur de la charité, rendent le cœur lasche & langoureux, apportant des grandes, & prochaines dispositions pour le peché mortel: toutes ces choses sans doute repugnent grandement à la frequente Communion: or est-il que les pechez veniels de la chair outre ces effects là, en quoy ils conuiennent auec les autres, ont vne particuliere difformité & indecence, vne force speciale de desordonner l'ame, & de luy rauir l'attention, qui est necessaire pour ce frequent vsage: &

c'est la raison pourquoy ils repugnent tant à ceste frequentation. Mais il semble que la doctrine de tous les Theologiens Scholastiques est contraire à cecy, & qu'elle enseigne qu'aucun peché veniel de ceux qui sont accidentels à l'acte de la Communion, n'en empesche pas le fruict, ny celuy qu'ils appellent *ex opere operato*, qui respond à l'institution du Sacrement; ny celuy qu'ils appellent *ex opere operantis*, qui respond à la propre disposition: & il n'y a point de difference en cecy entre ces pechez veniels de la chair, & les autres : c'est pourquoy il semble que ny les vns, ny les autres ne peuuent empescher toute sorte de frequentation. Voila les fondemens de l'vne & de l'autre opinion.

Ie respondray à ceste question par deux conclusions. La premiere est que les pechez veniels en general sans specifier ceux de la chair, en quel nombre qu'ils soient, parlant absolument, n'empeschent aucune frequentation de la Communion, non pas mesme celle de tous les iours, & c'est ce que preuue la raison apportée pour la partie negatiue. Mais parce qu'il est necessaire vne plus grande disposition pour la Communion de tous les iours, que pour celle qui se fait de temps en temps, comme nous prouuerons bien tost au Chapitre suiuant : & que c'est vne chose moralement certaine, que celuy qui commet plusieurs pechez veniels en pensée, parole & œuure, auec vne volonté deliberée, sans autrement s'en soucier, ne peut obtenir ce haut degré de disposition, qui ne se trouue qu'aux hommes par-

**150** *Pratique de la frequente*

faicts, qui ont vn grand soin de leur conscience, & lequel pourtant est necessaire pour rendre meilleure, & plus salutaire la Communion de tous les iours: pour ceste raison ces pechez veniels empeschent ceste grande frequentation. Ce qui se preuue par l'argument de la partie affirmatiue, & par ce que dit sainct Gregoire le Grand: *Il n'y a que les affamez qui soient rassasiez*, c'est a dire, ceux qui ieusnent parfaictement de vices, & de pechez reçoiuent le fruict entier de ce diuin Sacrement, & puisque le iuste mesme ne peut estre sans quelque peché, il faut lauer & nettoyer tous les iours ce qui est tous les iours souillé par la fragilité humaine: car autrement l'ame se rempliroit de sorte de pechez, quoy que legers, qu'elle seroit incapable de iouyr de l'interieur, & spirituel assouuissement. Et afin que l'on voye que c'est vn empeschement suffisant à la frequente Communion, il adiouste aussi tost que l'auctorité de S. Paul: *Que l'homme s'esprouue soy-mesme*, &c. se doit aussi entendre des pechez veniels susdits: asseurant hardiment que ceux qui reçoiuent de la sorte le corps de Iesus-Christ, le reçoiuent indignement. La seconde conclusion est, que les pechez veniels de la chair estans en grand nombre, & faits auec deliberation, empeschent beaucoup plus la frequente Communion que les autres: à raison de la difformité, & indecence qu'ils contiennent: car ils rauissent l'ame hors de soy-mesme, la desordonnent, & la rendent lasche en l'exercice de la vertu. L'auctorité seule de sainct Augustin suffiroit pour confirmation de ceste

*Non saturabūtur ergo nisi famelici, quia vitiis perfectè ieiunantes diuina Sacramenta percipiunt in plenitudine virtutis. Et quia sine peccato electi etiā viri esse non possunt, quid restat nisi à peccatis, quibus eos humana fragilitas maculare nō desinit, euacuari quotidie conetur? nā qui quotidie non exhaurit quod deliquit, & si minima sint peccata quæ cōgerit, paulatim anima*

doctrine: mais elle est encore accompagnée de celle de tous ceux qui tiennent que les soüilleures nocturnes ne sont empeschement à la frequente Communion, si ce n'est quand il y arriue quelque peché veniel de delectation sensuelle antecedente ou suiuante. Ceux-cy reduisant, comme ils font, l'empeschement qui prouient de ces immondices, au peché veniel, qui se faict par le consentement de l'ame, donnent bien à entendre que ces pechez là apportent d'eux mesmes vne obligation de bien-seance de differer la Communion, notamment quand ils sont en grand nombre, & faicts auec vne volonté pleinement deliberée, comme nous auons dit, & prouué.

*repletur, atque ei merito auferunt fructum internæ saturitatis. Hac repletione nos euacuari Paulus insinuans, ait, Probes autem, &c. D. Gregor. Pap.*

### Comme les pechez mortels confessez sont empeschement à la frequente Communion. §. V.

La reigle que nous auons donnée au chapitre dernier sera bien plus asseurée & certaine, si elle est appliquée aux pechez mortels: car s'il est vray, que l'on ne doit conseiller la frequente Communion à celuy qui commet plusieurs pechez veniels sans en faire scrupule, mesme apres la Confession sacramentelle, comme nous auons dit au chapitre dernier, auec toute ceste rigueur, combien plus iustement la doit on desconseiller à ceux qui d'ordinaire offensent Dieu mortellement sans prendre garde à ce qu'ils font, quand bien mesme ils s'en confesseroient tous les iours pour s'y disposer? Car il est bien asseuré que ceux-cy sont d'autāt

K iiij

plus esloignez que les premiers, du degré parfaict de disposition, qui est requis à la frequente Communion, que le peché mortel est plus grand que le veniel. Ie ne veux parler icy que de ceux qui y tombent quelquefois, & veux sçauoir si tous les pechez mortels confessez & absous, sont des empeschemens de bien-seance pour differer quelque peu la Communion, à raison de la reuerence, & du respect que l'on doit porter à ce sainct Sacrement: de sorte que l'on puisse dire absoluëment le mesme, que des autres empeschemens, sçauoir qu'il est plus expedient à celuy, qui a commis vn peché mortel, de se retirer de la Communion pour quelque temps, que de s'en approcher aussi-tost apres le peché, quoy que confessé, & absous.

IL EST vray que l'Eglise pour l'horreur qu'elle a de certains pechez, a fait plusieurs decrets, par lesquels elle priue de la Communion ceux qui les auront commis pour plus, ou moins de temps, conforme à la qualité du crime: on le peut voir en plusieurs chapitres de la distinction premiere de la penitence, où il est deffendu de receuoir à la Communion celuy qui est marqué de quelque infamie publique naissante de peché, iusques à ce qu'il ait donné des suffisantes preuues de sa conuersion, & penitence: Les comediens sont en ce nombre, les sorciers, enchanteurs, magiciens, femmes publiques, rufiens, adulteres, & autres semblables exprimez au droit. Le chapitre *a La-torem* en priue les parricides l'espace de trois

## Communion

ans : & le chapitre *b* *Admonere* le meurtrier public de sa femme pour toute la vie, excepté en l'article de la mort. On pourra voir si l'on veut au Synode Diocesain d'Auguste *c* trente cinq cas tous differens, que l'on a recueilly, ausquels les confesseurs doiuent desnier, ou differer la Communion, conforme au chapitre *Omnis vtriusque sexus*, où sont exprimez plusieurs sortes de pechez, pour lesquels on doit iustement deffendre la Communion à ceux qui les auront commis, quoy qu'ils soient legitimement confessez, & absous. L'Eglise en cecy n'a pas eu seulement esgard à la peine, que ces pechez meritent : mais encore à leur indecence, & difformité particuliere, & à la reuerence qui est deuë à cét auguste Sacrement, comme l'on pourra voir clairement de la teneur des decrets alleguez.

Ie conclus, & infere de là qu'il est expedient selon l'opinion de l'Eglise, de differer la Communion par le conseil du Pere spirituel (poinct, dont nous traicterons plus amplement au chapitre dernier de ce traité) à raison de la difformité de plusieurs pechez, & pour ne faillir au respect deu au S. Sacrement de l'autel.

Ie mettray fin à ce paragraphe apres auoir apporté les paroles de Tostat, vn des plus doctes de son siecle : *d* Il n'est pas permis, dit-il, de s'approcher de la saincte Eucharistie incontinant apres la contrition, & confession du peché mortel : ains on en doit retirer pour quelque temps, si la necessité ne le demande : car la contrition laue bien les tasches de l'ame : mais elle ne luy oste pas l'estour-

*b* 33. quæst. 2.
*c* Tom. 4. Concil. parte secunda fol. 116.
*d* Nõ est verùm quod contrito de peccato mortali, & confesso liceat mox accedere ad sumendum Eucharistiam, sed debet aliquãto tempore abstinere, nisi necessitas vrgeret : quia cõtritio purgat maculã mentis, non tamen tollit adhuc hebetudinẽ mentis causatã ex peccato, sed paulatim tollitur. Ideo debet aliquantulũ abstinere contritus, & postea sumere, vndicit Thomas. Et intelligitur quod de-

*bet abstine-
re aliquãto
tempore post
contritionẽ,
& confessio-
nem: & hoc
dicitur quia
post quàm
aliquis pec-
cauit, cùm
primò dolet
de peccato,
etiamsi nõ-
dum confi-
teatur tolli-
tur macula
mentis, &
per paucum
tẽpus potest
tolli hebetu-
do menti, si
quis verè
cõtritus est.
Si ergo post
duos, vel
tres dies ab
habita con-
tritione cõ-
fiteatur, non
oportet quod
post confes-
sionem ex-
pectet ali-
quantulum
vt tollatur
hebetudo
mentis, sed
immediatè
licet suscipe-
re Eucbari-*

dissement qui prouient du peché, & qui peu à peu se perd: c'est pourquoy il ne faut pas communier si tost apres la contrition, comme enseigne S. Thomas, si ce n'est qu'elle soit accompagnee de la confession: la raison est qu'apres que l'homme a offensé Dieu, à l'instant mesme qu'il en est contrit, quoy qu'il ne s'en confesse pas si tost, la macule du peché est effacee, & l'estourdissement peu à peu dissipé par la contrition si elle est veritable: & consequemment s'il se confesse deux ou trois iours apres qu'il est contrit, il ne sera pas necessaire de differer dauantage la Communion pour attendre que cet estourdissement s'esuanouysse: toutesfois si quelqu'vn incontinent apres son peché en est contrit, & ensemble s'en confesse, il faut qu'il donne lieu à la reuerence du Sacrement par le delay de la Communion, notamment s'il est tombé en quelque peché de la chair, qui estourdit grandement l'esprit, & desordonne la volonté. Il est vray qu'il n'est pas necessaire de garder tant de rigueur aux autres pechez: pource qu'ils ne rauissent pas, & ne troublent pas l'ame, comme ceux de la sensualité, qui la rauissent, & la transportent hors à elle mesme par la violence du plaisir sensuel, & l'empeschent du tout d'esleuer son esprit à la consideration des graces, & faueurs qu'elle a receües de Dieu. C'est pourquoy il est honneste & raisonnable de s'abstenir apres semblables pechez de la saincte Communion, pour le moins l'espace de vingt quatre heures; s'il ne se presente quelque scandale, ou necessité. Cet autheur en ces paroles a dit tout ce qui se peut dire touchant ce point.

On ne peut obiecter contre cecy autre chose que ce à quoy nous auons respondu tant de fois, à sçauoir que differant la Communion, l'on en perd les fruicts spirituels, que l'on eust gaigné s'en approchant. Lisez le chapitre 5. & vous verrez le peu de force, & de valeur que ceste raison a quand elle repugne à la gloire de Iesus-Christ, & à la reuerence qui est deuë à ce diuin Sacrement.

*tiam: si tamê quis mox vt peccauit, côtritus fuit & simul côfessus est, adhuc oportet expectare aliquã intulũ*

*ad susceptionem Eucharistiæ propter reuerentiam, & maxime in peccatis, quæ causant hebetudinem mentis magnam, sicut est in venereis: in alijs autem non oportet hoc tam strictè seruari, quia ibi non deprimitur mens tantùm sicut in libidine, propter vehementiam delectationis multùm absorbentis hominem: ita vt non possit immediatè redire ad eleuandum integrè affectum in Deum; & ita est in pollutione nocturnæ. Ideo in talibus saltem per viginti quatuor horas honestum est abstinere. Quod totum intelligitur, nisi necessitas vel scandalum hoc prohibeat. Abulensis sup. cap. 5. Math. quæst. 247. circa medium, paragr. ad 2. dicendum.*

---

## CHAPITRE X.

*Où l'on prouue qu'vne plus grande disposition est necessaire pour communier tous les iours, que de temps en temps.*

IL faut asseoir ce poinct, qui est vn des plus important en ce suiet, pour taxer à vn chacun selon sa condition la frequentation de la Communion: car on a tiré plusieurs conclusions fausses, & erronees, pour auoir failli en ce principe. La question est, sçauoir si vne plus grande disposition est necessaire pour communier tous les iours, que pour communier vne fois en l'année, ou au mois, ou en la semaine.

*Où se proposent les argumens, par lesquels certains prouuent qu'il n'est pas necessaire vne plus grande preparation pour communier tous les iours, que pour communier vne fois en l'annee.* § I.

IL y a deux puissans arguments pour la preuue de ce poinct, dont il est question. Le premier est fondé sur l'auctorité de sainct Ambroise, que nous auons desia alleguée: *a Vis de telle sorte, que tu merites tous les iours de receuoir la sacree Eucharistie. Qui ne merite pas de s'en approcher tous les iours, ne le meritera non plus à la fin de l'annee.* On trouue les mesmes paroles expresses en S. Augustin, *b* ausquelles l'auctorité de sainct Iean Chrysostome se conforme entierement: *c Il ne faut pas attendre que nous soyons remplis de componction, que nos ames soient entierement espurées de toute sorte de pechez, que nous soyons parfaitemēt disposez pour receuoir le corps de Jes. Ch. il le faut receuoir le iour des festes, & quand tous les autres s'en approchent. S. Paul n'a demandé autre chose pour cet effet que la pureté de conscience, c'est elle qui nous en rend dignes, & non pas le Caresme, reçois le tous les iours si tu a possedes, & sans elle iamais. Le iour de feste consiste proprement en la deuotion de l'ame, en vne vie bien ordonnée, & à faire des bonnes œuures, si tu recognois cela en toy, tous les iours te seront festes, & pourras hardiment communier tous les iours.* Or puis que S. Iean Chryso-

*a Sic vine vt quotidie merearis accipere: qui non meretur quotidie accipere, non meretur post annum accipere. D. Amb. lib. 5. de sacram. cap. 4.*
*b Serm. 28. de temp.*
*c Non enim expectamus ut accedamus parati, & malis nostris expiatis, & pleni cōpunctione, sed vt in diebus festis, & quando omnes accedūt. Sed nec iussit Paulus, sed vnū nouit tempus aditus, & cōmunionis puritatē cō-*

stome est d'aduis que l'on peut communier tous les iours auec la mesme disposition, sans laquelle on ne le peut iamais, sans encourir la disgrace de Dieu, & manger quant & quant son iugement, il est asseuré qu'il ne met point de difference entre la disposition de la Communion de tous les iours, & celle de la Communion qui se faict de temps en temps.

Le second argument, qui est fondé en la raison, n'a pas moins de valeur que le premier. Car pour communier dignement vn seul iour en l'annee il faut vne suffisante disposition, qui est composée de la pureté de conscience, de la droicte intention, de l'attention, & de la reuerence, comme de ses parties integrantes, que nous auons dit cy-dessus: & celuy qui communie vne fois auec ceste disposition mesme au degré inferieur de ceux qui sont suffisans pour ne faillir au respect qui est deu au corps du fils de Dieu, obtient & iouyt de tous les fruits, & de tous les effets du Sacrement : il faut dire de necessité que celuy qui communiera auec ceste mesme disposition sans rien diminuer ny adiouster, satisfera au respect, & à la reuerence deuë au S. Sacrement, & consequemment obtiendra les mesmes fruicts, veu qu'il n'est pas plus requis pour la Communion d'vn iour, que pour celle de plusieurs, & Ies. Ch. n'a point demandé dauantage en l'institution de ce Sacrement pour cōmunier plusieurs fois que pour vne. Au contraire, il est necessaire (si l'on le considere biē) que celuy qui cōmunie vne seule fois l'annee fasse vne plᵉ grāde preparation, que ce-

*scientiæ. Atqui tempus accedēdi nō est Epiphania, neque Quadragesima facit dignos, sed ipsa sinceritas, & puritas : cum ea semper accede, absque ea nunquā dies festus est bonorum operum ostē. sio, & pietas anima, & vita recta instituta : si hac habeas, poteris semper diem festum agere, & semper accedere. D. Chrys. hom. 28. in ep. ad Cor. & hom. 3. in ep. ad Ephes.*

luy qui communie tous les iours : parce qu'il ne peut pas si aysément esleuer son esprit à Dieu, & le desembroüiller des diuertissemens, que les choses du monde luy ont causez : elle luy est bien plus penible, à raison du long examen de sa conscience, qu'il doit faire, & des autres circonstances d'vne bonne preparation.

D'où les sectateurs de ceste doctrine inferent, que les Peres Confesseurs manquent en deux choses. La premiere quand de deux, qui ont la mesme disposition, & en vn mesme degré suffisante pour communier dignement, denient à l'vn la Communion, parce qu'il n'y a pas long temps qu'il s'en est approché, & la concedent à l'autre pour la raison contraire parce qu'il y a long temps qu'il n'a communié. La seconde quand ils taxent, & limitent à leurs penitens les iours de Communions, mettant distinction entre eux & leurs perfections, par le nombre plus grand, ou plus petit des Communions qu'ils leur octroyent; intimidant les vns de ceste sorte, & donnant aux autres de grandes occasions de se perdre par la vanité, à quoy l'on deuroit prendre garde plus qu'on ne fait.

*Où l'on voit particulierement comme la Communion de tous les iours demande de plus grandes dispositions, que celle de temps en temps.* §. II.

NONOBSTANT tout ce que nous venons de dire, la vraye resolution, & commune entre les Saincts, & les Peres, conforme à l'vsage de toute l'Eglise, est que pour communier tous les iours est necessaire vne disposition plus releuée, que pour communier vne fois le mois, ou la semaine: il est vray qu'elle n'est pas necessaire de telle sorte, que ce soit peché mortel de communier ne l'ayant pas : mais il sera meilleur, & plus expedient à celuy-là, en qui elle manque, de se retirer par respect de la Communion, que de s'en approcher tous les iours: il sera plus salutaire à son ame de se conformer à ses forces, & de choisir vn nombre de Communions conforme à sa dispotion.

CESTE doctrine est de l'Angelique docteur S. Thomas, *a* & de tous ses disciples, du maistre *b* des Sentences, & de tous ses commentateurs sans aucune controuerse. Car traictant ceste question, sçauoir s'il est bon de communier tous les iours, ils conuiennent tous en cecy, qu'il est meilleur & plus expedient à celuy, qui communiant tous les iours ne recognoist en soy vn profit sensible des fruicts de la sainte Communion, & qui aperçoit d'autre costé que la reuerence qui luy est deuë diminuë au lieu d'augmenter: sans doute qu'il doit differer la Communion, & s'en abstenir pour quelque temps. Ceux-là au contraire, qui voyent clairement le profit qu'ils font tous les iours en la reception du Sacrement, & que le respect augmente plustost qu'il ne decroist, peuuent librement communier tous les iours. L'on parle en ceste conclusion ( qui est de tous les Theolo-

*a* D. Thom.
3. part. qu.
79. art 8.
*b* 4. Senten.
dist. 12.

*Pratique de la frequente*

giens sans aucune exception) de deux sortes de personnes; les vnes qui peuuent communier tous les iours, les autres à qui il ne conuient pas; l'on suppose comme chose asseurée, que les vnes & les autres sont disposées pour communier en general: & ainsi la question n'est pas s'ils doiuent communier, ou non, ou s'ils sont suffisamment disposez, mais supposant qu'ils le font en commun, l'on demande ce qui leur est plus conuenable, ou de communier tous les iours, ou bien de temps en temps. Tous les Theologiens resoudent, qu'il est plus expedient pour les vns, & non pas pour les autres: Or est-il que cette difference ne prouient pas du Sacrement, veu qu'il opere en tous esgalement; il faut donc dire qu'elle procede de la diuersité des dispositions, & conclurre euidemment que tous les Theologiens susdits ont recogneu l'inesgalité que nous cherchons, entre les dispositions necessaires pour communier auec plus & moins de frequentation.

Sainct Bonauenture s'est declaré dauantage touchant ce poinct, & apres auoir donné la mesme conclusion que depuis peu nous auons proposée; reduisant la diuersité du nombre des Communions à la diuersité des dispositions, dit les paroles suiuantes: *Si tu desires sçauoir s'il est bon de frequenter la Communion, ie respondray, que si tu te trouues en l'estat de l'Eglise primitiue*, c'est à dire, si tu recognois en toy la ferueur des premiers Chrestiens, *ce sera vne chose loüable de communier tous les iours; mais si tu*

---

*c Si ergo quæritur vtrum expediat alicui frequêtare, dicendum quod si videas se in [primi]tiua ecclesia, laudandum est quotidie cõmunicare: si autem in statu Ecclesiæ finalis, vt pote frigidum, & tardü, laudandum est*

es en l'estat de l'Eglise finale c'est à dire si tu es lent & froid, comme la pluspart des Chrestiens de ce siecle miserable, il ne te sera pas moins loüable de t'en approcher rarement; & si estant entre ces deux extremitez, tu tiens l'estat mediocre, tu dois entierement t'y conformer. Ce sont les paroles de sainct Bonauenture, & c'est autant comme s'il disoit, qu'il faut mesurer le nombre des Communions à la disposition que l'on recognoist en soy.

*quod raro, si autē medio modo, medio modo debet se habere. D. Bonau. dist. citat. part. 2. art. 1. qu. 2.*

CECY se prouue par deux raisons, l'vne prise de la fin de la disposition, & de la dignité du Sacrement: l'autre de la vertu de celuy qui le reçoit. Quant à la premiere, ie dis comme de chose asseurée, que les dispositions de saincteté, de droite intention, d'attention & de reuerence, sont ordonnees pour loger Iesus-Christ en l'ame, auec l'honneur & le respect qui est deu naturellement à vne Majesté si souueraine, à raison de sa presence réelle en cet auguste Sacrement: & la raison mesme dicte, qu'il est requis vn plus grand respect, & plus de preparatifs, quand le Fils de Dieu vient tous les iours loger en nos ames, que s'il n'y venoit qu'vne fois l'annee.

PAR exemple, si vn Roy, vn Prince s'arreste en chemin en quelque hameau pour y passer la nuict, il sera satisfaict pourueu qu'on le loge en la meilleure maison, quoy que souuentesfois ce ne soit qu'vne cabane conuerte de paille, qui à peine le guarantit du serain, & vn peu de la pluye; il ne lairra pourtant de payer le logis, & contenter son hoste, luy octroyant

L

quelque grâce conforme au seruice qu'il luy aura rendu: mais pour son seiour ordinaire il luy faut des villes, & des meilleures, qui soient capables de soustenir le faix de sa cour, & de sa suite, il luy faut vn Palais magnifique, orné & embelly, conforme à la grandeur de sa personne. Ainsi l'on pourra dire que la reception qui luy a esté faite au hameau, a satisfaict en quelque façon à la reuerence & au respect qui est deu à sa majesté, puis qu'on luy a donné le meilleur que l'on auoit; mais sans doute les citoyens d'vne grande ville, & de celle où il fait son seiour ordinaire, seroient grandement blasmables, & failliroient à ce respect s'ils luy faisoient la mesme entrée & la mesme reception. Ie trouue la mesme difference entre ceux qui reçoiuent le Fils de Dieu au S. Sacrement de l'Autel vne fois l'année, & ceux qui le reçoiuent tous les iours: que les premiers satisfont au respect qui luy est deu le receuant en passant en leurs maisons de chaume, quoy qu'à peine elles le guarantissent du vent de quelque vanité en l'intention, du serain en la distraction, & de quelqu'autre chose mal ordonnée en l'irreuerence. Mais aussi il est necessaire à ceux qui le reçoiuent tous les iours, & en qui il arreste sa demeure, d'auoir des ames spacieuses en charité, comme des grands palais, ornées & embellies de toutes sortes de vertus, & de bonnes œuures. De façon que ce qui est suffisant aux premiers, pour ne manquer à l'honneur & au respect que l'on doit à vn si grand Prince, ne l'est pas pour les seconds, voi-

## Communion. 163

re seroit vne grande irreuerence. Il n'est pas besoin de s'y arrester dauantage pour le prouuer, la raison naturelle le dicte, & les plus grossiers le comprennent.

Le second argument pris de la vertu & force de celuy qui communie, est de Thomas de Argentina Docteur insigne, & General de l'Ordre des Augustins, lequel parlant de ceux a qui il est bon de communier tous les iours, & des autres à qui le delay est meilleur, dit les paroles suiuantes: d *Quelques-vns disent qu'il faut receuoir tous les iours la saincte Eucharistie, les autres que non: qu'vn chacun se conforme en cecy à sa conscience, & choisisse ce qui luy semblera le meilleur, & il est raisonnable; Car tout ainsi qu'en l'aliment naturel, nous voyons qu'vn homme a besoin de manger dauantage & plus souuent qu'vn autre, à raison de sa plus grande force, & de sa plus grande chaleur naturelle pour digerer les viandes: d'où vient que l'on ne iuge iamais la temperance en tous les hommes selon la mesme quantité des viandes: Car ce qui seroit temperance en l'vn, seroit vne grande intemperance en l'autre. Aristote raconte en ses Ethiques, qu'vn certain appellé Milon auoit vne si extraordinaire chaleur naturelle, qu'il entra vn iour à la veuë de tout le monde au lieu des combats portant vn bœuf sur ses espaules, qu'il mangea tout entier ce mesme iour auant que d'en sortir: chose estrange! mais quoy, il auoit besoin de beaucoup plus d'aliment que les autres hommes, veu la grande actiuité de sa chaleur naturelle, qui consommoit l'humide radical. La mesme chose arriue en l'aliment spirituel de l'ame, en la Communion de ce di-*

d *Dicit quispiã non quotidie sumendam esse Eucharistiam; alius affirmat quotidie sumendam; faciat vnusquisq; quod secundum fidem suã pie credit esse faciendum. Et istud est rationabile, quia sicut in comestione naturali videmus quod vnus homo naturaliter indiget vt plus comedat vel sapius comedat quã al-*

L ij

## Pratique de la frequente

*ter, secundū quod vnus habet fortiorem virtutem digestiuam, & velociorem, alter verò debiliorem, & tardiorē. Propterquod nō possumus attēdere virtutem temperantiæ in omnibus hominibus secundum mensuram eiusdē quātitatis: quia illud idem quod est tēperantiæ in vno homine, esset intemperantiæ in*

vin Sacrement: il est raisonnable que ceux qui ont vne plus grande chaleur, le reçoiuent plus souuent, c'est à dire ceux qui ont plus d'amour, plus de charité, vn desir plus ardant, & vne plus grande faim spirituelle de le manger, car Dieu est vn feu consommant: C'est pourquoy la Communion de tous les iours est grandement salutaire à ceux en qui ceste chaleur, qui procede du feu de S. Esprit, ne s'esteint, ny ne se diminuë, mais plustost s'acroist & s'augmente par ce frequent vsage: au contraire le delay sera meilleur pour ceux dont la chaleur s'est peu capable de dẽgerer ceste viande celeste. I'ay dit à dessein, que la chaleur propre à digerer cet aliment du Ciel precedoit du feu du S. Esp̃it, pource qu'il y a certaines personnes libertines, qui ne se souciant point d'obseruer les commandemens de Dieu, & de son Eglise, communient neantmoins tous les iours, alleguant pour leurs raisons, qu'ils se sentent eschauffez interieurement de ceste chaleur spirituelle, qui leur cause vn desir embrasé de s'approcher de ce S. Sacrement: mais il est asseuré que ce desir vient plustost du diable, que du sainct Esprit.

*alio homine, vt patet 3. Ethicor. Vnde ibidem dicitur Miloni quidem benemem; quia ille Milo ita fortem habuit virtutem digestiuam, quod multo indiguit nutrimento propter calorem consumentem, & depascentem humidum radicale. Sic etiam in comestione spirituali istius benedicti Sacramenti illos sæpius congruit sumere istum cibum spiritualem qui spiritualiter habent fortiorem virtutem digestiuam, puta in quibus magis viget amor, & astuans desiderium ad sumendum istud nobilissimum Sacramentum. Deus enim noster ignis consumens est, vt patet Deut. 4. & ideo in quibus calor igneus ab igne Spiritus sancti procedens ex frequentatione istius Sacramenti non tepescit, sed magis inualescit, illis prodest quotidie hanc sacram Communionem recipere. In quibus autem è conuerso fieret, illis expedit abstinere, donec magis esuriant, quia rune sumptio istius cibi ad maiorem ipsis proficit sanitatem. Dixi autem volantes, calor ab igne Spiritus sancti procedens, quia comperti sunt quandoque homines scelerati, qui nec mandata Dei, nec præcepta sanctæ matris Ecclesiæ curauerunt obseruare, putantes se viuere in libertate spiritus, qui quotidie istud Sacramentum recipiunt, dicentes se ad hoc moueri maximo desiderio, & interna deuotione, quorum tamen desiderium non procedit à Spiritu sancto, sed potius à dæmonio meridiano. Thomas de Argentina.*

CE grand Theologien ne monstre il pas clairement par ceste belle comparaison de la nature à la grace, ce que nous auons dit au commencement de ce Chapitre, sçauoir qu'vne diuersité de disposition est necessaire pour communier tous les iours, & pour communier de temps en temps? Car ne plus ne moins qu'il faut donner plus d'aliment & plus de nourriture à celuy qui a plus de chaleur & plus de faim: ainsi il en faut donner moins à celuy qui a aussi moins de chaleur, autrement on l'estoufferoit. C'est la doctrine de tous les Theologiens, qui disent que le plus souuent on ruine la deuotion, & l'on fait perdre la reuerence au Sacrement à la pluspart par le trop frequent vsage de la Communion.

FINALEMENT cet Autheur nous découure vne doctrine importante, qui est, que tout ainsi qu'en l'aliment corporel, certains ont des appetits desreiglez causez de quelque humeur peccante, & de quelque indisposition, & quoy qu'ils ne puissent estre assouuis, toutefois on ne recognoist aucun aduancement de ceste nourriture. Il en est de mesme au spirituel, plusieurs s'en font accroire, & monstrent des desirs embrasez de receuoir le corps de Iesus-Christ, apparens, & non véritables; puisque n'estans pas satisfaits, quand ils communieroient cent fois le iour, on ne remarque neantmoins aucun amendement pour la vie passée, ny aucun auancement pour la parfaite: il faut bien dire que ces appetits desreglez naissent de quelque humeur peccante, comme a dit saint Thomas: *e D'vne peruerse intention de gain temporel, ou de vaine gloire, ou de quelque tromperie, & d'autres choses semblables.* Sans doute c'est ce qu'ont voulu dire les Theologiens alleguez, estans d'aduis que ceux-là different la Communion qui s'en approchans tous les iours, recognoistront sensiblement que la ferueur de l'esprit ne s'augmente pas de beaucoup; parce qu'ils iugent que le desir que telles gens ont de communier tous les iours, est faux, & non pas veritable, puis qu'ils profitent si peu de tant de Communions.

RETOVRNANT à la question, ie dis que si l'on considere en quoy consiste la disposition conuenable pour communier, les mesmes choses sont necessaires pour communier quelquefois, que pour communier tous les iours, sçauoir toutes celles dont nous auons parlé aux Chapitres derniers, qui sont la pureté de conscience, la droicture de l'intention, l'attention, la reuerence, vn grand desir ou faim spirituelle; bref estre libre de tous les empeschemens, & exterieurs, & interieurs, que nous auons conter au Chapitre neufiesme. De sorte que la diuersité de la disposition ne consiste pas à estre composée de choses differentes; mais en leur

*e Peruersa intentio vel lucri têpora-lis vel vanæ laudis, vel alicuius deceptionis. D. Thom. Opusc. de Sacram. cap. 18.*

intention, ou remission, c'est à dire qu'elles soient plus ou moins parfaites. Ceste doctrine est de sainct Bernardin de Sienne, qui dit: f Comme il est requis d'auoir la pureté de conscience, la reuerence, la deuotion, & d'esleuer son esprit à Dieu pour communier dignement (& remarquez qu'en ces paroles il comprend tout ce que nous auons dit.) Si quelqu'vn recognoist toutes ces choses en luy, & qu'il n'ait d'autre costé aucun empeschement, ce luy sera sans doute vne chose grandement salutaire de communier tous les iours. Au mesme lieu il demande toutes les mesmes choses pour cōmunier vne fois l'année. De façon que toute l'inesgalité est reduite à deux poincts, à la continuation, & à la perfection; quant à la continuation pour communier tous les iours, il fait assembler ces cinq choses dont nous venōs de parler, & qui sont les parties integrantes de la disposition: quant à la perfection, il faut mettre ces choses en vn plus excellent & plus haut degré, comme nous l'auons prouué.

IL y a beaucoup de difficulté & en l'vn & en l'autre de ces poincts; & premierement en la continuation: car quand il n'y auroit autre chose que d'assembler tous les iours les cinq parties susdites de la disposition, voire au degré le moins parfait; toutesfois de ceux qui sont suffisans pour communier, ceste continuation seroit grandement difficile; & parlant moralement, il n'y a que ceux qui ont atteint le degré de perfection, qui la puissent auoir: Car qui peut auoir tous les iours vne attention exempte de toute distraction volontaire, vn

f *Cum sacramenti perceptio debita requirat purgationē peccatorū, & mentalē eleuationē, sē reuerentiā, atque deuotionē, si quis qualibet die paratius sit prædictis modis, & nullius impedimentū nō habeat, vtile est ei hoc Sacramētū frequētare:* D. Bernardinus de Sena tom. 2. Serm. 57. art. 2. cap. 1. qu. 1.

ardent desir sans tiedeur, vne reuerence sans indecence, vne attention entierement desinteressée, vne pureté de conscience affranchie de tous remords, & le temps desoccupé pour l'employer à toutes choses? Il n'appartient pas à toute sorte de personnes, ains à celles qui sont en estat de perfection. Il semble qu'Alexandre de Hales a esté d'aduis que ceste continuation estoit la chose la plus difficile, qui se trouue en la disposition requise pour communier tous les iours: g Ie crois, dit-il, qu'il seroit grandement profitable de communier tous les iours, à celuy qui auroit vn desir perpetuel, vne continuelle deuotion, & confiance d'obtenir les fruicts, & les effects du S. Sacrement. La raison de cecy est, que les hommes de mediocre vertu, & perfection, pour n'auoir pas suffisamment dompté leurs passions, sont changeans, & muables en des choses de moindre importance, que celles dont nous parlons à present : C'est pourquoy ceste seule consideration de la continuation du temps, quand il n'y auroit autre chose, demande vne grande inegalité aux personnes pour la Communion de tous les iours. D'abondant, s'il y a tant de difficulté en la seule continuation des dispositions susdites, que dirons nous de ce qui est necessaire pour les esleuer au degré de perfection requise audit frequent vsage? Et quoy que ces deux choses chacune à part ayent beaucoup de difficulté, & qu'elles demandent vne grande vertu pour les mettre en leur perfection : neantmoins la plus grande difficulté consiste à les assembler, c'est a dire,

*g Si enim ex cõtinua deuotione, & desiderio cõtinuo, & cõfidentia cõtinua de assequendo effectu huius Sacramẽti, aliqui in singulis diebus accederet, satis quod valeret ei frequẽtatio talis. Alexand. de Hales.*

à ioindre la perfection de l'intension à celle de la continuation du temps : parce qu'elles se repugnent, & se contrarient le plus souvent. Ie le prouue premieremẽt par l'authorité de saint Thomas, & de tous ses disciples, du Maistre des Sentences, & de tous ses Commentateurs, qui disent, que l'experience ne nous enseigne que trop comme ceste grande frequentation diminuë en la plusplart la reuerence : *h Si quelqu'vn recognoist*, dit S. Thomas, *que le respect se diminuë par la Communion de tous les iours.* Et S. Bernardin de Sienne : *i Si quelqu'vn experimente en soy que l'irreuerence s'acroist, & que la negligence, & le mespris s'engendre par ceste grande frequentation.* Plusieurs autres Autheurs parlent de ceste sorte : & c'est vne chose si asseuree au moral, qu'il ne faut autre preuue que l'experience, qui nous enseigne qu'à mesure que l'on traite quelque chose que ce soit familierement, se perd l'estime que d'on en auoit. Et par là l'on peut voir que la continuation en la Communion, & l'acroissement de la reuerence, & de la deuotion, qui sont necessaires pour s'en approcher comme il appartient, sont deux choses repugnantes aux personnes, qui ne sont que de mediocre vertu, & perfection : & que ce n'est à faire qu'aux parfaits de les assembler, & les ioindre, comme nous dirons plus amplement.

*h Si autem quis sentiret per quotidianã sumptionẽ reuerentiã minui.*
*D. Thom. 4. sent. dist. 12. qu. 3. art. 1. quæst. 2.*
*i Si quis autẽ sentit ex tali frequẽtatione ad hoc Sacramentũ irreuerentiam augmẽtari, aut ad se præparandũ maiorem cõtemptum, vel negligẽtiã generari.*
*D. Bernardinus tom. 2. serm 57. art. 2. c 3.*

## Pratique de la frequente

### §. III.
*Où l'on respond à vne obiection, & on confirme la doctrine susdite.*

LEs Aduersaires font vne obiection contre ce que nous venons de dire, & s'y fient comme en vne chose infaillible; c'est que l'on acquiert facilité à faire quelque chose par la coustume, & par la continuation; veu que les habitudes sont augmentées par les actes, & les vertus se rendent parfaites par l'exercice; partant continuant tous les iours la Communion, auec la preparation susdite, quoy qu'elle ne soit au plus haut degré de perfection, l'on acquerra vne habitude pour s'y disposer tous les iours plus facilement, que si on attendoit de temps en temps & c'est la mesme chose pour la perfection.

IE respondray à ceste obiection, apres auoir presupposé deux choses. La premiere receuë en toute Philosophie, & Theologie morale, est qu'on n'acquiert iamais vne habitude en quelque vertu que ce soit, que par son motif, & par sa propre action. De façon que si quelqu'vn s'exerçant aux matieres de la iustice, & de la temperance à d'autres fins, que celles qui leur sont propres, n'en acquerra iamais les habitudes: tout le profit qu'il y fera, sera d'vne coustume vuide de toute bonté morale, & qui souuentefois le portera au mal, & au vice, si les motifs des actions par lesquelles il l'a acquise ont esté vicieux. La seconde chose que ie presuppose est, que ce qui doit estre traicté auec respect, & reuerence, demande vne viue & actuelle consideration des raisons, qui nous portent à le priser: partant si vne fois la distraction volontaire, ou non volontaire s'y glisse, laquelle diuertit l'esprit de l'actuelle consideration de ce respect, & reuerence, le mesme exercice, & la continuation de la chose loüable en causera le mespris, & à mesure qu'il s'augmentera, croistra aussi la distraction: choses qui repugnent directement à l'attention, & à la reuerence; & comme ce qui ne s'estime pas, n'est non plus desiré, de ce peu d'estime naissent la tiedeur, & le dédain; & de tout cela vne intention desreglée: Car comme la parfaite droicture de l'intention ne peut estre sans l'attention actuelle, qui est necessaire pour ordonner l'œuure à vne bonne fin: de là vient que parmy tant de distractions les fins vicieuses se glissent insensiblement, & prennent le lieu des bonnes, & honnestes: De façon que d'vn degré à l'autre l'on se trouue en l'estat, dont nous auons parlé en la premiere supposition, sçauoir qu'au lieu d'acquerir des habitudes vertueuses par cet exercice, & continuation d'actes, on acquiert vne coustume vicieuse, qui porte plustost au mal, qu'au bien, comme nous auons dit, faute d'auoir vne bonne fin en cet exercice.

Nous n'auons fait iusques icy que prouuer l'experience, pour ce que c'est la preuue la plus asseurée, & la plus irrefragable que l'on puisse apporter pour la matiere que nous traictons; Et veritablement il n'y a chose qui soit plus su-

## Pratique de la frequente

*a Multos video dominici corporis participationem temerè sumêtes, ut à casu, & consuetudine potius, quā cogitatione, & mente. D. I. Chrys. hom. 61. ad popul.*

*b O consuetudinem! ô præsumptionem! Idem hom. 3. in epis. ad Ephes.*

*c Vide quid desideres, ne propter vanam gloriam, aut propter consuetudinem accedas, sicut multis diebus isti abutuntur ad sui perditionem, quod est datum ad salutem. D. Bon. tr. de præp. ad Miss.*

jette à cet inconuenient, que le frequent vsage de la sacrée Eucharistie: car comme ce qu'elle contient, & qui doit estre tant estimé, voire adoré, est si caché, & esloigné de nostre cognoissance, il est necessaire d'auoir vne grande foy, & vne deuotion actuelle, si on ne veut perdre le respect qui luy est deu, & communier par coustume, c'est à dire, par maniere d'acquit. a I'en cognois plusieurs, dit saint Iean Chrysostome, qui reçoiuent le corps de Iesus Christ plustost par coustume, & sans y penser, qu'auec dessein d'y profiter; où ce Sainct appelle les Communions de coustume, inconsideration, & autre part, presomption b. Ie voudrois que vous imprimassiez viuement dans vos cœurs les paroles de S. Bonauenture touchant ce poinct, nous les auons desia alleguées vne fois : c Considere bien ce que tu desires, de peur que tu ne t'en approches par vaine gloire, ou par coustume, comme font la pluspart de ce siecle miserable, abusant à leur perte de ce que Dieu leur a donné pour leur salut.

Mais helas! quoy que saint Iean Chrysostome, & saint Bonauenture reprennent seuerement, & auec des paroles rigoureuses ceste façon de communier, & que cela soit de soy-mesme grandement reprehensible, neantmoins il y en a plusieurs qui la deffendent. Il est vray qu'ils sont en quelque façon excusables, de n'auoir pas bien compris en quoy cecy consiste: Car ne recognoissant aux matieres des vertus autres coustumes, ou habitudes que les bonnes, ils croyoient que les Saincts reprenoient celles-là. Ils seront maintenant s'ils veulent détrompez, & cognoistront qu'il y a des coustumes, qui sont acquises par la continuation des actes: mais tant s'en faut qu'elles soient des habitudes vertueuses, qu'elles sont vicieuses, & portent plustost au mal, qu'au bien, comme nous auons dit cy-dessus; & la raison est, qu'il leur manque les fins, & les motifs propres des vertus, en quoy elles consistent en tant que vertus.

Mais reuenant à nostre question, i'infere de ce que nous auons dit, combien il est difficile d'assembler la disposition conuenable pour communier tous les iours, & de la conformer au degré de perfection, qui y est necessaire, auec vne si grande continuation, de peur qu'elle n'aboutisse à quelque mespris, ce que craignent grandement les hommes spirituels, & les plus experimentez en la conduite des ames: les Confesseurs discrets y prennent garde, n'admettant à la Communion de tous les iours que ceux qui professent la perfection: autrement les inconueniens dont nous auons parlé s'en ensuiuroient.

Ie conclus en second lieu, qu'encor qu'il ne soit necessaire directement pour la disposition de celuy qui communie, & pour ne faillir au respect que l'on doit au S. Sacrement, que les cinq choses que si souuent nous auons nommées, à sçauoir la pureté de conscience, la droite intention, l'attention, la reuerence, & le desir, auec la diuersité des degrez de perfection, conforme à la frequentation que l'on choisira: toutefois il est necessaire indirectement, que celuy qui sera receu à la Communion iournaliere soit bien experimenté en toute sorte de vertus, qu'il soit d'vne vie parfaite en toutes ses circonstances, pour la connexion, & la correspondance que les biens ont entr'eux. Et de vray, il faut bien de necessité qu'vn homme ait grandement dompté ses passions, & mortifié ses appetits, pour auoir la disposition susdite au degré de perfection conuenable à vn si frequent vsage, comme celuy de tous les iours, auec vne si grande continuation, & vniformité qu'elle ne manque iamais, puisque les hommes naturellement sont si changeans, & muables, si differens d'eux mesmes d'vn iour à l'autre, qu'à peine se peuuent-ils cognoistre. En second lieu, il faut que celuy qui la frequente si souuent soit grandement exercé en l'oraison, & en la contemplation, pour obtenir ceste attention continuelle requise à la Communion de tous les iours, qui le deffende de la distraction, & volontaire, & non volontaire, qui est la porte par où entrent ordinairement tous les inconueniens, dont nous auons parlé: il est necessaire que par l'exercice, & par les victoires obtenuës sur soy-mesme il ait vne attention aux choses diuines, libre de toute distraction, autant que la fragilité humaine le peut permettre. Il faut en troisiesme lieu, que l'ame soit grandement habituée, & accoustumée à faire toutes ses actions pour des fins surnaturelles, & diuines, afin que la droicture de l'intention soit asseurée auec vne si grande continuation, & soit deffenduë des fins, & des motifs naturels & mondains, qui pourroient glisser. En quattriesme lieu, vne profonde humilité est necessaire, & vne grande modestie pour conseruer la reuerence interieure, & exterieure, sans qu'elle s'amoindrisse par cet vsage si frequent, & continuel: il faut sur tout estre accoustumé à auoir Dieu present, parce que c'est ce qui cause, & conserue l'affection respectueuse de ce Seigneur en l'ame. Il est requis en cinquiesme lieu, vne ferueur continuelle, & embrasée de ce diuin Sacrement, de peur que les desirs de la Communion de tous les iours ne s'alentissent. Bref quel soin ne faut-il pas auoir de la conscience, pour en posseder la pureté libre non seulement de tout peché mortel, voire des veniels, dont nous auons parlé au Chapitre dernier, sçauoir quand ils sont en grand nombre, & commis par vne volonté deliberée? Sans doute il est bien difficile, voire impossible de rencontrer toutes ces choses ensemble en celuy qui n'a pas encore atteint le haut degré de la vie parfaite. Et pourquoy pensez vous que quelques Saincts exhortant à la Communion iournaliere, demandent ceste perfection de vie, si ce n'est que toutes les choses qui y sont necessaires ne se peuuent rencontrer ensemble moralement parlant, qu'en ceux qui la professent? d Reçois tous les iours, dit S. Ambroise, le corps du fils de Dieu, afin qu'il te profite tous les iours, & ordonne de telle sorte ta vie, que tu merite de le receuoir tous les iours. Sainct Augustin e dit toute la mesme chose, & Sainct Iean Chrysostome f demande la saincteté de vie pour

*d Quotidie accipe, ut quotidie tibi proficit: sic accipe, ut quotidie merearis accipere. D. Ambres. li. 5. de Sacr. cap. 4.*
*e Serm. 28. de temp.*
*f Hom. 61. ad popul.*

communier tous les iours, c'est sur ces paroles que disoit le Diacre auant la Communion: Les choses sainctes sont pour les Saincts: il n'y a aucune chose si souuent redite par les Peres que cette-cy, quand ils traictent de ceste disposition: lisez si vous voulez les paroles de S. Iean Chrysostome, nous les auons apportées au Paragraphe second du Chap. 6.

§. IV.

*Où l'on respond à deux autres difficultez que l'on tire de la resolution derniere.*

ON peut encore obiecter deux raisons bien puissantes outre l'argument, auquel nous auons respondu. La premiere, que s'il est vray ce que nous auons dit, que l'on ne doit permettre la Communion de tous les iours qu'aux personnes parfaites, S. Ambroise aura parlé mal à propos, disant: a *Celuy qui est blessé cherche le remede à sa playe, qui n'est autre que nostre fragilité, suiette & encline au peché, le venerable Sacrement de l'Autel en est le remede souuerain: Mon Dieu donnez-le nous auiourd'huy, tous les iours te seront auiourd'huy, si tu le reçois tous les iours.* Gregoire b VII. allegue ces mesmes paroles de S. Ambroise, & sainct Isidore, c qui apres auoir donné à ce diuin Sacrement le nom de medecine, apporte d'autres paroles de saint Augustin: d *Celuy qui ne peche plus peut communier tous les iours.* Et le Concile de Trente dit, que le saint Sacrement de l'Autel est vn antidote souuerain, e *Qui a la proprieté de deliurer des pechez iournaliers, & de preseruer des mortels.* Et le

a *Qui vulnus habet, medicinam quærit. Vulnus est, quia sub peccato sumus; medicina est cæleste, & venerabile Sacramentum. Panem nostrum da nobis hodie. Quotidie si accipis, quotidie tibi hodie est.* D. Ambros. loco citat.
b Greg. 7 ep. ad Matild.
c D. Isidor. lib. 1. de offic. cap. 18.
d *Qui peccare iam qui uit, cōmunicare non desinat.* Idem ibid.
e *Liberat à culpis quoti-*

*Monsieur*

## Communion.

le Chapitre, *Quotiefcunque*: f Il est raisonnable, dit-il, d'exhorter les fideles, à ce que tout ainsi qu'ils offensent Dieu tous les iours: ainsi ils recherchent tous les iours le remede. Plusieurs autres Saincts parlent de la sorten, ne donnant autre raison pour inciter à la Communion de tous les iours, sinon que nous commettons tous les iours plusieurs pechez, & consequemment qu'il est necessaire de receuoir tous les iours le S. Sacrement, puis qu'il en est le remede. D'où il s'infere que la Communion iournaliere n'est pas seulement pour les personnes parfaites, mais encore pour celles qui s'acheminent à la perfection, receuant ce medicament celeste, qui les guerit de leurs infirmitez passees, & les preserue des futures.

*præstruat autē à mortalibus. Cōcil. Trid. f Exhortādi sūt Christiani, vt sicut quotidie peccant, ita quotidie medicinam accipiant. De Confer. dist. 2.*

LA seconde raison que l'on obiecte contre nostre doctrine est, que l'vn des propres effets de ce diuin Sacrement est d'augmenter la ferueur, & la deuotion de ceux qui le reçoiuent; car outre l'accroissement de la grace iustifiante appellée, *ex opere operato*, & qui est conferée à celuy qui communie comme il faut, il reçoit encore des aydes surnaturelles de sainctes pensées, & d'inspirations celestes, qui remplissent le cœur de ferueur, & de deuotion. Et ainsi tant s'en faut que ce frequent vsage diminuë la deuotion, qui est necessaire pour receuoir la sacree Eucharistie, qu'il l'augmente de beaucoup, quoy qu'on s'en approche auec quelque tiedeur, & imperfection; le delay soit par respect, ou par quelque autre fin, n'y peut de rien seruir, il faut que

M

tu commence à la receuoir, si tu veux commencer à augmenter en toy ceste ferueur, & deuotió de l'ame. D'où i'infere, que le moyen le plus proportionné pour arriuer au degré parfait de disposition requise pour receuoir tous les iours le corps de Ies. Ch. est de s'en approcher auec quelque disposition, encor qu'elle soit imparfaite.

Il faut supposer quelques choses auant que de respondre à ces deux difficultez. La premiere, que cet auguste Sacrement n'efface pas de soy les pechez mortels, mais suppose qu'ils le soient desia par la penitence. I'ay dit, de soy, d'autant que quelquefois il cause la premiere grace accidentellement, comme disent les Theologiens, en celuy qui s'estant oublié d'vn peché mortel, ou ignorant de quelque deffaut, qui s'est commis en sa confession, s'en approche auec bonne foy, croyant qu'il soit en grace: Mais son propre effect est de preseruer des pechez mortels celuy qui le frequente, comme dit le Concile de Trente, & encore plus des pechez veniels, voire mesme de les effacer, il a ceste vertu de son institution, & en preserue l'ame, la secourant par des aydes actuelles, fournissant l'esprit des sainctes pensées, & la volonté de diuins eslancemens; ils les efface aussi s'il les y trouue, ou par la ferueur de la charité qu'il produit en l'ame, & qui s'oppose directement à ces pechez veniels, comme dit admirablement, & à son accoustumée l'Angelique Docteur sainct Thomas, g ou par le moyen de la grace Sacramen-

*g 3. part. q. 79. art. 5.*

telle qu'il communique, laquelle infuse en l'ame la purifie de toutes ces taches qu'elle y rencontre, pourueu qu'elle en soit tant soit peu repentie, & disposée par la detestation actuelle, ou habituelle.

Il faut supposer en second lieu, que la grace habituelle & iustifiante, qui est communiquée & augmentée, & par l'vsage du Sacrement, & par l'exercice des vertus, ne produit (selon la plus veritable doctrine) que la substance des actes de charité, & de l'amour de Dieu, & non pas la facilité, voire n'incite pas à les faire: l'vn & l'autre appartient aux aydes actuelles de sainctes inspirations, & pensées conuenables, que Dieu fournit à l'ame pour la porter à son amour auec plus & moins de facilité & perfection que ces aydes & inspiratiõs diuines ont de vertu.

Nous supposons en troisiesme lieu, ce que l'Angelique Docteur Sainct Thomas dit en sa 3. Partie, où apres auoir demandé si la distraction actuelle empesche en celuy qui communie, le fruict & l'efficace du Sacrement, il respond : b *Que l'effect de ce diuin Sacrement n'est pas seulement la grace habituelle, & la charité, mais encore vne refection remplie d'vne douceur spirituelle, qui est empeschee si on s'en approche auec distraction: il est vray que le premier effect, à sçauoir l'accroissement de la grace habituelle, & de la charité, n'est pas perdu.* S. Thomas dit plusieurs choses en ces paroles, qui meritent d'estre remarquées. La premiere, que la grace habituelle n'est pas seulement l'effet de ce Sacrement, mais encore la grace actuelle, qui n'est autre que des

b *Dicẽdum quod effectus huius Sacramenti non solùm est adeptio habitualis gratiæ, & charitatis; sed etiam quædam actualis refectio spiritualis dulcedinis, qua qui dē impeditur, si aliquis accedat ab hoc Sacramentum mente distractus; non autẽ tollitur augmentã habitualis gratiæ, vel charitatis. D. Thom. art. 8. qu. citat.*

M ij

## Pratique de la frequente

aydes diuines des sainctes pensées & inspirations. Ceste doctrine est de foy, & le Peres Suarez i le prouue doctement, & le confirme par l'auctorité des Conciles & des Peres. D'abondant il remarque qu'il y a deux sortes de grace actuelle; vne que Dieu concede au mesme temps de la Communion, & n'est autre que des diuins secours, qui produisent en l'ame des Sainctes affections d'amour, de confiance, & de quelques autres vertus, auec vn contentement spirituel, & vne douceur du Ciel accompagnee d'vne ardante deuotion. Ce mesme Autheur dit, que Sainct Thomas & tous ses disciples parlent de ceste grace actuelle, quand ils disent qu'elle n'est octroyée à celuy qui s'approche de ce saint Sacrement auec distraction; dautant qu'elle n'est produite, ny conferée, que par le moyen de l'attention & de la consideration; & cela arriue, soit que la distraction soit volontaire, ou non: car de quelque sorte que l'attention manque, il est necessaire que manque ce qui ne se peut faire, ny obtenir sans elle. Ou pourra entendre en ce sens les paroles de saint Basile: k *Celuy qui se presente*, dit-il, *à la sacrée Communion, sans considerer la cause pour laquelle elle a esté instituee, n'en remporte aucun profit.* Et vaut autant que s'il disoit, qu'il s'y presente sans atention. L'autre sorte de grace actuelle est aussi vne ayde de Dieu, qu'il eslargit au cours de la vie en vertu de ce Sacrement, & sa consideration, & pour bien viure, & pour surmonter les tentations. Et quoy que tous les Theologiens

---

*i Sup. qu. citat. D. Thom. disp. 64. sect. 9.*

*k Qui ad communicationē corporis ei sanguinis Christi accedit, neque rationē illā considerat, cuius causa instituta est, vtilitatis ex eo fructum nullum reportat. D. Basil. regul. 12. c. 7.*

## Communion.

ne conuiennent pas touchant ceste seconde sorte de grace actuelle; dautant que les vns disent que l'effect du Sacrement est infaillible, & qu'il ne manque iamais: les autres au contraire, que cet effet n'est pas communiqué à tous, comme l'on voit par experience, qui ne nous monstre que trop souuent que plusieurs à peine ont acheué de communier, quoy que dignemēt, que aussi tost ils retournent à leur vomissement; & retombent en leurs premiers pechez faute de ces secours: I'ayme mieux neantmoins suiure l'opinion du Pere Suarez, *l* qui asseure qu'on ne peut tirer en ce suiet vn argument valable de l'experience: car quand nous concederions que ces aydes diuines sont deuës à ce Sainct Sacrement, & sont données infailliblement en vertu d'iceluy: toutesfois on n'en peut rien conclurre, puis que le peché, quoy que leger, les peut contrarier, & empescher leurs effects. Pour le moins ce que dit S. Bernardin de Sienne est asseuré, sçauoir que ceste grace actuelle, qui est communiquée en vertu du Sacrement, est grandement imparfaite en celuy qui s'en approche auec tiedeur & auec distraction, c'est à dire, que ces secours diuins propres pour viure bien, & pour vaincre les tentations, sont bien rares: *m* Car on remporte peu de fruict frequentant la Communion sans vne deuë preparation, & sans deuotion cōme il se voit par experiēce en plusieurs qui la frequentēt. A la verité, ce n'est pas la grace habituelle qui est le fruit qui tōbe sous la cognoissance de no-

*l Loco citato.*

*m Quia absque denotione & præparatione congrua frequētare modicū reportat fructum sicut ad sensum de multis patet. D. Bernard. tom 2. Serm. 57. art. 2. cap. 3 qu. 2.*

stre ses, puis qu'on ne peut cognoistre son accroissement ou diminution par aucune œuure exterieure, non pas mesme par les actes de charité: car la moindre grace suffit pour le plus excellent, pourueu qu'elle soit accompagnée de ceste grace actuelle, qui n'est autre que les diuins secours, sans lesquels la plus parfaite grace n'est pas capable d'en produire le moindre. C'est pourquoy les fruicts & les effects du Sacrement, qui peuuent estre cognus par l'experience, ne peuuent estre que de la grace actuelle, c'est à dire de ces aydes diuines, que Dieu donne en vertu du Sacrement pour viure bien, & surmonter les tentations; & l'on cognoist euidemment que celuy a receu des puissans secours, qui reigle bien ses actions, ordonne bien sa vie, & remporte victoire sur les tentations. Saint Bernardin, & plusieurs autres Saincts & Docteurs, parlent de ces effets, quand ils alleguent l'experience pour prouuer que plusieurs tirent fort peu de fruict des Communions, quoy qu'elles soient faites en grace, si la deuotion leur manque, & les autres preparations, ou bien s'ils ne les ont au degré de perfection qui y est necessaire. Les paroles de S. Bonauenture se verifieront mieux (à mon aduis) de cet effect sacramentel de la grace actuelle, que non pas de l'habituelle: *Ie crois*, dit-il, *que l'on reçoit vne plus grande grace en vne Communion, s'en approchant deuement, & comme il faut, qu'en plusieurs, si on ne s'y prepare pas diligemment.*
Celles aussi que nous auõs aportées au chap. 8.

*Maiorem efficaciam credo quod accipiat homo in vna mãducatione cum bona præparatione, quàm in multis, si non se præparet diligenter.*
D. Bonau. 4 sent. dist. 12. part. 2. qu. 2.

veulent dire la mesme chose: o *Il faut dire à ce que l'on demande, si le iuste reçoit tousiours le fruict entier du Sacrement, qu'il le reçoit s'il s'y dispose dignement; autrement il n'en remporte aucun fruict, ou bien peu, s'il s'en approche negligemment, & auec distraction; encor qu'il ne commette aucun peché mortel.* Ces paroles entenduës de la grace actuelle, & qu'on n'en reçoit point, ou peu, s'approchant de ce diuin Sacrement sans auoir vne deuë preparation, l'on peut voir clairement la verité de la doctrine, que nous venons de proposer; sçauoir, ou qu'on n'en reçoit point sans la disposition qui est necessaire, ou fort peu, & encore elle sera empeschée en ses effects par le moindre peché. Et c'est la raison pourquoy ces diuins secours ne sont pas vn effect infaillible du Sacrement (comme dit le Pere Suarez) parce qu'ils sont empeschez par les pechez suiuans, encore qu'ils ne soient que veniels. Mais ie croy que les pechez veniels, qui repugnent dauantage à ceste grace actuelle, sont ceux qui se commettent au mesme acte de la Communion, quand les dispositions requises manquent, ou bien quand elles ne sont pas au degré de la perfection necessaire pour s'en approcher: d'autant que ces pechez veniels s'opposent dauantage que les autres au bon vsage du Sacrement, & consequemment en empeschent plus les effets.

FINALEMENT, ce n'est pas par le moyen de la grace habituelle que cet auguste Sacrement preserue des pechez, & mortels, & veniels; parce qu'elle ne s'oppose pas pour par-

o *Ad illud, quod quæritur vtrum homo iustus recipiat efficaciam Sacramēti, dicendū, quod si se debitè præparet, recipit, alioquin si ex quodā torpore, vel ex distractione non se debitè præparet, aut nullam, aut modicā reportat efficaciā, quamuis non incurrat peccatum mortale. Idem.*

M iiij

faite qu'elle soit à aucun peché veniel, & n'est pas suffisante de resister aux mortels, que par le moyen de la grace actuelle de ces divins secours, qui fortifient l'ame, & la renforcent pour repousser toute sorte de pechez, & mortels, & veniels. C'est pourquoy ce n'est pas merueille, que les Communions faites auec tiedeur, & negligence, ayent si peu de force pour preseruer des pechez, puisque la grace actuelle, qui correspond à la disposition, & qui se donne à sa consideration, est imparfaite; & sans doute touchant ce poinct vne Communion bien faite, vaudroit plus que plusieurs faites auec vne legere disposition.

L'on peut respondre facilement aux difficultez susdites par ces principes, qui sont certains, & asseurez en toute bonne Theologie. Ie dis à la premiere, qu'il est vray que c'est vn effect propre à ce diuin Sacrement de pardonner les pechez veniels, & en preseruer celuy qui le reçoit dignement, & aussi des mortels: neantmoins la detestation, & la hayne des pechez veniels est necessaire pour leur pardon; & ie tiens pour vne chose asseurée, qu'il est impossible, moralemant parlant, que les personnes imparfaites, comme celles que les Aduersaires veulent receuoir indifferemment à la Communion iournaliere, puissent acquerir ceste hayne, & desplaisance: mais plustost au contraire, ils s'en approcheront auec quelque complaisance actuelle, ou habituelle de la plus part de ces pechez legers; & ainsi il ne faut pas s'estonner si la Communion

## Communion.

ne leur profite pas. Quant à la preseruation, & des mortels, & des veniels, il est de besoin que Dieu fortifie l'ame par ses aydes continuelles, lesquelles sont bien rares, & imparfaites en ceux qui reçoiuent ce Sacrement auec froideur, & auec peu de disposition: & de là suit ce que nous auons dit tant de fois, qu'en cet effect de preseruer de toute sorte de pechez, comme en l'autre de pardonner les veniels, vne Communion vaut plus que plusieurs. Partant c'est le meilleur, & le plus salutaire, voire le plus expedient aux personnes imparfaites, qui sont remplies de distractions, & de pechez veniels, & tombent quelquefois en des mortels, à qui il est impossible, moralement parlant, d'assembler tous les iours les dispositions conuenables, non pas mesme les necessaires, non seulement au degré de la perfection, qu'vne si grande continuation, comme celle de tous les iours demande, mais encore au degré le plus imparfait de ceux qui sont suffisans, pour ne manquer à la reuerence deuë au S. Sacrement. Il est, dis-je, meilleur à ceux là de s'approcher de la Communion auec vne frequentation plus moderée pour obtenir les effects susdits du pardon des pechez veniels, & de la preseruation des mortels, que de la frequenter tous les iours: afin de rendre par ce delay la disposition plus parfaite, comme nous dirons au Chapitre suiuant. Auec cela l'on satisfait suffisamment à la premiere obiection.

IE responds à la seconde, qu'il est vray, & tout le monde le doit admettre, que la

## Pratique de la frequente

ferueur de l'esprit, & la deuotion est vn effect particulier, & propre de la Communion: mais ie nie que ce soit par le moyen de l'augmentation de la grace habituelle, que l'on obtient par ceste Communion: parce que la grace habituelle n'est pas de soy operatiue, comme nous auons dit: c'est par le moyen de la grace actuelle que ce celeste Sacrement confere à l'ame la ferueur de l'esprit, & la deuotion: ce sont les aydes diuines, qui donnent force, & vertu à la grace habituelle, de produire les actes ardens de charité, ce sont elles qui rendent parfaites les habitudes de toutes les vertus, & Theologales, & Morales, afin qu'elles operent leurs propres effets, & contribuent de leur costé de la ferueur, & de la deuotion à l'ame: Mais aussi ceste grace actuelle ne se peut obtenir que par vne grande attention d'esprit, & la moindre distraction soit volontaire, ou non volontaire l'empesche, comme enseigne sainct Thomas: partant ceste attention manquant, la tiedeur, & le dédain, que l'on appelle paresse, prend la place que la deuotion, & la ferueur spirituelle deuoit auoir: car que peut-on attendre de manger plusieurs fois sans goust, ny appetit, qu'vn dégoust, & dédain? C'est pourquoy il est meilleur, & plus conuenable de choisir vne frequentation moderée, que celle de tous les iours, pour obtenir l'effet mesme que l'on pretend, sçauoir la deuotion, & la ferueur d'esprit en des personnes imparfaites: Parce qu'il est impossible (selon ce que nous auons desia dit) que les per-

*D. Tom. loco cit.*

sonnes de mediocre vertu occupées, & embrouillées de plusieurs affaires ayent tous les iours ceste attention libre de toutes distractions, & diuertissemens, comme il est requis pour obtenir le fruict susdit, & ceste deuotion, & ferueur de l'esprit, qui dispose l'ame d'vn iour à l'autre: au contraire, il est certain d'vne certitude morale que l'attention manquant, le dédain, & la paresse, dont nous auons parlé, & qui naissent de ceste frequentation démesurée, prendront le lieu de la ferueur, & de la deuotion. Et aussi parce que d'autre costé l'on peut acquerir l'attention par le delay, & s'affranchir de cet ennuy, qui est infaillible à la continuation, notamment quand le plaisir spirituel manque.

CELVY qui lira ce que i'ay dit, & qui examinera auec attention ce qu'il experimente en luy mesme, & en ceux qu'il cognoist, ie crois qu'il cognoistra pour rude qu'il soit, que toute ceste doctrine est tres-conforme à la verité, à la practique, & à l'experience, & les plus doctes verront qu'elle est conforme aux maximes de la Theologie, à la doctrine des Saincts, & des Docteurs, & à l'vsage vniuersel de toute l'Eglise.

## §. V.

### Conclusion de tout ce qui a esté dit en ce Chapitre, & responce aux Argumens.

LA conclusion que l'on tire de tout ce que nous auons dit en ce Chapitre est, qu'il doit auoir vne grande inesgalité & diuersité, non seulement aux dispositions, mais encore en la vie, & aux vertus des personnes, à qui l'on doit permettre la Communion de tous les iours, & en la vie de celles à qui on doit prescrire vne frequentation plus moderée. Et cela non seulement dautant qu'il est raisonnable que celuy qui la frequente dauantage ait vne plus parfaite disposition; mais encore pour la conuenance, ie veux dire, parce qu'il est plus expedient, & chose plus salutaire à l'ame, que celuy se retire de la Communion de tous les iours, qui n'a obtenu ce haut degré de disposition qui y est necessaire. Ceste doctrine est certaine, & asseurée, confirmée par auctorité, par experience, par raison, & par l'vsage & intelligence vniuerselle de l'Eglise. Que si quelque importun m'obiecte encore ce à quoy i'ay tant de fois respondu, à sçauoir, que l'on pert le fruict de la grace sacramentelle, laissant tant de Communions que l'on obtiendroit s'en approchant. Ie respondray encore, que nostre profit doit ceder à la gloire de Iesus-Christ, & au respect deu à cet auguste Sacrement. Ce ne seroit pas vn

## Communion.   209

petit profit pour l'Eglise, si tous les iours les Prestres celebroient plusieurs fois; & pourquoy ne permet-elle pas à ses enfans, comme elle le pourroit, de communier plusieurs fois en vn iour, afin que son profit spirituel, & le leur en fust plus grand? Elle cede librement tout le profit qu'elle en pourroit recueillir, & ne permet pas que personne cherche le sien particulier par ceste voye, de peur qu'on ne perde le respect qui est deu à ce diuin Sacrement par ce trop frequent vsage. La doctrine de sainct Bonauenture, dont nous auons parlé au Chapitre cinquiesme, a encore icy lieu, sçauoir que l'on gaigne en vne seule Cōmunion auec toutes ses circonstances, tout ce qu'on pourroit auoir perdu en plusieurs autres Communions différées par reuerence du Sacrement.

Venant aux argumens des Aduersaires, Ie dis en premier lieu à l'auctorité de S. Ambroise, que bien que les mesmes paroles se trouuent en S. Augustin *a*, elles luy ont esté attribuées faussement, & prises du liure des Sacremens, qu'a fait le mesme S. Ambroise *b*; la Faculté de Paris, la plus celebre & authentique du monde l'a ainsi remarqué; partant elle ne nous presse pas dauantage que pour estre de S. Ambroise: il y a long-temps qu'Alexandre de Hales y a respondu, & l'a expliqué de la preparation requise au Sacrement, & non de la Communion actuelle: *c Il faut respondre à ce que dit Sainct Ambroise, que ie dois tousiours receuoir le Sacrement, puisque i'offense continuellement,*

*a D. Aug. serm. 28. de temp.*
*b D. Ambr. lib. 5. de Sacram. c. 4.*
*c Ad illud, quod dicitur ex Ambrosio, quod debeo semper accipere, qui semper pecco, sit respōdetur, quod debeo praparare me*

*habilem & dignum ad accipiendū. Et hoc patet ex illo verbo accipe quotidie, quod quotidie tibi profit, sic viuevt mereris quotidie accipere: id est quotidie prepara te habilem ad suscipiendū, & semper viue sic, vt dignè possis accipere. Qui enim non meretur quotidie accipere, &c. Alex. de Hales 4. part. qu. 11. art. 4. Paragr. 1.*

que ce Sainct parle de la disposition, ie me dois preparer, & me rendre digne de le receuoir. Ce qui se voit clairement par ces autres paroles : prends tous les iours ce qui se peut profiter tous les iours, & regle si bien ta vie, que tu merites de le receuoir tous les iours. C'est à dire, prepare toy, & te rends digne de t'en approcher, vis tousiours de telle sorte, que tu sois tousiours digne de le receuoir; dautant que si tu ne le merites auiourd'huy, tu ne le meriteras non plus à la fin de l'année. Qui vaut autant que s'il disoit, il faut que tu t'y disposes tous les iours : car si tu ne fais tous les iours quelque chose, par le moyen de laquelle tu merites d'estre fait participant du corps du Fils de Dieu, tu en seras indigne au bout de l'an. Et ainsi l'opinion d'Alexandre de Hales n'est pas que S. Ambroise exhorte par les paroles alleguées, à communier tous les iours, mais à bien viure tous les iours : de façon qu'vn chacun merite par sa bonne vie, de s'approcher tous les iours du S. Sacrement de l'Autel.

Si vous n'estes contens de ceste explication des paroles de S. Ambroise, i'en donneray encore deux. La premiere, fondée en ce que nous auons dit au Paragraphe dernier, que les mesmes choses sont necessaires pour disposer vn homme à la Communion de tous les iours, & à celle qui se fait à la fin de l'année, quoy qu'elles soient en diuers degrez de perfection. De façon que S. Ambroise exhortant à la Communion iournaliere, forme vne raison puissante de ceste sorte : Ne croyez pas qu'il soit necessaire d'auoir des differentes dispositions pour communier tous les iours, & pour s'en approcher vne fois l'année, ce sont toutes les mesmes, sans y adiouster, ny diminuer; & ainsi il ne faut pas dauantage pour l'vn que pour l'autre, & si tous les iours vous auez ces dispositions, vous pourrez communier tous les iours; que si vous ne les auez pas, vous ne meriterez pas de communier seulement vne fois l'année. Ce n'est pas neantmoins le dessein de S. Ambroise, d'esgaler ces dispositions en tout le reste; au contraire disant ces paroles: d *Vis de telle sorte, que tu merites de le receuoir tous les iours*, il donne bien à entendre qu'il est requis dauantage en la vie de celuy qui frequente la Communion de tous les iours, qu'en celle de celuy qui a choisi vne frequentation plus moderée.

d *Sic viue, vt quotidie merearis accipere*. D. Ambr.

La seconde explication, & la plus veritable est, que Sainct Ambroise respond par ces paroles à la raison qu'auoient accoustumé de donner certains qui en son temps s'abstenoiét de la Communion, disant qu'ils s'en retiroient pour s'y mieux disposer, & pour meriter au moins de s'en approcher vne fois l'année. Detrompez vous, dit ce Sainct, & croyez qu'il y a plus de facilité de se preparer comme il faut à la Communion de tous les iours, qu'en celle qui se differe iusques à la fin de l'année; & il est asseuré que la frequentant, vous meriterez plustost de communier tous les iours que vous ne meriterez par vn si long delay de communier vne fois au bout de l'an. Ceste cy est (si ie ne me trompe) la vraye interpreration des paroles de Sainct Ambroise, qui confirmeront ce que nous deuons dire au Chapitre suiuant, où nous prouuerons amplement que le long delay rend la disposition conuenable pour communier, grandement difficile.

On donne la mesme explication au tesmoignage de sainct Iean Chrysostome; parce que l'esgalité qu'il met aux dispositions necessaires pour communier tous les iours, & celles qui le sont pour communier vne fois l'année, ou est conforme à la premiere explication que nous auons donnée aux paroles de sainct Ambroise, sçauoir que ce sont les mesmes quant au nombre, mais diuerses quant à la perfectió: ou bien, ce qui est le plus asseuré, il reduit par ces paroles toute la difficulté au delay, quand il est long, comme nous auons dit.

Nous auons desia suffisamment respondu à la raison, par les fondemens de la conclusion veritable, par lesquels il appert que la Communion de tous les iours demande de soy vne plus excellente preparation que celle qui se fait de temps en temps; il est aussi euident qu'il y a vne grande difficulté de conformer & de ioindre la perfection de ceste disposition à vne si grande continuation; & qu'il n'est pas possible, moralement parlant, qu'autres que les personnes qui ont atteint le degré de perfection, puissent surmonter ces difficultez.

D'où ie conclus que les Confesseurs, & Peres spirituels, se comportent prudemment, quand

quand de deux hommes qui ont vne esgale disposition, ils different à l'vn la Communion, pource qu'il n'y a pas long-temps qu'il s'en est approché, & la concedent à l'autre par la raison contraire. Quant à l'inconuenient, dont les Aduersaires font cas, sçauoir de distinguer les personnes & de qualifier leurs vertus par vne plus grande ou moindre frequentation auec peril de vaine gloire, il est bien commun, & se trouue en tous les prix & recompenses que le monde donne à la vertu, recompensant les vns, & laissant en arriere les autres. Le peril est beaucoup moindre en ceste matiere; dautant que nous supposons que l'on ne doit point permettre la Communion de tous les iours, qu'aux personnes qui sont bië fondées en l'humilité, & consequemment duites & exercées à repousser la vanité. Que si l'on apperçoit qu'apres auoir admis quelqu'vn à la Communion de tous les iours, il se laisse emporter à l'orgueil, & à la presomption, auec vn mespris des autres: le vray remede est de l'en priuer; car ce peril de vanité est vne des raisons qui rendent indignes plusieurs personnes, particulierement les femmes, de la Communion iournaliere, comme nous auons dit autre part.

## CHAPITRE XI.

*Où se monstre que le long delay de la Communion rend difficile, & empesche la bonne disposition: pareillemẽt que celuy qui est moderé y sert de beaucoup aux personnes imparfaites.*

CE poinct est le dernier qui reste à traiter auant que d'assigner des reigles infaillibles, par le moyen desquelles chacun pourra choisir la frequentation qui luy sera propre; c'est vn des principaux points, où s'apuyent les Aduersaires, qui mettent toutes les personnes qui sont en estat de grace, au mesme degré de dispositiõ pour frequenter tous les iours la Cõmunion, & le confirment par les raisons suiuantes. La 1. est, que ce delay de la Communion n'a en soy aucune bonté, puisque c'est vne priuation d'vn acte vertueux, & consequemment il contient plus de mal que de biẽ. Que si on le veut pallier par quelque bõne fin, par le respect qui est deu au S. Sacrement, au moins on verra euidément cõbien la bonté de ce delay, & le merite qui en peut resulter, est inesgal à celuy que l'on obtient par la Cõmunion: Ie ne veux pas parler icy du fruict que est appellé *ex opere operato*, qui respond à la vertu, & à l'institution du Sacrement, mais seulement de celuy qui est appellé *ex opere operantis*, qui suit precisément la disposition de celuy qui cōmunie: il n'y a personne pour rude qu'elle soit, qui n'en voye l'auantage, & d'autāt plus grand que l'objet de la Cōmunion faite auec confiance est meilleur, que celuy du delay respectueux. Partāt tous les Theologiens Scholastiques *a* faisant cōparaison de ces deux choses, resoluent hardiment qu'il y a vn excez incōparable au fruit que doit obtenir celuy qui est disposé de cōmunier tous les jours, s'en approchant auec confiance, pardessus le fruict qu'il attend, s'en retirant par respect & reuerence.

*a Sup. 4. sent. dist. 12.*

La seconde raison est, que si le delay de la Communion seruoit quelque chose en celuy qui croit probablement estre en la grace de Dieu, ce seroit pour acquerir par son moyen vne disposition plus parfaite : mais tant s'en faut qu'il y apporte quelque profit, qu'il luy est grandement dommageable; dautant que ce delay ne peut estre de soy-mesme vne disposition pour communier, ny ne peut faire qu'vne autre chose le soit: car estant, comme il est, vne pure priuation d'vn acte vertueux & honneste, il est impossible qu'il puisse donner de la perfection à ce qui n'en a point, ny en adiouster où il n'y en a pas assez, au cōtraire, il y nuira plustost: car s'il est grandement nuisible à la Communion, de la differer vn an entier (selon l'opinion de tous les SS.) il le sera aussi à proportion de la differer vn mois, & vne semaine, conforme au delay.

## §. I.

### Où il est prouué que le long delay de communier, est un grand empeschement à la bonne disposition.

LA doctrine de ce Paragraphe est tellement certaine, que la seule experience suffiroit pour la prouuer; on ne void que trop souuent, que ceux qui vne fois l'année s'approchent de cet Autel sacré, y vont ordinairement auec peu, ou point du tout de preparation: toutefois afin que cela soit mieux entendu, ie donneray raison de l'experience. Les dommages en sont innombrables. Le Concile de Challon celebré au temps de Leon III. dit à ce propos: *b Il faut apporter vne grande discretion en la reception du corps & du sang du fils de Dieu, & prendre garde soigneusement qu'elle ne soit trop differee, d'autant que ce delay porteroit vn grand preiudice à l'ame.* Sainct Isidore dit le mesme: *c C'est vne chose raisonnable que ceux-là viuent, qui reçoiuent dignement le corps de Iesus-Christ; partant il est à craindre que celuy ne soit priué de son salut, qui tardera long-temps à s'en approcher: puis qu'il dit luy mesme: Si vous ne me mangez, vous n'aurez pas la vie en vous.* S. Cyrille parle auec plus de rigueur: *d Ie fais sçauoir à tous les Chrestiens qu'ils se priuent eux-mesmes de la vie eternelle, s'ils viennent rarement à l'Eglise, & s'ils s'esloignent long-temps par quelque espece de religion, & de reuerence de la sacrée Communion.*

*b In perceptione corporis, & sanguinis Domini magna discretio adhibenda est; cauendū est enim ne si nimiū differatur, ad perniciem animæ pertineat. Concil. Cab. c Manifestū est viuere eos, qui Christi Domini corpus attingunt, vnde timendū est ne dum diu quisque separetur à Christi corpore, alien. permaneat à salute, ipso dicente: Nisi māducaueritis. D. Isid. lib. 2. de offic. Ecclesi. c. 18. d Sciant baptisati omnes si rarius in Ecclesiam proficiscantur, & lōgo*

d'autant que ce refus pallié du respect est trompeur, & scandaleux: & qui pourra cognoistre, ny conter les embusches du diable pour decevoir les hommes? il les porte à toute sorte de dissolutions, puis les voyant presque accablez sous le grand nombre de leurs pechez leur fait abhorrer la sacrée Communion, qui leur eust ouvert les yeux pour cognoistre la honte, et la difformité de leurs pechez, & pour s'en retirer. Les Saincts parlent ordinairement de ceste sorte, & ont peu d'esperance du salut des personnes, qui rarement s'approchent de ceste table des Anges, les mettant au nombre de ceux qui ont des grandes marques de reprobation; d'autant que ce delay demesuré produit en eux vn mespris, & vne hayne du remede, qui les deuoit guerir.

Et c'est mesme de là où l'on prend la raison, pour prouuer que differer de Communier est vn grand empeschement à la disposition qu'il y faut apporter: Car la difficulté qu'ils experimentent à l'acquerir la leur fait mespriser, & leur propre indignité qui les esloigne de ceste table, la leur fait abhorrer. L'on cognoistra ceste difficulté discourant par toutes les parties, qui rendent entiere ceste dispositiō. Et premierement la pureté de l'ame, qui en est la partie la plus essentielle n'est pas aysée à obtenir, à raison qu'elle demande vn examen serieux, de conscience embrouïllée qu'elle est, & la Confession qui differée long-temps est grandement penible, & donne beaucoup à penser; La douleur veritable des pechez n'est pas moins malaisée pour le plaisir si long-temps

temporis spatio propter simulatam religionem mystice communicare Christo recusent, ab æterna se visa procul depellere. Quippe recusatio huiusmodi, quamuis ex religione proficisci videatur & scandalum facit, & laqueos instruit; variæ enim diaboli, multiplicesque ad decipiendū insidiæ. Nā primum ad viuendum turpiter inducit, deindè cū malis onerati fuerint, tūc abhorrere à Christi gloria persuadet, que possent à turpitudine vo-

N iij

continué; car il est difficile de detester soudainement ce qui a delecté si long-temps; Le propos ferme de s'amender est encor plus difficile pour la longueur du temps; car les habitudes vicieuses ayans pris pied en l'homme, luy ostent presque l'esperance d'en pouuoir iamais sortir, & de là prend naissance le peu de courage de s'y estudier.

EN second lieu, ce long delay n'apporte pas moins de difficulté en la droicture de l'intention. Et à la verité, il y a bien apparence que ceux qui attendent la fin de l'annee pour communier, & satisfaire au commandement de l'Eglise, s'en approchent plustost par contrainte que par deuotion: *C'est vne chose miserable*, dit S. Iean Chrysostome, *d'y estre cötraint par la solemnité, & non pas porté par la charité*. Ceux-là mesme qui communient vn peu plus souuent qu'vne fois l'annee, sçauoir aux plus grandes solemnitez, sans suiure vne plus grande frequentation, font bien paroistre que ce n'est pas l'amour, ny la deuotion qui les y pousse, mais quelque crainte qui leur bourelle l'ame.

EN troisiesme lieu, quelle difficulté n'apporte ce delay en l'attention necessaire pour receuoir ce diuin Sacrement, & pour en obtenir les fruicts? Il est impossible que ceux là qui communient si rarement la puissent auoir pour les diuertissemens continuels, qui les transportent hors d'eux-mesmes, & ne leur permettent pas de se considerer, ny les choses du Ciel. La reuerâce deuë naturellement à ceste

*luptatis, quasi ab obrietate reuocari.*
D. Cyril. lib. 4. in Ioan. cap. 37.

*e Miserè propter solemnitatem cogi.*
D. Chrysost. hom. 28. in ep. ad Cor.

saincte action, qui consiste toute aux humbles adorations de Iesus-Christ present en cet auguste Sacrement, ne leur sera pas plus aysée, puis qu'on ne peut l'auoir sans ceste attention, & vne grande foy; & ainsi la mesme chose qui empesche l'attention, empesche aussi la reuerence. Finalement tant s'en faut que ce delay augmente le desir, & la faim spirituelle de manger le corps de Iesus-Christ, qu'il la diminuë, & la conuertit ordinairement en degoust, & dedain, comme dit sainct Cyrille; & il n'est pas possible que celuy qui n'experimente pas souuent le plaisir spirituel, dont on iouyt en la reception digne de la sacrée Eucharistie, n'ait du mespris, & dedain pour ce diuin Sacrement : f *La conscience estant chargée de pechez*, dit sainct Cyrille, *abhorre la gloire de Iesus-Christ*, c'est à dire, la sacrée Communion, qui est son remede souuerain.

DE façon que tant s'en faut que le delay de la Communion, quand il est long, ayde la disposition requise pour communier, qu'il l'empesche de tous costez. Et c'est l'opinion de S. Ambroise, quand il dit. g *Qui ne merite pas tous les iours de receuoir le S. Sacrement, ne le merite pas au bout de l'an.* Car si l'on considere la difficulté qu'il y a de se disposer vne fois l'année pour s'en approcher dignement, difficulté qui prouient de ce grand delay, & celle qui se trouue en la disposition de la Communion iournaliere, qui procede de ceste grande continuation ; quoy que ces deux dispositions sont grandement inegales en la perfection, d'au-

f *Et cū malis onerati fuerimus, suć abhorrere à Christi gloria persuadet.*

g *Qui non meretur quotidie accipere, non meretur post annum accipere.* D. Amb. *le cecitat.*

tant que celuy qui la frequente tous les iours, a besoin d'vne disposition beaucoup plus grande sans comparaison, que celuy qui s'en approche vne seule fois l'annee: neantmoins la premiere difficulté est plus grande que la seconde, & s'en trouuera dauantage qui surmontent la seconde, que non pas la premiere: La raison est, que les premiers, sçauoir ceux qui ne communient qu'vne fois l'annee sont fort esloignez de la disposition qui y est necessaire, partant ils ont vn grand chemin à faire autant qu'ils y arriuent: mais les seconds, sçauoir ceux-là qui communient tous les iours en sont fort proches, & encor qu'il y ait de la peine, & de la difficulté, parce qu'il faut faire ce chemin iournellement: toutesfois d'autant qu'il est court, ils n'ont pas tant de peine à le courir.

### §. II.

*Où l'on prouue qu'vn petit delay de la sacree Communion sert de beaucoup aux personnes imparfaites pour s'y mieux disposer.*

LA seconde partie de ce Chapitre est aussi asseurée que la premiere, & se prouue par authorité, & par raison. Quoy que sainct Hierosme semble d'vn costé fortifier le dessein de ce Paragraphe, de l'autre il y apporte de la difficulté: Car parlant à ceux à qui il auoit conseillé de differer la Communion pour quelque temps, apres l'vsage permis du mariage, dit

## Communion.

Qu'vn chacun s'esprouue soy mesme, & se presente ainsi à la sacree Communion du corps de Iesus-Christ, non que le delay d'vn iour, ou de deux rende le Chrestien plus sainct, & mieux disposé, & fasse qu'il merite demain ce qu'il n'a peu meriter auiourd'huy; mais afin qu'ayant regret de n'auoir receu le corps Iesus Christ, il s'abstienne vn peu de temps de l'vsage coniugal, & prefere son amour à l'amour de sa femme. Ceste raison est bonne pour tous ceux qui different de communier, à raison de quelque empeschement corporel, ou spirituel, & de ce costé-là sainct Hierosme confirme nostre dessein, puis qu'il exhorte les mariez à ce delay de la Communion apres l'vsage coniugal, qui est contre nos Aduersaires. Il semble neantmoins de l'autre costé qu'il fasse contre nous quand il dit : Non que le delay d'vn iour, ou de deux rende l'homme plus sainct & mieux disposé. A quoy ie responds, que sainct Hierosme ne parle pas en ce lieu-là de ceux à qui il manquoit absolument la disposition pour communier ; mais de ceux qui auoient cet empeschement corporel de l'vsage permis du mariage, quoy qu'ils eussent tout le reste : & il est vray que nous ne conseillons pas à ceux-cy, ny aux autres qui ont quelque autre empeschement exterieur de differer la Communion, pour rendre plus parfaite la disposition en ses parties essentielles ; mais ce delay est conuenable pour oster l'indecence de ces empeschemens corporels, & exterieurs. Partant quand S. Hierosme dit, que le delay d'vn iour, ou de deux ne sanctifie pas, & ne

*a Probet se vnusquisq; & sic ad corpus Christi accedas, nõ quod dilata cõmunionis vnus dies, aut biduum sanctiorem efficiat Christianum, vt quod hodie non meruerat, cras mereatur, sed quod dũ dolet se non communicasse corpori Christi: abstineat se paulisper ab vxoris amplexu, vt amori coniugis amorem Christi præferat*
*D. Hieron. Apol. contr. Iouin.*

dispose pas dauantage le Chrestien; c'est autant comme s'il disoit, qu'on ne conseille pas de differer la Communion pour ceste consideration; ains pour ne manquer au respect qui est deu à ce diuin Sacrement.

CELA supposé, ie mettray deux conclusions pour esclaircir ceste difficulté. La premiere, que le delay de la Communion à l'occasion de quelqu'vn des empeschemēs, dont nous auons parlé amplement aux Chapitres huictiésme, & neufiesme, n'est pas ordonné pour rendre plus parfaite la disposition en ses parties essentielles; quoy que cela arriue quelquefois accidentellement, ains pour purifier l'indecence, que ces empeschemens contiennent, ce qui se fait par le seul temps. Plusieurs exemples de l'ancien testament me seruiront de preuue, où l'on peut voir qu'il n'y auoit autre chose qu'vne separation temporelle, ou vn delay d'entrer au temple pour plusieurs immondices, & saletez contractées par diuerses causes. Et il est raisonnable; car tout ainsi que ces empeschemens sont des indecences, & difformitez, selon l'opinion des hommes, qui les tiennent pour telles : de mesme ils les croyent plus grandes par le voisinage des causes, d'où elles procedent, puis apres moindres, & finalement nulles par le delay.

LA seconde conclusion est, que c'est le meilleur & le plus expedient, & les Saincts le conseillent ainsi aux imparfaicts, & qui n'ont atteint ce haut degré de perfection necessaire à la Communion de tous les iours, de la differer, & choisir vne frequentation plus moderée, & ce delay de peu de iours seruira de beaucoup pour rendre plus parfaite leur disposition. Ceste conclusion est expresse en sainct Bonauenture, qui dit : *b C'est vn bon conseil pour ceux qui se sentent indeuots, de differer iusques à ce qu'estans mieux preparez, & ayans acquis dauantage de deuotion & de consideration, ils se presentent à manger le vray Agneau.* De plusieurs paroles que sainct Bonauenture apporte à ce sujet, & où il parle de plusieurs empeschemens à la Communion, ie n'ay choisi que celles où il parle du defaut de la deuotion; dautant que sous ce nom les Saincts ont compris toutes les dispositions prochaines pour communier deuëment, & comme il faut, comme nous auons remarqué plusieurs fois. Sainct Bernardin *c* de Sienne dit tout le mesme, & Sainct Thomas en parle plus clairement : *d Si quelqu'vn recognoist que la ferueur n'augmente pas de beaucoup, & que la reuerence diuinne par la trop frequente Communion, comme celle de tous les iours, il doit sans doute la moderer, & s'en abstenir quelquefois, afin qu'il s'en approche apres auec plus de reuerance & de deuotion.* Albert le Grand, Richard, Durand, Palud, & plusieurs autres Commentateurs du Maistre des Sentences, disent tous la mesme chose, & c'est l'opinion commune de tous les Theologiens, & anciens, & modernes, qui conseillent à ceux qui se trouuent en l'estat dont nous venons de parler selon saint Thomas,

*b Consilium est his qui se sentiunt indeuotos, vt differant quousque parati ad esum veri Agni deuoti, & circumspecti veniant. D. Bonau. in Breuil. par. 6. c. 9. c Tom. 1. ser. 53. art. 1. c. 7. & tom. 2. serm 57. art. 2 c 3. qu 2. d Si autem quis sentiret per quotidianã frequentatio-nem reuerentiã minui, & feruorem non multũ augeri, talis deberet interdũ abstinere, vt cũ maiore reuerẽtia, & deuotione postmodum accedere. D. Thom. 4. sent. dist. 12. q. 3. q. 1.*

de differer pour quelque temps la Communion, afin que la disposition se rende parfaicte pendant ce delay, & que le fruict en soit plus grand.

CETTE conclusion prouuée par l'authorité des Saincts, & de tant de Docteurs, se confirme par raison. Le delay mediocre est necessaire en deux sortes pour augmenter la disposition aux hommes imparfaicts. La premiere de soy-mesme, entant qu'il diminuë l'obligation, quoy qu'il n'accroisse point autrement la disposition; d'autant que les dispositions requises à la Communion de tous les iours, & à celle qui se fait de temps en temps, sont inesgales: de sorte que celle qui est suffisante pour communier de fois à autre, sans manquer à la reuerence deuë au Sacrement, est insuffisante pour s'en approcher tous les iours, comme nous auons prouué aux deux premiers Paragraphes du Chapitre dernier; & ainsi le delay pour quelque temps rend la disposition suffisante, qui ne le seroit pas pour vne plus frequente Communion.

L'AVTRE sorte, en laquelle le delay accroist la disposition, est de sainct Augustin: *Qu'il differe la Communion pour quelque temps, afin qu'il considere quand les autres se presentent à la table celeste, où il n'ose approcher, combien est formidable la separation, qui introduisant les vns aux banquets de la vie eternelle, precipitera les autres en vne mort sans fin.* Sainct Augustin descouure en ces paroles vn effect admirable de ce delay; sçauoir vne bonne crainte, & sain-

*à Videum alÿ accedunt ad altare Dei, quò ipse non accedit, cogitet quā sit contremiscenda illa pœna, qua percipientibus alÿs vitam æternam, alÿ in mortē precipitentur iternā. D. Aug. tom. 10. hom. 28. de pœnit.*

ete componction, auec l'humilité qu'il pro-
produit en l'homme, voyant qu'il est indigne
de s'approcher de la table, où les autres banque-
tent.

En troisiesme lieu, ce delay ayde la disposition, ostant les difficultez qui naissent de ceste
grande continuation de la Communion de tous
les iours, comme nous auons remarqué au Paragraphe troisiesme du Chapitre dernier, où pareillement nous auons prouué qu'il est impossible, moralement parlant, que ceux qui ne
sont d'vne vie parfaite, & qui n'ont suffisamment dompté leurs passions, les puissent surmonter, à raison de leur inconstance.

En quatriesme lieu, le delay mediocre ayde beaucoup aux hommes imparfaicts, pour
l'accroissement de leurs dispositions. Et en premier lieu, il ayde à auoir la pureté de conscience: Car comme les personnes dont nous parlons, sont subiectes à commettre plusieurs pechez veniels, & ne sont point du tout exem-
ptes des mortels, à cause de la violence
de leurs passions, qui soufflées par les tentations continuelles les abattent quelquefois, elles pourront plus aisément se disposer vne fois
la semaine à detester leurs pechez parmy les
occasions qui se presentent pour les commettre, que non pas tous les iours. Ce delay ayde en second lieu la droicture de l'intention,
ostant les occasions de vaine gloire, qui combat importunément ceux qui communient
tous les iours. Elle profite aussi à la reuerence:
ne donnant lieu au mespris qui vient du trop

frequent vsage. Elle accroist le desir de la Communion : car l'esperance differée de quelque chose, afflige l'ame. Finalement elle sert a l'attention; dautant qu'il est plus aisé à semblables personnes de se retirer des occupations vne fois la semaine, de se recueillir en soy-mesme, & de donner quelque temps à la meditation, attendant la iouyssance d'vn si grand bien, que non pas tous les iours. Outre que ces personnes peu aduisees, qui ont accoustumé de faire toutes leurs actions sans consideration, quand elles ne sont pas si ordinaires, elles les font auec plus d'attention.

Tovt ce que ie viens de dire n'est que pour les personnes de mediocre vertu qui sont imparfaictes, comparées à celles qui sont bien auancées au chemin de la perfection ; car celles-cy ne manquent iamais de preuenir, & d'aller au deuant de tous ces defauts par les moyens que nous auons remarquez au Chapitre dernier. La pureté de l'ame ne leur manque point, à raison du grand soin, & perpetuel, qu'elles ont de leur conscience : leur intention ne se peruertit iamais, veu la grande coustume qu'elles ont d'ordonner toutes leurs actions à Dieu, & à sa gloire : les distractions sont repoussées bien loing par le long exercice de l'oraison & de la meditation : la reuerence entretenuë, voire augmentée de iour à autre par la presence ordinaire de Dieu : & l'estime actuelle qu'ils font de Iesus-Christ, & de tout ce qui le regarde, leur fournit des ardens defyrs de le receuoir.

IL ne manquoit plus pour la conclusion de ce Chapitre, que de respondre aux raisons des Aduersaires : mais elles sont suffisamment destruictes par les fondemens de nostre conclusion, par lesquels il appert clairement que ce delay de temps ayde la disposition, qui est necessaire à la Communion, & luy sert de beaucoup, non pas pour aucune bonté qui soit en luy, ny pour estre meilleur que la confiance, que l'on peut auoir de s'approcher de ce diuin Sacrement : mais pour les choses qui viennent en sa suite, & pour les effects qu'il cause en la maniere susdite. L'on peut voir aussi par mesme moyen la grande difference qu'il y a entre le beaucoup, & le peu de delay : puis que le premier apporte tant de difficultés aux dispositions necessaires pour communier, & le second les facilite sensiblement.

## CHAPITRE XII.
*Où l'on voit s'il y a quelque vsage frequent de la Communion, qui se puisse conseiller generalement à toute sorte de personnes.*

I'Ay dit tout au commencement de ce traicté, que mon dessein principal estoit d'exhorter les fideles au plus frequent vsage de la Communion, me conformant en cela au defir de tous les Peres de l'Eglife, & au but où vife, & à vifé tout mon Ordre: Partant ce que i'ay dit iufques à maintenant, n'a pas efté à deffein de retirer les imparfaits de la Communion, mais de les animer à ce qu'ils afpirent à la perfection, & qu'ils fe rendent dignes de iouyr d'vn fi grand bien auec toute l'affiduité poffible ? mais cependant qu'ils s'achemineront aux degrez d'vne vie parfaite, qui merite de communier tous les iours, ie ne voudrois pas que perfonne choifift deliberément des longs delays, dautant qu'encor que cela foit tolerable quand la fragilité l'emporte, il eft intolerable quand ils fe prennent par election.

### §. I.

*Des diuerfes eflctions qu'il y a de la Communion, & de l'opinion que l'on en doit auoir.*

I'Ay defcouuert au Chapitre dernier quelques dommages, & inconueniens que le delay de la Communion d'vne année à l'autre apporte quant & foy; ils font fans nombre, & en euffe monftré plus que ie n'ay fait, fi la brieueté de ce Traicté le permettoit; mais me contentant de ce que i'en ay dit; qui eft beaucoup en fubftance; & pourfuiuant le deffein propofé, ie dis que l'vfage de la frequente Communion a vne certaine eftenduë, & longueur, & qu'entre la Communion qui

qui se fait d'année en année, & celle de tous les iours, qui sont les deux extremitez de cet vsage, il y en a plusieurs autres qui participent d'autant plus de la perfection, ou imperfection de ces deux extremitez, qu'elles en approchent; les plus communes, & les plus ordinaires, sont celles qui se font aux trois plus grandes solemnitez de l'année, les autres tous les mois. Il y en a quelques vns qui communient de quinze en quinze iours, d'autres chaque sepmaine; & d'autant plus que les Communions qui sont entre ces deux extremitez, s'approchent de l'vne, ou de l'autre, elles participent dauantage de la perfection, ou imperfection de ces deux extremitez. Par exemple, communier aux trois grandes solemnitez de l'année est vne chose meilleure, & plus asseurée que d'attendre la Pasque: neantmoins si on le considere bien, elle a beaucoup de l'imperfection de l'vne des deux extremitez, à sçauoir de la Communion, qui se fait vne fois l'année: l'aduancement spirituel n'en est pas plus grand, & les Peres spirituels experimentent qu'il n'y a point, ou peu de difference en ceux qui suiuent ce stile, & ce nombre de Communions de se confesser au bout de l'an, & apres quatre ou cinq mois, ils trouuent les mesmes dechez, & le mesme degast en leurs consciences. Il est vray qu'il y a quelque difference au nombre des pechez: mais si on assemble les trois Confessions, on verra tout le mesme, que s'ils ne se confessoiét qu'vne fois l'année, on n'apperceura point d'amendement en leurs vies, ny en leurs mœurs, point de changement en leurs consciences, & eux-mesmes experimentent autant de difficulté pour se disposer comme il faut à la Communion, que ceux qui s'en approchent vne seule fois l'année.

Si nous parlons de ceux qui communient tous les mois, ie dis que l'on void par experience leur aduancement à la vie spirituelle, & aux mœurs beaucoup plus qu'aux premiers : toutefois s'il la faut reduire à l'vn des deux extremes, ie suis d'aduis qu'elle se mette du costé de la Communion annuelle, puis qu'elle enueloppe beaucoup de ses difficultez, & du peu d'asseurance qu'il y a, & ainsi elle ne merite pas le nom de frequente Communion : d'autant que l'on void ordinairemét que ceux qui se contentent de la Communion de tous les mois, glissent & tombent encor que moins souuent que les autres, en des pechez mortels : & ainsi ils sont plustost en estat de conualescence, & tousiours sujets aux chentes, qu'en estat de santé auec asseurance de salut. Quant aux dispositions qu'il faut apporter à la Communion, ils panchent plus du costé de ceux qui mettent beaucoup de delay entre leurs Communions, que de ceux qui en mettent peu, ce qui apporte plus de difficulté aux dispositions, que de facilité. Partant nous voyons tous les iours, que les personnes qui ont choisi ce nombre de Communions, ne continuent pas long-temps, à raison de la difficulté qu'ils trouuent en la disposition, & qui les dégouste: l'experience nous en fournit tous les iours des exemples.

Ceux qui communient de quinze en quinze iours, ont vn grand aduantage par dessus les precedens; on ne voit personne qui suiue ceste mesure de Communions, qui n'ait vn grand soin de sa conscience, beaucoup de retenuë en ses actions, vne grande crainte de commettre des pechez mortels, ce qu'il ne fait que par merueille; & quand aux dispositions necessaires pour communier, il y trouue beaucoup plus de facilité que les precedans. Partant, ie dis que ce choix de Communions de quinze en quinze iours, est le premier degré qui merite le nom de frequentation; & il est asseuré que ceux qui le continuent, profitent beaucoup en la vie parfaicte. Il est vray qu'il y a deux choses qui diminuent aucunement sa perfection. La premiere, que pendant ce delay il perd vn grand profit spirituel, sans qu'il y ait cause suffisante de ce faire. La seconde, qu'il passe le delay, à qui nous auons attribué la proprieté de faciliter les dispositions necessaires à la Communion. Ie dis que sans cause il perd beaucoup de fruict spirituel; d'autant que ceste frequentation requiert au moins vne conscience esloignée des occasions presentes d'offenser Dieu, & exempte des pechez habituels, & coustumiers; & quoy qu'elle tombe par fois en quelque peché mortel, elle s'en releue promptement, & sans beaucoup de difficulté, par la penitence: par consequent il ne manque aucune chose à ceux qui ont leurs consciences en ce poinct pour suiure vne plus frequente Communion, & ainsi s'en retirant, ils en perdent le fruict. D'abondant ils passent le delay qui facilite les dispositions requises pour communier dignement; parce que ce delay ne demandant que huict iours tout au plus, comme nous dirons bien tost, toute la distance qu'il y a depuis ce terme iusques au quinziesme iour, ne sert que pour augmenter la difficulté des dispositions.

Venant à ceux qui communient vne fois la semaine, Ie dis que ceste sorte de frequentation a plusieurs belles conuenances; d'autant que tous ceux qui, ou par humilité, ou pour n'estre si auancés en la vie parfaite, ne reconnoissent en eux, ou ne peuuent obtenir ce haut degré de disposition requise à la Communion de tous les iours, & à celles qui en approchent de beaucoup, comme sont les Communions que l'on fait de deux iours l'vn, ou bien deux fois la semaine, qui ont beaucoup d'affinité à la Communion iournaliere, & qui de coustume ne conuiennent pas à tous, y trouuent plus de facilité & plus de profit. Ils trouuent de la facilité en la disposition qu'ils ont desia pour communier, parce que veritablement la Communion de toutes les semaines est vn moyen plus naturel & plus asseuré, & où il y a moins de difficulté, & que le long delay augmente la difficulté de la disposition aux personnes imparfaictes, & le mieux reiglé en accroist la facilité, comme nous auons prouué assez amplement au Chapitre dernier. Car ce delay de huict iours est suffisant pour empescher que la reuerence ne se diminuë par le trop frequent vsage, & pour empescher que le mesme assoupissant le desir, ne produise quelque desdain: il esueille l'attention, la Communion n'estant pas si ordinaire, & empesche l'inconsideration que la coustume, & les diuerses occupations apportent le plus souuent, donnant vn temps suffisant de se retirer en soy-mesme: il empesche encore que l'intention ne soit peruertie par la vanité: il est propre aussi pour faire facilement l'examen de la conscience, & la confession entiere des pechez: en fin, il entretient la ferueur & la deuotion d'vne Communion à l'autre, qui sont toutes les dispositions necessaires pour communier dignement; & si elles sortent de ce terme, elles auront de la difficulté vers quelqu'vne des extremitez qu'elles approchent: Car si elles passent l'espace de huict iours, elles experimenteront à proportion toutes les difficultez du long delay, dont nous auons parlé au Chapitre dernier: Et si elles s'approchent dauantage de la Communion de tous les iours, elles experimenteront aussi l'autre sorte de difficulté qu'apporte quant & soy la continuation & l'obligation qu'il y a de rendre les dispositions plus parfaictes. De façon que le moyen le plus propre, & où il y a moins de difficulté, est de communier vne fois la semaine: c'est assez de dire que les dispositions se rendent plus parfaites pour asseurer que les fruicts en sont plus grands. Tous ces poincts moraux ne se peuuent bien cognoistre que par l'experience, & personne ne les entendra bien s'il n'a experimenté toutes ces sortes de frequentation, ou en soy, ou és autres, remarquant le peu ou beaucoup de fruict qu'on en retire: Car cecy ne veut pas estre gouuerné par speculations, ny par raisons de Metaphysique, dont les subtilitez manquent le plus souuent en la pratique.

*Comme la Communion de chaque semaine peut estre conseillée à tous, voire aux plus imparfaits.*

### §. II.

Par la Communion de chaque semaine, i'entends celle qui suit ordinairement cet espace de temps, encor qu'elle soit auancée quelquefois, & pour quelque suiet, ou differée: Et par tous, i'entends toute sorte de personnes de quelque estat & condition qu'ils soient, sans en excepter que ceux qui ont des empeschemens perpetuels de communier, ou de droict, ou de faict, à sçauoir pour estre en des occasions qu'ils ne veulent quitter, ou pour auoir des pechez habituels, & que l'on croit probablement qu'ils n'en ont point de regret, ny de propos de s'amender: & pour le dire en vn mot, par tous, i'entends ceux qui se conseruent en la grace de Dieu, fuyant autant qu'il leur est possible les occasions d'offenser Dieu mortellement, & si par fragilité ils y tombent quelquefois, il n'y a ny coustume, ny occasion qui les empesche de s'en purger, & de s'en iustifier par la penitence à la fin de la semaine, quoy qu'ils soient au reste grandeemt imparfaits. De façõ que la difficulté est, si l'on peut auec prudence exhorter tous ceux-cy à la Communion de toutes les semaines.

La premiere raison qui prouue que l'on ne le doit pas faire, est prise de ce que nous auons dit iusques à maintenant. Car si la plus grande frequentation demande des dispositions plus parfaictes, comme nous auons suffisamment prouué au Chapitre vnziesme; celle de chaque semaine en demandera de plus releuées que les ordinaires, puisque c'est vn vsage plus grand que l'ordinaire, quoy qu'il ne soit pas le plus grand, & consequemment il sera necessaire d'auoir vne vertu & vne ferueur plus grande que la commune pour s'y disposer; & ainsi ceste Communion ne sera pas propre aux personnes imparfaites.

La seconde raison se peut former de l'auctorité de S. Bonauenture, & de l'vsage de plusieurs grands personnages; d'autant que S. Bonauenture dit: *a A peine trouuera on vne personne si religieuse, & si saincte, excepté les Prestres, à qui la coustume de communier vne fois la semaine ne soit suffisante, si ce n'est qu'on auance ce tẽps quelquefois pour quelque occasion particuliere; à raison de quelque maladie, ou de quelque feste solemnelle, ou de quelque extraordinaire ferueur de de-*

*a Vix tamen aliquis ita religiosus esse videtur, & sanctus, exceptis Sacerdotibus, qui semel in septimana sufficiat ei vt consuetudine communicare: nisi specialis causa quandoque, vel ratio plus suadent, scilicet infirmitas superueniens, vel singulariter festiuitas solemnis vel inusitata deuotionis feruor, & intemperata desiderij sitis sit pro illius susceptione, qui*

*Pratique de la frequente*

notion, bref pour quelque desir & soif bruslante de receuoir le corps de Iesus-Christ, qui est seul capable de temperer l'ardeur de celuy qui l'ayme. Ce conseil & aduis se confirme par l'vsage de plusieurs Saincts, & de nostre temps, & des premiers siecles, qui ont tenu pour suffisante la Communion de chaque semaine, comme nous verrons plus auant, quoy que leur sainctété, & la perfection de leurs vies leur eust peu donner droict à vne plus grande frequentation. Il se confirme encore par les statuts des religions, dont les plus feruentes ne permettent pas vne plus frequente Communion que celle dont nous parlons, à ses freres seruans, encor qu'ils soient religieux essentiellement, aussi bien que ceux qui sont destinez pour le Chœur. Partant, si la Communion de chaque semaine est iugée suffisante pour les Saincts, & pour les plus parfaicts, il faudra de necessité en assigner vne autre de plus de delay aux imparfaicts.

Nonobstant toutes ces raisons, ie dis que la Communion de chaque semaine peut & doit estre conseillée aux plus imparfaicts, qui n'ont aucun des empeschemens susdits. Cette conclusion se preuue par auctorité & par raison. L'auctorité est de S. Augustin: *b Ie ne loüe, ny ne blasme la Communion iournaliere : mais i'exhorte de s'en approcher tous les Dimanches de l'année, pourueu que l'ame soit sans propos d'offenser Dieu.* Et apres auoir parlé des penitences publiques, venant aux secretes & particulieres, il dit: *c Nous ne nions pas que les pechez mortels*

---

*Solus sufficit amantis ardorem refrigerare.*
D. Bonau. li. 3. de profect. Relig. cap. 18.

*b Eucharistiæ Communionẽ percipere nec laudo, nec vitupero; omnibus autem Dominicis diebus suadeo, & hortor, si tamen mens sine affectu peccandi sit.* D. August. lib. de Eccl. dogmatibus & refert. cap. Quotidie de consecrat. dist. 2.

Communion 217

soient pardonnez par la penitence secrete, & par les larmes continuelles animées de la misericorde de Dieu; pourueu que le penitent change de vie, & s'exerce en des choses contraires à celles dont il fait penitence: il pourra auec ceste disposition receuoir la sacrée Eucharistie tous les Dimanches, iusques à la fin de sa vie. Ceste exhortation de S. Augustin est pour toute sorte de personnes, sans excepter les imparfaictes; puis qu'elles n'en sont forcloses par la condition qu'il y demande. La coustume de l'Eglise s'accorde auec le tesmoignage de S. Augustin; elle a flory plusieurs années apres la mort de Iesus Christ: tous les fideles qui assistoient les Dimanches au S. sacrifice de la Messe, communioient la Messe paracheuée, comme nous auons amplement prouué aux Chapitre 3. & 4. de ce Traicté, où nous auons fait voir comme ceux qui en estoient indignes, & ceux qui ne se croyoient suffisamment disposez, pour communier, à raison de quelque empeschement, s'excusoient de s'approcher de ceste table sacrée, n'assistant pas à la Messe pour ce suiet, ce qui estoit libre à vn chacun. De façon que tous ceux qui en estoient capables en ce temps-là, s'en approchoient chaque semaine.

La raison fortifie encore ceste coustume, qui a eu vogue si long temps en l'Eglise. Car le frequent vsage de la Communion, où il y a moins de difficulté, est celle de chaque semaine, comme nous auons prouué au Paragraphe dernier: il la faut donc conseiller aux imparfaits. Ceste consequence est euidente; d'au-

*Sed & sexta satisfactione solui mortalia crimina non negamus, sed mutato prius seculari habitu, & confesso religionis studio per vitæ correctionem, & ingi, imò perpetuo luctu miseratæ Deo, ita duntaxat vt contraria probis, quæ pœnitet agas. & Eucharistiam singulis diebus Dominicis summissus vsque ad morte in recipiat. Idem ibid.*

tant que les hommes imparfaits ont moins de vertu & de perfection pour surmonter les difficultez qui se rencontrent à se disposer à la Communion: Il est donc raisonnable de leur conseiller le plus aisé, & le plus proportionné à leurs forces. Or est-il que la Communion la plus aisée est celle de chaque semaine, ce qui se preuue par induction; dautant que la disposition a la Communion annuelle, & pour la faire comme il faut, n'est pas la plus facile, voire elle contient en soy plus de difficulté que la Communion de tous les iours, ainsi que nous l'auons fait voir par l'auctorité de sainct Ambroise au Chapitre dernier: La Communion de chaque mois n'est pas aussi la plus aisée, ny celle de quinze en quinze iours; puisque la premiere participe beaucoup aux difficultez de l'annuelle, & la seconde n'en est pas du tout exempte, comme nous auons dit au dernier Paragraphe: la iournaliere, & celles qui s'y reduisent, apportent quant & elles plusieurs difficultez, pour la grande continuation, & l'obligation que l'on a de rendre les dispositions qui y sont necessaires parfaictes autant qu'il est possible, ainsi que nous auons monstré au Paragraphe second de l'onziesme Chapitre. Partant, la plus grande facilité se trouue en la Communion qui se fait chaque semaine; & consequemment doit estre conseillée à tous les imparfaicts, de quelque estat & condition qu'ils soient, afin qu'ils commencent par ce qui est le plus aisé,

& le plus proportionné à leurs capacitez. Mais on doit tousiours entendre, qu'il faut auoir esgard aux empeschemens, & interieurs, & exterieurs, dont nous auons traicté aux precedens Chapitres: & qu'il faut differer la Communion au iour ensuiuant, si l'on a quelqu'vn de ces empeschemens, pourueu qu'il ne s'en ensuiue quelque scandale, ou bien que passant ce iour determiné pour la Communion, on la deust perdre ceste semaine là pour des occupations, ou pour quelques autres raisons. Ceste cause est suffisante afin que le Confesseur dispense ausdits empeschemens; & c'est le meilleur en cecy, come en tout le reste de suiure son conseil, que son propre aduis.

Il est bien aysé de respondre aux argumens de la partie contraire. Ie dis au premier qu'encor qu'vne plus parfaite disposition soit necessaire à la Communion de chaque sepmaine, qu'en celle qui se fait annuellement, ou bien tous les mois, parce que c'est vne plus grande frequentation que l'ordinaire: neantmoins d'autre costé ce delay moderé facilite de sorte la disposition, que l'auantage mesme que ceste plus grande frequentation demande est plus aysé, & plus proportionné à la capacité des imparfaits, que n'est pas la moindre disposition requise pour les autres Communions plus differées: & par consequent ceste Communion de toutes les semaines leur est plus à propos.

Ie responds à l'authorité de sainct Bonauenture, qu'il parle là seulement de ce qui est

*Pratique de la frequente*

suffisant, & non pas de ce qui est conuenable, comme il se voit par ses paroles : *d C'est assez qu'il communie coustumierement vne fois la semaine,* qui vaut autant que s'il disoit : La Communion d'vne fois la sepmaine suffit au plus religieux, & au plus sainct personnage pour entretenir son degré de saincteté, & de perfection pour parfait qu'il soit. Mais pour donner raison de cecy, de la coustume des Saints, & du stile des Religions, nous commencerons vn autre Paragraphe.

*d Quia semel in septimana sufficiat ei ex consuetudine communicare. D. Bonau. le se cit.*

### §. III.

*Où l'on void les vsages differents, que les Saincts ont obseruez touchant la frequente Communion, & les Constitutions des Religions.*

LA doctrine de ce Paragraphe ne seruira pas seulement pour respondre à l'argument proposé : mais encore pour esclaircir ce que nous dirons au Chapitre suiuant. Ie dis donc en premier lieu, que nous trouuons aux histoires Ecclesiastiques vne grande diuersité en l'vsage que les Saincts ont obserué touchant les Communions : mais elle se peut toute reduire à trois ordres. Les Saincts Hermites, & Anachoretes sont au premier : ceux cy ne communioient qu'vne fois l'année, & si il y en auoit quelques-vns qui obseruoient vn plus long delay : nous ne sçauons point que Sainct Paul premier Hermite ait communié l'espace de quatre vingts dix ans, qu'il a esté solitaire & incognu au desert: on conte semblable chose de plusieurs autres Hermites. Ie mets au second ordre ceux qui ont suiuy vne frequentation moderée communiant de huict en huict iours, comme sainct François, Sainct Ignace auant que de receuoir l'ordre de Prestrise, Sainct Didac, saincte Luithgarde, saincte Christine appellée l'admirable, saincte Marie de Ognienis, saincte Gertrude, & autres innombrables. Ceux qui ont obserué la Communion de tous les iours sont au troisiesme ordre, comme saincte Catherine de Sienne de l'ordre des Freres Prescheurs, la saincte Mere Therese, & quelques autres Sainctes.

Ie remarque en second lieu, que les Religions ne determinent en leurs statuts, & en leurs reigles qu'vne frequentation moderée pour tous les Religieux: de façon que la Communion la plus frequente est de huict en huict iours, & la moins frequente est celle qui se fait chaque mois.

Mais il se presente quelque difficulté touchant ceste diuersité d'vsage. La premiere attaque ceux du premier ordre, qui non seulement manquoient, ce semble, en ce qui touchoit leur profit, & auancement spirituel, se priuant eux mesmes d'vn moyen le plus puissant, & le plus proportionné, que Iesus-Christ nous ait laissé pour accroistre la grace, la ferueur, & la deuotion: mais encore ils ne satisfaisoient pas à leurs consciences, obseruant de si long delays en la Communion, non seulement à raison du commandement de l'Eglise, qui obligeoit depuis Sainct Fabian Pape tous les fideles de cōmunier au moins aux trois grandes solemnitez de l'annee; ains encore à raison du precepte diuin, qui n'oblige pas seulement de s'approcher de cet auguste Sacrement a l'article de la mort, mais aussi quelque autre-fois au cours de la vie; d'autant que le precepte Ecclesiastique (selon la plus veritable opinion) n'est qu'vne determination, & limitation du precepte diuin.

La seconde difficulté attaque ceux du second ordre: Car il semble qu'ils n'ont pas satisfait à ce que demandoit la perfection de vie qu'ils professoient; puisque pouuant se disposer à la Communion de tous les iours auec la feruieur, la deuotion, que Dieu leur communiquoit: toutefois ils obseruoient de plus longs delays, & choisissoient l'vsage, dont sont capables les plus imparfaits, perdant sans cause tant de fruicts spirituels pour leurs ames, qu'ils eussent obtenus par la Cōmunion iournaliere.

La troisiesme difficulté combat ceux du troisiesme ordre: d'autant qu'il ne se void pas comme ils ont peu iustement embrasser vne si grande frequentation, puisque ceux qui sont au second ordre, & en plus grand nombre, n'ont pas failly obseruans vne plus moderée: C'eust esté vne chose plus asseurée pour ceux-cy de suiure les pas de si grands personnages, qui les ont deuancez, sans vouloir paroistre singuliers auec le danger qu'il y a en vne si frequente Communion, comme celle de tous les iours.

## Communion.

La quatriesme difficulté est touchant les Statuts & les Regles des Religions: veu qu'y professant la perfection de vie, il ne semble pas que ce soit vne chose bien ordonnée de reduire leur frequentation à celle des plus imparfaicts. Outre qu'encor que ces Statuts commandent, & obligent de communier aux termes designez; ils n'empeschent pas neantmoins de choisir vne plus frequente Communion: & il n'y a aucune Regle, ny iurisdiction de Superieur qui la puisse empescher, si ce n'est à raison de quelque crime, & il faut bien qu'il soit enorme pour auoir vne si grande peine.

Toutes ces difficultez demandent des particulieres responces. Alexandre de Hales a respondu à la premiere, & sainct Bernardin de Sienne apres luy: *L'on peut s'enquerir*, dit-il, *pourquoy les Anachoretes communioient si rarement; à quoy ie responds que Dieu les entretenoit auec sa grace, & receuoient spirituellement la sacrée Eucharistie, ce qui leur estoit plus expedient, & estoit plus conuenable à la vie qu'ils menoient, & à la façon que Dieu les gouuernoit interieurement.* C'est autant comme s'il disoit, qu'ils suiuoient le mouuement du S. Esprit, qui les tiroit du commun, & leur faisoit faire des actions pardessus les loix ordinaires, comme cette Saincte qui se ietta dans les flammes pour y mourir, & soustenir le nom de Iesus-Christ, & plusieurs autres Saincts qui ont fait des choses extraordinaires par vn special instinct du du sainct Esprit, sans lequel ils eussent esté

*a Quæritur potest quare Anachoretæ raro communicabant: dicendum est, quia continuè diuinitus reficiebantur, & hoc Sacramentum spiritualiter manducabant. Et hoc quidem expediebat eis amplius quam contrarium secundum statum suum, & secundum regimen quo diuinitus regebantur. Alexand. de Hal. citat. à D. Bernardino tom. 2. Ser. 57. art. 2. ç. q. 2.*

blasmables. Partant ces Docteurs adioustent, que si ces mesmes Anachoretes eussent peu receuoir cet Auguste Sacrement sans distraction d'esprit, sans se mettre au danger de laisser la solitude, & de s'embroüiller auec le monde, ils n'eussent pas esté excusez de le frequenter: aussi il faut croire que le fruict que nous obtenons par le moyen de ceste frequentation (sçauoir la perseuerance en la grace) Dieu le suppleoit en ces saincts Hermites par deux choses. La premiere par ceste grande solitude, & esloignement du monde, & de toutes les occasions qui s'y rencontrent. La seconde par des aydes continuelles, qu'il leur communiquoit par le moyen de la contemplation. Ces paroles sont presque toutes de sainct Bernardin.

Il y a plus de difficulté en la seconde obiection, on y respond diuersement: les vns disent que les Ss. du second ordre n'ont pas suiuy en cecy, comme en plusieurs autres choses, ce qui estoit le plus parfait; d'autant que les dons de Dieu sont de sorte diuisez entre les Ss. qu'il y a beaucoup d'inegalité; Et ainsi ils concedent, que ceux qui ont suiuy vne plus frequente Communion, ont surpassé en cecy les autres, qui se sont contentez d'vne moindre, quoy que peut-estre ils leur ayent esté inferieurs en d'autres choses. D'où ils concluent que c'est imiter les Saincts en leurs deffauts de les suiure en cecy.

Ceste solution ne me contente point, parce qu'elle ne parle pas des Ss. auec le respect
qui

qui leur est deu. Il est bien vray que son fondement est asseuré, à sçauoir que les dons de Dieu se trouuent aux SS. auec vne grande inegalité; mais il est mal appliqué: Car il n'est pas croyable que les SS. qui ont suiuy cet vsage mediocre de la Communion, l'ayent fait par ignorance, ou par impuissance, c'est à dire, qu'ils n'ayent peu obtenir la perfection necessaire à vn plus frequent vsage: au contraire, il faut croire qu'en cecy ils se sont conformez au dictamen interieur de l'ame, tenant pour tout asseuré que cela leur estoit meilleur, & plus salutaire en l'estat où ils se trouuoient; voire que c'estoit le plus parfait: & respondre autrement, ce n'est pas bien iuger de leurs sainctetez, croyant qu'ils ayent manqué en vne matiere si importante.

Qvelqves autres respondent, que ces SS. se sont conformez en cecy à la coustume de leurs temps, ausquels les Communions si frequentes n'estoient pas vsitées, & mesme plusieurs s'offensoient de celles qui se faisoient chaque sepmaine; c'est la raison pourquoy ils ont mieux aymé suiure ceste mediocre frequentation, que de scandaliser les foibles. Ceste responce ne me contente non plus que la premiere; parce qu'il est impossible qu'il y ait eu aucun scandale de cecy; si l'on considere ce que les SS. les Conciles, & les Theologiens ont dit de ce suiet, & combien ils en ont parlé clairement en tout temps, exhortant les fideles au plus frequent vsage, mesme à celuy de tous les iours, comme estant le plus parfait: & si quel-

P

qu'vn s'en est scandalisé, ce n'est pas d'ignorance, ny de foiblesse, mais de malice : partant les SS. n'estoient pas obligez d'euiter ces scandales : au contraire, ils eussent esté grandement reprehensibles, si se conformant à l'opinion du peuple, ils eussent discontinué leur loüable coustume : approuuant, & accreditant de ceste sorte l'erreur de quelques malicieux.

Les autres se rangent du costé de la reuerence, qui est deuë au S. Sacrement, pour excuser les SS. de ceste frequentation, qui leur semble imparfaite. Ils disent que differer quelque temps la Communion par crainte, est vn acte de reuerence, par lequel l'homme donne gloire à Iesus-Christ : & s'en approcher auec confiance, a ie ne sçay quoy de conuoitise, par laquelle l'homme cherche son profit particulier : partant les Saincts ont choisi vne frequentation mediocre, pour auoir d'vn costé ce qui est necessaire pour conseruer la grace, & la ferueur que Dieu leur communiquoit : & pour ne manquer de l'autre à la reuerence, prisant dauantage la gloire de Iesus-Christ, qui reluisoit en ce delay respectueux, que le profit spirituel qu'ils pourroient auoir de la Communion iournaliere. Ceste explication ne me contente non plus que les autres : *b* *D'autant que receuoir tous les iours la sacrée Eucharistie*, dit S. Thomas, *& s'en retirer quelquefois, l'vn & l'autre appartient à la reuerence deuë à ce S. Sacrement.* Nous l'auions remarqué aux Chapitres passez. Voire receuoir ce Sacrement

*b Vtrumq; pertinet ad reuerentiā huius Sacramenti, quod quotidie sumatur, & quod aliquando abstineatur. D. Them. 3. part qu. 80. art 10.*

## Communion. 227

quand la preparation deuë, & conuenable ne manque pas, non seulement c'est vn acte de foy meilleur, & plus meritoire : ains de plus de reuerence, que de s'en abstenir : partant le delay respectueux de la Communion ne doit estre esgalé au bien qu'il y a de s'en approcher, si ce n'est qu'il soit fondé au deffaut de la disposition conuenable, ce que les Autheurs de ceste responce n'oseroient accorder aux SS. du second ordre, & consequemment leur raison prise de la reuerence qui est deuë au Sacrement n'est pas à propos.

Passant plusieurs autres responces, qui n'ont pas beaucoup plus d'apparence de verité, ce qui me contente dauantage est, de dire que les Saincts ont remarqué trois choses en la Communion journaliere. La premiere, qu'elle demande des dispositions en vn haut degré de perfection, comme il a esté prouué au Chapitre vnziesme. La seconde, qu'il est requis en la personne qui doit acquerir ces dispositions vne grande saincteté, & proportionnée audit degré. La troisiesme, que ces dispositions, & ceste saincteté necessaire à vne si grande frequentation, estant en vn degré si releué de perfection, on se met en danger, si elles manquent tant soit peu, de faillir à la reuerence deuë naturellement à vn si auguste Sacrement. Les Saincts cognoissoient toutes ces choses d'autant plus clairement, qu'ils auoient vne plus grande lumiere pour les choses du Ciel, & qu'ils estimoient dauantage Iesus-Christ. Partant tout ainsi que le bien

P ij

heureux Sainct François, & plusieurs autres Saincts estimans comme il est raisonnable l'estat de Prestrise, & considerans la saincteté, & les dons de Dieu, qui sont necessaires pour satisfaire à ses obligations, autrement que c'est vn estat grandement dangereux, ont mieux fait, & sont plus loüables d'auoir refusé par l'instinct du Sainct Esprit l'estat de Prestrise, que s'ils l'eussent receu: de façon que nous loüons, & admirons en eux ceste humilité, qui les a fait mescognoistre la saincteté qu'ils possedoient, & qu'ils iugeoient necessaire pour entretenir dignement, & satisfaire aux obligations de cet estat : C'est pourquoy laissant ce degré plus haut, & consequemment plus perilleux, ils choisirent l'inferieur, & le plus seur, sans prendre garde aux profits spirituels que l'ordre de Prestrise leur eust apporté : Ainsi & auec les mesmes instincts du sainct Esprit, les Saincts considerans auec vne profonde humilité les trois choses susdites, se deffians de leurs vertus, & craignans le danger qu'il y a de s'approcher de ceste table sacrée, sans les dispositions requises à vne si frequente Communion, comme celle de tous les iours, ils choisirent vne frequentation mediocre comme la plus asseurée, la plus aysée, & la plus conforme à l'instinct, par lequel Dieu les gouuernoit, & par consequent ce choix a esté le meilleur pour eux, le plus salutaire, & le plus parfait.

NONOBSTANT tout cela, il ne faut pas reprendre de presomption ceux du trei-

mesme ordre, pour auoir choisi & continué vn si frequent vsage de la Communion, comme le iournalier; parce qu'ils se sont conformé en cecy au different instinct du Sainct Esprit; tout ainsi qu'on ne doit point reprendre les Saincts de presomption, qui n'ont pas refusé, voire ont recherché l'ordre de Prestrise: d'autant qu'encor qu'ils cogneussent bien l'excellence de cet ordre, & la difficulté de satisfaire à ses obligations; neantmoins ils s'asseuroient de la liberalité de Dieu, qui leur donneroit la vertu de les accomplir, & de sa misericorde, & bonté qui leur pardonneroit, si par fragilité ils manquoient à quelque chose: & ainsi sans doute il a esté meilleur pour eux, & chose plus parfaite auec cet instinct de Dieu, de receuoir les ordres, que de les refuser: Il faut dire le mesme de ceux, qui conduits du mesme instinct ont choisi, & continué la Communion de tous les iours: C'est ce que dit l'Escriture Saincte: *L'esprit de Dieu souffle où il luy plaist*, & le plus grand bien de l'homme consiste à se laisser conduire, & tourner la prouë du costé où le pousse ce souffle diuin sans luy faire resistance.

*Spiritus ubi vult spirat.*

IE responds en premier lieu à la quatriesme obiection, qui blasme les statuts des Religions, & dis qu'il suffit d'estre approuuez par le Sainct Siege Apostolique, & de suiure l'exemple du plus grand nombre des Saincts, qui ont choisi la susdite frequentation mediocre, afin que lesdits statuts soient estimez Saincts, & prudens. Neantmoins pour destruire les doctrines mal asseurées, que certains apportent en ceste matiere, ie suppose que les statuts, & les reigles des Religions, qui determinent aux Religieux seruans, le delay des Commmunions ordinaires, non seulement les obligent de communier les iours assignez: mais encore leur deffendent de s'en approcher les autres iours, sans le congé special du Superieur; On l'obserue ainsi en nostre Religion de la Compagnie de Iesus, & en celle des Freres Prescheurs, & ie croy que c'est l'vsage commun de toutes les autres Religions. L'obiection proposée impugne cet vsage, & blasme, & qualifie ces statuts d'imprudence: d'autant qu'ils ostent aux Religieux, sans raison, ny iustice, dit-elle, la liberté que Iesus-Christ a laissé à tous les fideles de communier tous les iours estans disposez. Les Autheurs de ceste opinion concluent de là, que les Religieux non seulement n'y sont pas obligez; ains qu'ils feront mieux, & plus parfaitement ne les obseruans pas.

CESTE doctrine est fausse, & c'est assez pour luy donner ce blasme, qu'elle soit contraire à la coustume de toutes les Religions, & qu'elle vise directement à confondre toute l'obseruance religieuse destruisant l'obeissance, qui en est l'appuy, & le fondement. Car le fondement de ceste doctrine, ou c'est celuy que nous venons de dire, à sçauoir que Iesus-Christ a laissé à la liberté de tous les fideles la Communion de tous les iours ; partant que c'est malfait de l'empescher : ou bien de dire que de communier iournellement est euidemment meilleur, chose plus saincte, & plus à propos pour obtenir la fin de la Religion, qui est la perfection, que non pas de s'en abstenir par reuerence. Partant que la reigle, qui le deffend, ou l'empesche, n'est ny bonne, ny prudente, & consequemment qu'on n'est point obligé à luy obeyr.

Ces deux fondemens sont aussi faux que la conclusion, qui en est tirée. Car si le premier estoit veritable, il prouueroit que l'Eglise ne peut deffendre à aucun Prestre de dire plus d'vne Messe par iour, ny ne peut commander de receuoir ce Sainct Sacrement à ieun, ny plusieurs autres choses semblables : d'autant qu'il n'est pas raisonnable de limiter ces choses ne de les empescher, puisque Iesus-Christ les a laissé en la liberté d'vn chacun en l'institution de ce sainct Sacrement. Ce que ie peux dire en cecy est, que les Heretiques de nostre temps se seruent de cet argument, sans y rien adiouster, ny diminuer, pour prouuer qu'il n'y a point de puissance humaine Ecclesiastique pour establir des loix, qui obligent en conscience, aux matieres dont il n'y a aucun precepte naturel, ny diuin, alleguant la mesme raison, à sçauoir, qu'il n'y a aucune iurisdiction qui puisse deffendre, ny empescher ce que Dieu & la nature ont laissé libre à vn chacun. Et ainsi l'on peut voir combien ceste façon

P iiij

d'argument est pernicieuse, puis qu'estant apportée en d'autres matieres, elle donne lieu à de si grandes absurditez.

QVELQV'VN pourra encore repliquer, qu'il faut auoir au moins vne cause legitime pour liurer ceste liberté que le Fils de Dieu a laissé, & qu'il n'y en a point pour deffendre aux Religieux vn si grand bien spirituel, comme celuy de la Communion. Ie dis à cecy, qu'il est vray que l'on ne peut imposer aucune loy aux subjects & inferieurs sans cause legitime, & que les Religions l'ont eu, & l'ont encore bien grande. Ie ne veux pas me fortifier de celle que l'on donne ordinairement, sçauoir que les Religions sont des grands corps, dont toutes les parties ne sont pas saines, ny parfaictes, quoy qu'elles s'acheminent à la perfection : partant il est raisonnnable d'assigner vne frequentation proportionnée aux forces des plus imparfaicts; & comme la conformité de tout vn corps est grandement necessaire pour sa conseruation, & son auancement, il est aussi expedient que les plus parfaicts se conforment aux imparfaicts. Ie ne veux pas, dis-je, m'ayder de ceste responce, parce que l'on peut faire encore quelque replique au contraire : à sçauoir, que l'on ne doit pas rechercher tant d'esgalité & de conformité en cecy, veu qu'il y a entre les Religieux tant d'autres differences en plusieurs deuotions & exercices, comme aux ieusnes, oraisons, disciplines, &c. C'est pourquoy, puis qu'on ne repute pas pour vice de singularité de se rendre different des autres en ces exercices spirituels, vne plus frequente Communion ne le doit pas estre aussi.

Qvoy qu'on ne soit pas obligé d'accorder ce qui est dit en ceste replique, dautant qu'on n'a pas accoustumé aux Religions obseruantes d'adiouster aucune chose, soit de penitence & rigueur, soit de quelque autre exercice spirituel, par dessus ce que la reigle commande, sans le congé du superieur. Mais quand il seroit veritable, & que la raison susdite ne seroit pas valable, il est neantmoins asseuré que toutes les Religions ont eu vne cause tres-legitime pour establir des Reigles à leurs Religieux touchant le frequent vsage de la Communion. Et la raison est, que la Religion estant vn estat de perfection, & ordonné à seruir Dieu particulierement, il a esté conuenable d'obliger les Religieux à vne frequentation suffisante pour obtenir la perfection qu'ils pretendent, & pour la conseruer l'ayant acquise. La Communion de chaque semaine est de ceste sorte, selon sainct Bonauenture, ou bien de quinze en quinze iours: & remarquez en passant, qu'elles n'ont determiné ces delays de la Communion sans sujet, mais elles ont voulu imiter la plus grande part des Saincts qui ont obserué cet vsage, & pour la mesme raison encor plus iustement: à sçauoir, qu'il est expedient de choisir pour les corps de si grandes communautez, comme sont les Religions, des vsages de la Communion, qui estans suffisans pour obtenir leurs fins, ayent aussi plus d'asseurance, quoy qu'ils ne soient pas si parfaicts: il n'y en a point comme ceux dont nous venons de parler, sçauoir de chaque semaine, ou de quinze en quinze iours, comme nous auons prouué au Paragraphe dernier: C'est donc sans sujet & tres-mal à propos, de dire que les Religions n'ont point eu de cause legitime d'establir leurs statuts, & d'y assigner vn temps determiné pour la Communion, lequel il n'est pas loisible d'outrepasser par vne plus grande frequentation, sans la permission du superieur, ce qui est encore raisonnable: dautant qu'encor que ce ne soit pas vn vice de singularité aux Religieux d'exceller en quelque exercice de vertu: toutefois c'est vne chose importune au bon gouuernement d'vne communauté, que personne ne sorte du chemin ordinaire des reigles sans cause legitime, ce qui ne doit estre rapporté au iugement de l'inferieur, mais à celuy du superieur. Nous donnerons au dernier Chapitre de ce liure, où nous traicterons de l'obeyssance deuë au Pere spirituel, la raison principale, pourquoy l'on obserue ceste coustume aux Religions, que les inferieurs ne communient, ny ne font aucune œuure de penitence, ou de quelqu'autre vertu, quand elle seroit de soy meilleure que celles qui sont conformes à la reigle, sans la permission du superieur: ceste raison sera commune à toutes les personnes qui choisissent vn Pere spirituel pour gouuerner leurs consciences: neantmoins nous en donnerons maintenant vne qui sera particu-

Communion.

liere aux Religieux.

Qvand vn homme entre en quelque Religion, il deuient vn membre & vne partie du corps de ceste Religion : partant toutes ses actions, pour bonnes qu'elles soient, ne doiuent pas seulement estre ordonnées à son propre bien, comme membre particulier, mais encore au bien commun de tout le corps : & ainsi ce n'est pas assez que cecy me soit bon, afin qu'il soit expedient que ie le fasse, ains il est encore necessaire qu'il soit bon pour tout le corps, & le iugement de cela en appartient au chef, qui est le superieur : partant le superieur peut auec beaucoup de raison, & de iustice, reseruer à sa cognoissance toutes les actions exterieures, pour bonnes & asseurées qu'elles soient, & peut deffendre qu'elles ne se fassent sans sa permission, afin de iuger & prendre garde que ce qui est bon à la partie, le soit aussi au tout.

Le second fondement contient vne doctrine mal asseurée; dautant que s'il estoit vray que l'on peust aller contre le commandement du Prelat aux choses qui sont euidemment meilleures & plus sainctes, ce que Cassian dit en la collation de l'Abbé Daniel ne seroit pas veritable : neantmoins c'est vne doctrine receuë de tous les fondateurs des Religions, alleguée & approuuée par nostre Pere sainct Ignace, en vne lettre qu'il a escrite de la vertu de l'obeïssance : *Faire contre le commandement du Prelat, ou pour desir de treuailler, ou pour demeurer oysif, est vn mesme genre de deso-*

*d Vnū, atque idem inobedientiæ genus est, vel propter operationis iactantiam, vel propter otij desiderium senioris violare mandatum, tāmque dispendiosum est pro somno, quā pro vigilia Monasterij statuta conuel-*

béissance : c'est vne chose aussi mauuaise d'outrepasser les reigles du Monastere pour veiller, comme pour dormir : tu mesprises autant le commandement de ton superieur en lisant, comme en dormant, s'il t'a commandé le contraire. Il n'y a point de doute que c'est vne chose meilleure de veiller, que de dormir, de lire, que de se reposer : neantmoins l'Abbé Daniel dit, que celuy qui choisit de veiller, & de lire à l'heure designée pour dormir par la reigle, ou par le superieur, est aussi desobeïssant que s'il se retiroit pour dormir à l'heure en laquelle il luy est commandé de veiller & de lire : partant sainct Ignace concluc ce poinct, disant : e *L'action de Marthe estoit saincte, la contemplation de la Magdelaine estoit saincte, les larmes qui ont arrosé les pieds de Jesus-Christ estoient sainctes : toutefois il les a fallu faire en Bethanie : qui est interpretée maison d'obeïssance : afin que nous sçachions,* dit sainct Bernard, *que ny l'occupation de la bonne œuure, ny le repos de la contemplation, ny les larmes de la penitance n'ont peu estre agreables au Fils de Dieu hors de Bethanie.* Cecy a esté tousiours le but & la pretension de toutes les Religions, l'opinion de tous les Saincts, & ceste doctrine est la mienne, & de tous ceux qui sentiront bien fort proche de la foy : elle se fonde en ce principe dont nous venons de parler, à sçauoir, que les actions des Religieux ne regardent pas seulement le bien particulier d'vn chacun, mais encore celuy de tout le corps ; parce qu'ils sont des membres volontaires de sa composition ; & il y a vne si grande subordination & dependance entre ces

*sere : tātum denique est trāsire praeceptum vt legas, quantum si contemnas vt dormias. Cassian. tit. v. D. Ignatio in vna Epist.*
*e Sancta fuit actio Marthæ, sancta contēplatio Magdalenæ, sancta pœnitentia, & lacrymæ, quibus pedes Christi Domini rigabantur. Sed hæc omnia nimirū oportuit fieri in Bethania, quam vocem domū obedientiæ interpretatur vt rarē (quemadmodū ait sāctus Bernardus) nobis significare voluisse Dominus*

## Communion. 237

deux biens; que le particulier doit tousiours ceder au commun, le iugement duquel reside au chef, qui est le superieur, qui peut & doit plusieurs fois commander à l'inferieur ce qui n'est pas si expedient pour son bien particulier, afin d'entretenir le commun, & sans doute il est obligé de luy obeïr. Cecy est veritable en l'oraison, en la Communion, au ieusne, en la penitence, sans exception d'aucune œuure exterieure. Et ne s'entend pas seulement quand le superieur se sert de sa puissance de iurisdiction, commandant quelque chose en vertu de saincte obeissance: mais aussi quand il se sert de la puissance directiue, insinuant sa volonté sans aucun commandement, à laquelle l'on doit obeïr en la Religion, comme à la volonté de Dieu, ainsi que nous verrons au Chapitre dernier de ce Traicté.

*videatur; nec studium bonæ actionis, nec oriũ sanctæ contẽplationis, nec lacrymarũ pœnitẽtiæ extra Bethaniam illi accepta esse potuisse. D. Ignatius in eadem Epist.*

QVELQV'VN pourra objecter contre ce que nous venons de dire, l'exemple de saincte Luithgarde, de laquelle Laurent Sure Chartreux, rapporte qu'obseruant ceste saincte coustume de communier tous les huict iours, son Abbesse l'empescha de la continuer par la deffense qu'elle luy en fit; aussi Dieu l'en chastia par vne tres-grande maladie. Tout cela est veritable: mais Sure ne dit pas que saincte Luithgarde ait desobey à sa superieure: au contraire il asseure que respectant son commandement elle luy respondit: f Tres-chere Mere, i'obeyray volontiers à vostre commandement: mais ie vois par reuelation, que Iesus-Christ vengera ceste iniure en vostre corps.

f *Ego quidem mater charissima libẽter obediã tibi, sed certissime prœuideo Christum hanc iniuriam in suo corpore ulturum. Laurentius Surius tom. 3 mens. Iun. 16. cap. 12.*

Partant ceste histoire ne prouue pas que les inferieurs ne doiuent pas obeïr en ceste matiere: mais que les superieurs doiuent bien considerer ce qu'ils commandent, notamment en ce suiet; dautant qu'ils ne sont que des dispensateurs, que Dieu a estably en sa famille pour distribuer à vn chacun le pain selon sa necessité, c'est pourquoy il est necessaire qu'il donne fidelement à vn chacun ce qu'il a de besoin. Ceste doctrine se confirme par l'exemple de saincte Gertrude, de laquelle Louys Blose raconte, *g* Qu'estant grandement foible, desirant neantmoins d'vn desir tres-ardant de receuoir le corps de Iesus-Christ; quoy qu'elle s'y fust disposée auec vne grande diligence: toutefois du conseil de sa Mere spirituelle, qui estoit sa superieure, elle ne le receut pas: mais offrant à Iesus-Christ cet acte de soubmission & obeissance, il luy apparut, & se baissant doucement, luy permit de se reposer en son giron: où il la traicta à la façon qu'vne mere traicte son cher enfant vnique, luy disant, parce que tu t'e determinée de me laisser purement pour l'amour de moy, ie te permets & te permettray de te reposer en mon giron. Saincte Gertrude cognut bien deslors que l'homme ne desagree pas à nostre Seigneur; au contraire il luy plaist beaucoup, se retirant de la sacrée Communion non par negligence, mais pour obeïr au superieur. Toutes ces paroles sont de Blose, & ont esté prises des reuelations de la mesme saincte Gertrude, qui se retira de la Communion, non pour faute de disposition, puis qu'elle s'y estoit preparée auec vne grande diligence, ny pour aucun commandement de sa Superieure; ains

*g.* Cum valde esset debilis, & multum desideraret diuina percipere Sacramenta, quamuis se ad ea proposè suo studuisset praeparare, tamen ex consilio matris spiritualis propter bonum discretionis intermittere consensit Communionem, & cum hoc Domino in laudem eternam offerret, videbatur sibi stare se coram Domino, & Dominus se benignè acclinans, suscepit eam in sinu paternae benignitatis suae, dulciterque

pour vn conseil fondé en la discretion, dit l'Autheur allegué, & elle merita pour cela tant de faueurs de Iesus-Christ. Ie pourrois apporter plusieurs autres exemples à ce suiet: mais ie les laisse pour la briefueté, & concluds, que l'opinion des Aduersaires a quelque espece de temerité, ou pour le moins de presomption; & c'est vne chose ridicule, que les hommes du monde peu experimentez, osent censurer des choses si receuës par les Religions, & blasmer les Statuts & les Regles qui sont approuuées par le sainct Siege Apostolique, & croire que leurs raisons sont si puissantes, qu'elles seront capables d'apporter du changement à des choses si bien fondées, ou au moins de nous faire douter de leur bonté. Ie desirerois bien parler dauantage de la fausseté de ceste opinion, mais que ses Autheurs se contentent pour le present de ma bonne volonté; ie les assure bien d'vne chose, que ie fais vn iugemét de leur doctrine beaucoup pire que celuy que i'ay dit.

*quasi mater vnico blandiens infantulo, dixit: Ex quo deliberasti me omittere pure propter me, ego in gremio meo confoueo te, &c.*

*Ludouicus Blosius in Monil. Spirit. cap. 6. & reuelat. sanctæ Gertrud. lib. 4. cap. 15.*

---

## CHAPITRE XIII.
*De la Communion iournaliere, & qu'elle n'est pas pour toutes sortes de personnes, ny ne doit estre conseillée sans vne grande cognoissance.*

I'AY dit plusieurs choses au long de ce Traité, touchant ce poinct; partant il semble qu'il est suffisamment resolu. Neantmoins parce qu'il est le principal poinct de ce suiet, il est raisonnable que nous le traictions, & resoluions en ses propres termes, luy conformant toute la doctrine que nous auons apportée iusques icy. Ie ne traicteray pas en particulier des autres deux frequentations qui sont entre la Communion iournaliere, & celle de chaque semaine, comme la Communion que l'on frequente deux fois la semaine, ou bien de deux iours l'vn; d'autant que tout ce qu'on en peut dire est, que tout ainsi que ces frequentations sont entre les deux susdites : il faut de mesme que les personnes qui les obseruent, leur soient proportionnées ; car ne pouuant arriuer au merite de ceux qui communient tous les iours, ils se reputent dignes d'vne plus frequente Communion que de celle de chaque semaine : il est vray pourtant qu'il est necessaire que ces personnes là soient grandement vertueuses, d'vne vie bien compassée, & de mœurs reformées pour estre admises à vn si frequent vsage.

### §. I.

*Comme les Saincts, & les Conciles exhortent à la Communion de tous les iours.*

L'EGLISE dés sa naissance a exhorté à la Communion iournaliere. Sainct Cyprian y inuite les fideles, sur ces paroles de l'Oraison Dominicale : Donne nous auiourd'huy

*a D. Cypr. lib. de Orat. Domin.*

d'huy nostre pain quotidien. *b* Tertulian semble estre de mesme aduis, puis qu'il explique ces mesmes paroles de l'Oraison Dominicale de la sacrée Eucharistie. Sainct Ambroise *c* de mesme. S. Augustin *d* en plusieurs lieux. S. Hierosme *e* ne reprend pas la coustume qui de son temps estoit en Espagne, de communier tous les iours: au contraire, il conseille de la conseruer comme vne tradition des anciens. Et autre part *f* il dit que ceste mesme coustume estoit à Rome, il ne la reprend, ny ne la louë; partant ne seroit-ce pas temerité de reprendre ce qu'vn si grand Saint n'a osé reprouuer? S. Iean Chrysostome *g* y exhorte plusieurs fois. S. Isidore, *h* & le Pape Nicolas 1. *i* louë ceux de Bulgarie de la coustume qu'ils auoient de communier tous les iours de Caresme. Le Pape Gregoire 7. *k* la conseille par vn tesmoignage de sainct Ambroise, & finalement le Concile de Trente a monstré le grand desir qu'il auoit que tous les fideles communiassent en toutes les Messes. Toutes ces auctoritez loüent & magnifient la Communion iournaliere, & y exhortent les fideles: partant, personne ne peut sans vne grande temerité reprouuer ce qui est approuué si authentiquement. Quelques-vns ont voulu dire que les Saincts loüoient la Communion de tous les iours, non pas afin qu'elle fust mise en pratique, mais afin qu'elle fust admirée & desirée: Tout ainsi que quand Iesus-Christ nous exhorte à nous rendre semblables à son Pere eternel, ce n'est pas pour l'imiter, ny pour le

*b* Tertul. lib. de Orat. c. 6.
*c* D. Ambr. lib. 6. de Sacr. c. 4.
*d* D. Aug. tom. 10. ho. 42. & tom. 4. lib. 2. de ser. Dom. in monte c. 8.
*e* D. Hieron. Epist. ad Lucian.
*f* Idē Epist. ad Pamach. cap. 6.
*g* D. Chrys. homil. 28. in Epist. ad Cor. & hom. 60. & 61. ad popul.
*h* D. Isid. li. 1. de Offic. Eccles. c. 18.
*i* Nicol. 1. ad Consulta Bulgaror.
*k* Gregor. 7 epist. ad Matild.

représenter en nous, il sçauoit bien qu'il estoit du tout impossible; mais il nous y exhorte afin que nous y aspirions: Ceux-cy disent le mesme du Concile de Trente, & fondent ceste explication sur ces paroles: l Le sainct Synode desireroit que tous les fideles assistans à la Messe, receussent à toutes la sacree Eucharistie, non seulement spirituellement, mais encore sacramentellement. Ils tirent l'argument suiuant de ces paroles: Le S. Concile fait paroistre le desir qu'il a que tous les fideles communient à toutes les Messes où ils assistent: or est-il qu'il sçauoit bien que l'on pouuoit au mesme iour assister à plusieurs, & que l'on ne pouuoit communier qu'vne fois; son desir donc n'estoit pas d'vne chose qu'il fallust mettre en pratique.

NEANTMOINS ceste explication est forcée, dautant que les Peres exhortent expressément à la pratique, & à l'exercice de la Communion iournaliere, & en donnent les moyens. Ie n'ay pas voulu apporter leurs paroles, pour euiter prolixité, & aussi que ie ne sçay aucun Autheur Catholique qui contrarie à ceste doctrine: au contraire ils asseurent tous vnanimement, que c'est le meilleur & le plus parfaict, & que mille fois heureux sont ceux qui meritent de iouïr d'vn si grand bien, auec tant de fruicts & d'auancemens spirituels qu'ils en recueillent. Et le Concile de Trente n'a point desiré par ces paroles que l'on communiast dauantage qu'vne fois le iour: car il n'a demandé que ce qui estoit conforme aux sacrez Canons, & à la coustume de l'E-

*l Optaret sancta Synodus vt in singulis Missis fideles astantes non spiritualiter, sed etiam sacramentali Eucharistiæ perceptione communicarent. Concil. Trident.*

glise, & ce seroit vn erreur de dire qu'il a demandé vne chose impossible. C'est pourquoy ie passeray à ce que l'on dispute maintenant, à sçauoir si la Communion de tous les iours est pour toute sorte de personnes, & parfaites, & imparfaites.

§. I.

*Où sont proposez les argumens qui prouuent que la Communion iournaliere est pour toute sorte de personnes.*

IE remarque en premier lieu, que par toute sorte de personnes, ne s'entendent que celles dont nous auons parlé au Chapitre dernier, de celles qui sont en grace, ou en estat de la recouurer aussi-tost, si quelquefois ils la perdent. L'on demande donc auec ceste supposition, si l'on peut conseiller la Communion iournaliere à toutes celles-cy, sans en exclurre aucune. L'on peut prouuer la partie affirmatiue par plusieurs argumens.

LE premier est pris de l'auctorité des Saints alleguez au Paragraphe dernier, qui exhortant à la Communion de tous les iours, ne parlent pas à quelque sorte de personnes en particulier, mais à toutes en general. Il ne faut pas dire qu'ils conseillent vne chose impossible, comme ils feroient s'ils demandoient vne perfection de vie pour la Communion iournaliere, parce qu'il est impossible, moralemét parlant, que tous les hômes soiét parfaits,

Q ij

D'abondant, il n'y a aucun de ces Saincts (si l'on considere bien leurs tesmoignages) qui demande vne autre disposition pour communier que l'estat de grace. Et ceux qui demandent dauantage, adioustent à cet estat de grace la deuotion, l'attention, & la reuerence; mais aucun ne demande la perfection de vie: Partant c'est parler sans fondement, de dire qu'il est necessaire, ce que ny Iesus-Christ en l'institution de ce S. Sacrement, ny les Saincts en leurs escrits n'ont demandé.

OVTRE ces deux considerations tirées de la doctrine des Saincts, il y a trois autres argumens fondez en des auctoritez de l'Escriture saincte. Le premier sur vne histoire du vieil testament, la Manne, qui a esté la principale figure du sainct Sacrement de l'Autel, & auctorisée par Iesus-Christ mesme en l'Euangile, tomboit tous les iours du Ciel, & se recueilloit tous les iours, & tous la mangeoient sans exception: Partant, afin que la figure corresponde entierement à la chose figurée, il sera bon que tous les fideles sans excepter aucun que les indignes, reçoiuent tous les iours ce Sacrement. L'auctorité du Catech. de Pie 5. donne encore plus de force à ce tesmoignage, comme nous verrons bien tost.

LE second passage de l'Escriture, d'où l'on tire le second argument, sont les paroles de l'oraison Dominicale : *a Donne nous auiourd'huy nostre pain quotidien*, lesquelles plusieurs SS. expliquent de la sacrée Eucharistie, cõme nous auõs dit aux Chapitres troisiesme & quatriesme,

*a Panem nostrum quotidianum da nobis hodie. Math. 5.
b Quotidianus vero quamobrem dicatur in promptu duplex ratio est. Altera quod in sacris Christianæ Ecclesiæ mysteriis quotidie offertur Deo,*

## Communion.

& par icelles exhortent à la Communion iournaliere, comme sainct Ambroise, S. Cyprian, sainct Augustin, Clement 7. aux lieux alleguez: & le Catech. de Pie 5. qui dit: b On voit facilement par deux raisons, pourquoy ce pain est appellé quotidien. La premiere, d'autant qu'il est offert à Dieu tous les iours au S. sacrifice de la Messe, & distribué aussi tous les iours à ceux qui le demandent auec deuotion & humilité. La seconde, parce qu'on le doit receuoir tous les iours, ou pour le moins viure de telle sorte que nous puissions le receuoir dignement tous les iours, s'il est possible. Ceux qui ne veulent croire cecy, mais qui sont d'aduis qu'il n'est pas conuenable de s'approcher de ce banquet celeste qu'à la fin de l'année, qu'ils prennent garde à ce que dit S. Ambroise: si ce pain est de tous les iours, pourquoy attens-tu vne année pour le manger? Partant, si toute sorte de personnes parfaictes & imparfaictes disent ceste oraison, & si Iesus-Christ l'a ordonné de la sorte pour estre dicte par tous les Chrestiens; consequemment la Communion iournaliere ne sera pas seulement permise à tous sans exception, mais aussi salutaire. Autrement il ne faut pas qu'autres que les Prestres, & quelqu'autre personne parfaicte qui soit digne de communier iournellement, dient l'Oraison Dominicale. Le troisiesme passage de l'Escriture est de sainct Paul: c Que l'homme s'esprouue soy-mesme, &c. C'est à dire, qu'il examine sa conscience, & s'il n'a aucun remord de peché mortel, qu'il mange de ce pain, &c. tous les Chrestiens parfaicts & imparfaicts peuuent faire tous les iours cet examen de con-

& datur piè, sanctèq; postulantibus. Alteri quòd quotidiè sumendus est, vel certè ita viuendum vt quotidiè quoad eius fieri possit dignè sumere queamus. Audiat qui contra sentiunt, nisi longo interuallo salutaribus his epulis vesci non oportere, quid sanctus dicat Ambrosius, si quotidianus est panis, cur post annū illum sumis? Catechism. Pij 5. cap. 13.

c Probet autem seipsum homo, &c. 1. Cor. 11.

Q iij

## Pratique de la frequente

science; ils peuuent donc aussi communier tous les iours.

IL y a encore vn autre argument outre ceux-cy, qui est pris de l'exemple des fideles de l'Eglise primitiue: Car les mesmes Apostres enseignez & esclairez immediatement de la lumiere du sainct Esprit, & de la doctrine du Fils de Dieu, ont introduit en l'Eglise la Communion iournaliere, comme il se voit aux Actes des Apostres: d *Ils perseueroient en la doctrine des Apostres, & en oraisons, & en la participation de la diuision du pain.* Et vn peu plus bas S. Luc declare que ceste participation se faisoit tous les iours. S. Thomas, S. Bonauenture, & plusieurs autres Theologiens & interpretes de l'Escriture saincte l'ont creu ainsi; voire qu'il n'y eut pas seulement coustume en l'Eglise primitiue, mais encore commandement de communier tous les iours; le Catechisme de Pie 5. le confirme par les paroles suiuantes: e *Nous sçauons par les Actes des Apostres, qu'il y a eu vn temps en l'Eglise primitiue, auquel tous les fideles communioient tous les iours; dautant que tous ceux qui professoient la foy Catholique estoient de façon embrasez de charité, qu'estans assiduz à l'oraison, & s'occupans continuellement en des œuures de charité, ils estoient pareillement disposez pour receuoir tous les iours la sacrée Eucharistie. Sainct Anaclete Pape entretint ceste premiere ardeur, qui commençoit à s'allentir. Et quoy qu'elle s'esteint*

*d Erant au-
tem perseue-
rantes in
doctrinâ A-
postolorum,
& oratio-
nibus, & in
communione
fractionis
panis, &c.
Act. 2.
e Ac tempus
quidem olim
fuisse, cùm
fideles quo-
tidie Eucha-
ristiâ acci-
perent: ex
Apostolorum
actis intel-
leximus, o-
mnes enim
qui tunc fidē
Christianā
profiteban-
tur, vera,&
sincera cha-
ritate ita
ardebant, vt
cùm sine in-
termissione
orationi, &
aliis pietatis
officiis va-
carent, quo-
tidie ad sa-
cra Domini-
ci corporis
mysteria sumenda parati inuenirentur. Eam posteà consuetudinem, quæ intermitti videbatur, Anacletus sanctissimus martyr, &
Pontifex aliqua ex parte renouauit. Pius 5. ibid. f D. Hier. Apol. cont. Iou.*

tout a fait en l'Eglise par la tiedeur des fideles, elle fut neantmoins conseruée plus long-temps en quelques endroits qu'aux autres, comme a Rome, & en Espagne, au rapport de Sainct Hierosme, & encor à present elle est continuee en Ethiopie, & en toutes les Eglises qui sont aux terres subiectes au Preste-Iean, comme les histoires modernes nous en font foy.

Ce n'est pas satisfaire à l'argument que de dire que tous les hommes estoient saincts & parfaicts en l'Eglise primitiue, dautant qu'il y a eu en ce temps-là des hommes meschans & pecheurs comme és autres siecles, comme il appert par plusieurs passages des Epistres de S. Paul, & des Canoniques de S. Pierre, de S. Ioan, & de S. Iude, qui reprennent plusieurs sortes de vices qui commençoient à paroistre aux nouuellement conuertis. Et quand il ne seroit pas ainsi (ce qui est impossible, moralement parlant, à sçauoir qu'entre plusieurs, il n'y ait point d'imparfaits) le vice estoit grandement en regne du temps de S. Hierosme à Rome & en Espagne; toutefois ceste coustume de communier tous les iours y florissoit. Et pourquoy ne la pourra-on pas susciter en ce siecle auec beaucoup de fruicts pour les ames?

Enfin, ce que le mesme Catechisme de Pie 5. dit, seruira de raison pour confirmer que l'vsage iournalier de la Communion seroit expedient à toute sorte de personnes: ce Pape aduertissant les Curez de leurs obligations, *g Paroch.* leur dit: *g C'est le deuoir des Curez d'exhorter* partes ernus souventefois les fideles, afin que tout ainsi qu'ils donnent tous les iours à leur corps l'aliment corporel: de mesme ils ayent soin d'alimenter leurs ames tous les iours de cet auguste Sacrement: Car il est asseuré que l'ame n'a pas moins de besoin de ceste nourriture spirituelle, que le corps de la corporelle. Ce ne sera pas hors de propos pour ce suiet de redire souventefois les grands benefices, & les faueurs du Ciel, que l'on obtient par le moyen de la sacrée Communion. Il y faut adiouster ceste figure de la loy ancienne, sçauoir de la Manne, qui refaisoit tous les iours les forces du corps: L'authorité des Saincts Peres, qui magnifient tant la frequente Communion. Ceste sentence si celebre: Communies tous les iours, puisque tu pesches tous les iours, n'est pas seulement de sainct Augustin; mais si l'on la considere attentiuement, l'on verra que c'est le commun sens de tous les Peres, qui ont escrit de ce suiet. Il y a cinq choses à considerer en ces paroles. La premiere, que ce Catechisme commande aux Curez d'exhorter tous les fideles à la Communion de tous les iours; il recognoist donc que tous les fideles en sont capables. La seconde, est la comparaison qu'il fait de la nourriture du corps à celle de l'ame, qui est vne raison puissante pour

*fideles crebro adhortari, ut quemadmodum corpori in singulos dies alimentum administrare necessariū putas; ita etiā quotidie hoc Sacramēto alendā, & nutriendā animā curā nō abijciat; neque enim minus spirituali cibo animā, quam naturali cibo corpus indigere perspicuum est. Vehemēter autem præderit hac loco repetere illa maxima, & diuina beneficia quæ vt antea demonstratum est, ex Eucharistiæ Sacramentali perceptione consequuntur. Illa etiam figura erit addenda cum singulis diebus corporis vires manna reficere oportebat. Itemq; sanctorum Patrum authoritates, qui frequentem huius Sacramenti perceptionem magnopere commendant. Neq; enim vnius Augustini ea fuit sententia: Quotidie peccas, quotidie sume: sed si quis diligenter attenderit, eundem omnium Patrum, qui de hoc rescripserunt, sensum fuisse facile compererit. Pius Quin. in Cathec. part. 2. c. 4.*

conuaincre ce poinct. La troisiesme est la figure de la Manne, que ce Pape a trouué à propos pour prouuer ce que nous pretendons. La quatriesme, qu'il asseure que tous les Saincts, sans aucune exception, qui ont traité ceste question, ont esté de cet aduis. Bref la cinquiesme, qui ordonne qu'on fasse ces exhortations en ce temps icy, nonobstant toute la tiedeur des Chrestiens. Toutes ces choses sont puissantes pour persuader ce dessein.

Vne autre raison, qui n'est pas de moindre valeur se ioint à celle-cy, c'est qu'indubitablement il est necessaire d'auoir vne plus excellente disposition pour dire la Messe, que pour communier: d'autant que le Prestre celebrant ce sainct Sacrifice, representé la personne de Iesus Christ, & offre ensemble auec luy le mesme sacrifice, qui fut offert en l'arbre de la Croix: Il fait l'office de mediateur entre Dieu, & les hommes, il exerce le ministere de la plus haute dignité qui soit au monde. Mais il ne se rencontre rien de cecy en vn homme du monde, qui communie: en l'action de la Communion, il ne fait autre chose que de receuoir le pain celeste des mains du Prestre qui le distribuë. Partant l'Eglise cognoissant tresbien la difference qu'il y a d'vn ministere à l'autre, a trouué plusieurs empeschemens pour celebrer la saincte Messe, comme l'irregularité, & suspension, qui ne le sont pas pour communier, reputant indecence, & disformité à dire la Messe, ce qui ne l'estoit pas à la Communion. C'est pourquoy, s'il n'est pas requis aux Prestres vne plus grande disposition que l'estat de grace pour celebrer dignement, & que tous sans aucune exception auec ceste preparation disent la Messe tous les iours, voire nous blasmons en quelque façõ ceux qui s'en excusent, & s'en retirent par reuerence; pourquoy demanderons-nous des dispositions si parfaites pour communier simplement, quoy que dignement, estant vne chose beaucoup moindre que de dire la Messe? pourquoy reprendrons-nous les imparfaits, s'ils s'approchent tous les iours de cet Autel sacré? il ne le faut pas faire, ny condamner ceste action, quoy qu'il s'y rencontre quelque leger deffaut en la disposition, ny en demander dauantage, puisque c'est vne action inferieure à la premiere.

Ce sont là les principaux arguments, où s'appuyent les Aduersaires, pour persuader à toute sorte de personnes la Communion de tous les iours; ils se reduisent tous à trois chefs, à l'authorité, à l'exemple, & à la raison. Ie respondray semblablement à tous en trois Paragraphes, apres auoir proposé la veritable resolution, qui est la suiuante.

### §. III.

*Où il est prouué que la Communion iournaliere ne doit point estre conseillee indifferemment à toute sorte de personnes.*

CEste resolution est suffisamment fondée par tout ce que nous auons dit aux Chapitres precedens, d'où euidemment se concluent trois choses. La premiere, qu'il faut auoir d'autres dispositions outre l'estat de grace pour communier dignement. La seconde, que ces dispositions doiuent estre proportionnées à la frequentation, c'est à dire, d'autant plus excellentes, que la Communion sera frequente. La troisiesme, qu'il faut mener vne vie plus parfaite que l'ordinaire, pour obtenir ce haut degré de disposition, qui est necessaire à la Communion de tous les iours.

TOVTES ces choses ont esté euidemment prouuées depuis le Chap. 6. iusques au 12. & on a satisfait aux argumens des Aduersaires: partant il ne reste plus maintenant que d'establir, & de fortifier ceste conclusion par authorité, & respondre apres aux argumens de la contraire opinion.

La conclusion se prouue premierement par l'authorité, & par les tesmoignages des Saincts, & des Conciles, que nous auons apporté en confirmation de trois poincts susdits. Ie dis en second lieu, que c'est vne doctrine receuë de tous les Theologiens Scholastiques. L'honneur de la Théologie S. Thomas dit admirablement: a Que si l'on considere la Communion du costé de celuy qui la fait, sans doute il est necessaire qu'il s'en approche auec vne grande deuotion, & reuerence. Partant si quelqu'vn se trouue tous les iours suffisamment disposé, ce sera vne chose loüable pour luy de communier iournellement: neantmoins il n'est pas expedient à tous les hommes de frequenter la Communion iournaliere; parce qu'il se presente le le plus souuent, & en la pluspart des hommes plusieurs empeschemens tant du corps, que de l'ame, qui diuertissent ceste deuotion, & contrarient à ceste reuerence. Et ainsi S. Augustin apres auoir dit, reçois ce qui doit apporter tous les iours du profit à ton ame, adiouste aussi tost: Vis de sorte que tu merites de le receuoir tous les iours. Vous pouuez voir en ces paroles le iugemēt de l'Angelique Docteur S. Thomas touchant ceste questiō: c'est qu'il n'est pas expedient, ny salutaire à la pluspart des hommes de communier tous les iours. C'est vne chose admirable, que ce sainct ayant parlé si clairement, & estably vne conclusion contradictoire à celle que les Aduersaires deffendent: ils l'ont neantmoins trouué à leur faueur, pour prouuer que tous les Chrestiens indifferemment doiuent estre admis à la Communion iournaliere, & ils le citent de leur costé. Il a encore enseigné la mesme doctrine autre part: b La Communion de tous les iours sera conuenable, & salutaire à celuy qui recognoistra que ceste frequentation n'amoindrit pas la reuerence, & qu'elle accroist la ferueur; que s'il experimente

---

a Alio modo potest considerari ex parte sumētis, in quo requiritur vt cum magna deuotione, & reuerētia ad hoc Sacramentū accedat. Et ideo si aliquis se quotidie ad hoc paratū inuenit, laudabile est quod quotidie sumat: sed quia multoties in pluribus hominum multa impedimenta huius deuotionis occurrūt propter corporis indispositionē, vel animæ, non est vtile omnibus hominibus quotidie cōmunicare. D. Thom. 3. part. qu. 80. art. II.

le contraire, à sçauoir que la reuerence se diminuë par cet vsage iournalier, & la ferueur ne s'augmente pas beaucoup, il sera plus expedient pour cestuy-là de s'en retirer pour quelque temps, afin de s'en approcher apres auec plus de reuerence, et de deuotion. Sainct Thomas met en ces paroles vne grande difference, entre ceux qui sont dignes, & à qui l'estat de grace ne manque pas, mais la deuotion, & la reuerence pour receuoir le Sainct Sacrement, & dit qu'il y a beaucoup de diuersité entre les personnes, & consequemment qu'il y en doit auoir en la frequentation. Tous ses disciples, & ses Commentateurs, sans en excepter aucun, suiuent ceste doctrine sans aucune controuerse.

Sainct Bonauent. est de mesme opinion que S. Thomas; car apres auoir dit, que les dispositions qui sont necessaires pour communier tous les iours, & de temps en temps sont grandement inegales, & qu'elles suposent vne grande diuersité aux personnes, conclud que ceux qui ont les necessaires pour la Communion de tous les iours, ne sont pas en grand nombre; c Toutes ces raisons, dit S. Bonau. se doiuent entendre, supposée la deuë preparatiō, qui ne se trouue qu'ē fort peu de personnes pour communier iournellement. Et autre-part que nous auons desia allegué,

b Si aliquis experimentaliter cognosceret ex quotidiana sumptione feruorem amoris augeri, & reuerentiam nō minui, talis deberet quotidie cōmunicare. Si autē sentiret per quotidianam frequētationem reuerentiā minui, & feruorem non multū augeri, talis deberet interdum abstinere, vt cum maiori reuerentia, & deuotione postmodum accederet. Idē 4. sent. dist. 12. q. 3.

art. 2. q. 2. c Omnes rationes intelliguntur salua debita præparatione, quæ in paucissimis est, vt semper. D. Bonauent. in ead. dist. part. 2. art. 2. quæst. 2.

*à vix ali-*
*quis ita re-*
*ligiosus esse*
*videtur, &*
*sanctus, qui*
*semel in se-*
*ptimana*
*sufficiat, et*
*ex consuetu-*
*dine comu-*
*nicare.*
*Idem lib. 2.*
*de profect.*
*Relig.*













*e D. Bernar-*
*din. de Sena*
*tom. 1. serm.*
*17. citat.*
*f Alexand.*
*de Hales 4.*
*part.*
*g Supr. 4.*
*sent. dist. 12.*

il parle clairement pour nostre suiet : d'Apeine
s'en trouuera-il vn, pour sainct & religieux qu'il
soit, à qui la Communion de chaque sepmaine ne
soit suffisante, la prenant en coustume. Si ceste parole, suffisante, se rapporte à la disposition de celuy qui communie, les paroles de sainct Bonauenture auront ce sens, à sçauoir ; Il y en a
fort peu de quelle saincteté, & religion qu'ils
soient, à qui ne soit assez de communier vne
fois la sepmaine, si l'on considere leurs dispositions, qui ne demandent pas vne plus grande
frequentation : & si on la rapporte à la necessité de communier, elles feront ce sens : Il y a
fort peu de personnes pour parfaites qu'elles
soient en saincteté, & religion, à qui la Communion de chaque semaine ne soit bastante
pour conseruer, & entretenir leur perfection,
voire pour l'augmenter. De ces deux sens des
paroles de sainct Bonauenture, ie tiens le premier pour le plus veritable : neantmoins l'vn &
l'autre sont suffisans de prouuer nostre dessein,
à sçauoir que sainct Bonauenture a creu que la
Communion de tous les iours n'est pas conuenable à toute sorte de personnes.

SAINCT Bernardin de Sienne e
parle de la mesme sorte, & auec la mesme distinction, Alexandre de Hales, f & tous les
Commentateurs g du Maistre des Sentences,
& anciens, & modernes. Et si nous voulons a-
uoir recours aux Autheurs des liures Spirituels, ils sont tous de ceste mesme opinion,
notamment Gerson, Denys le Chartreux,
Loüys Blose, & Iean Rusbroque, lequel re-

marque sept degrez de ceux qui sont dignes de receuoir cet admirable Sacrement, & taxe à vn chacun la frequentation qu'il doit obseruer, qui est proportionnée à ses merites. Le Pere Auila sainct personnage, & de nostre temps, dit le mesme en vne lettre, qu'il a escrit de ce suiet, où il demande clairement aux personnes vne differente disposition, & grandement inegale pour frequenter tous les iours la Communion, & pour la frequenter moins souuent. Le Pere Louys de Grenade *h* de l'ordre des Freres Prescheurs, vn des plus admirables Maistres de deuotion de nostre siecle, nous enseigne ceste doctrine en plusieurs lieux de ses œuures. Le Pere Iean Arias *i* de nostre Compagnie, le P. Christofle de Madrid, *k* le Pere du Pont *l* tous deux de la mesme Compagnie, le Pere Alonse Rodriguez, *m* & generalement tous les Autheurs qui ont traicté de ceste matiere, supposent comme chose certaine, & sans controuerse, que la Communion de tous les iours n'est pas pour toutes les personnes du monde, ny pour celles qui ne sont que de mediocre vertu, mais pour celles qui sont bien auancées en la perfection. Personne n'osera nier, que ce n'ait esté le sens commun de l'Eglise, & aux siecles passez, & au nostre depuis que les Théologiens Scholastiques ont commencé iusques à present, que certains sous pretexte de pieté ont voulu deffendre le contraire. Celuy qui voudra cognoistre la valeur de ce sens commun de l'Eglise, pour nous asseurer en la verité des enseignemens, & de ceux

*h* Louys de Grenade en son Memorial.
*i* Arias en vn traicté de la frequente Cōfession, & Communiō.
*k* En vn traicté du mesme suiet.
*l* Du Pont tom. 4. de ses œuures.
*m* Rodriguez, tom. 2. de ses œuures.

qui appartiennent à la foy, & de ceux qui regardent les mœurs, qu'il voye le dernier Chapitre de la deffense, que i'ay faite de la Conception immaculée de nostre Dame.

QVELQVES-vns de la partie contraire respondent à cecy, que les tesmoignages des Docteurs modernes n'ont point d'auctorité pour conuaincre ce poinct, & qu'il s'en faut rapporter entierement à la doctrine des Saincts, & des Docteurs anciens. Ils deuroient considerer qu'ils se coupent eux-mesmes la gorge par cette responce, veu qu'ils sont les plus nouueaux de tous; partant leur authorité ne seruira de rien pour les enseignemens dont nous parlons à present, ny pour l'intelligence des Saincts qu'ils alleguent, notamment qu'ils n'ont pas sujet de se glorifier d'auoir donné lumiere à quelques passages des Peres, & des Conciles, qui fussent cachez & incognus aux autres Autheurs qui les ont deuancez; ils n'ont apporté que les plus communs: que s'ils se peuuent glorifier de quelque chose, c'est de les auoir expliqué contre l'intelligence de tous les Theologiens, ce qui est plustost vn sujet de honte, que de gloire.

Les exemples des Saincts, & l'vsage de toute l'Eglise, se conforment aux tesmoignages susdits, & le tout m'asseure d'autant de la verité de cette resolution, que la contraire a peu de probabilité, voire d'asseurance en la pratique, quoy qu'on la puisse soustenir en quelque façon en la Theorie.

§. IV.

## §. IV.

### Où l'on respond aux argumens tirez des authoritez de l'Escriture, pour l'opinion contraire.

Nous auons donné des suffisans principes aux Chapitres precedens pour respondre aux arguments fondez en authorité, qui ont beaucoup de force en ceste matiere : partant il ne reste plus que de les appliquer. Commençant par les deux considerations que l'on fait sur les tesmoignages des Saincts, & des Conciles, qui exhortent à la Communion iournaliere; Ie dis à la premiere, que l'on ne doit pas croire que les Saincts ayent iugé, que toute sorte de personnes estoiēt capables d'vn si frequent vsage que celuy de tous les iours, quoy qu'ils le leur ayent conseillé, & les y ayent exhortez : tout ainsi que l'Apostre conseillant la continence, & la virginité aux Corinthiens : a *Ie voudrois que vous fussiez tous comme moy*, ne croyoit pas pourtant que tous deussent receuoir ce conseil : de mesme tous les Saincts ont accoustumé d'exhorter tous les Chrestiens à la perfection, estans bien asseurez que la pluspart ne daigneront pas seulement de faire vn pas à sa poursuite, ils monstroient tousiours en cela leurs bons desirs, qui se portēt au bien de tous, & croyoient qu'y exhortant plusieurs, ils l'obtiendroient au moins de quelques vns.

Ie responds à la seconde, qu'il n'y a rien de plus faux que ce qu'elle suppose, sçauoir

*a Vellem vos omnes esse sicut meipsum. 1. ad Cor. 7.*

R

qu'aucun des Peres n'a demandé la perfection de vie, & la reformation des mœurs pour la Communion de tous les iours: d'autant que plusieurs d'entr'eux l'ont demandé clairement, comme il a esté dit au Chapitre vnziesme; & les autres qui ne se sont pas tant declarez, ont demandé expressément d'autres choses, qui ne se peuuent trouuer au degré qu'vne si frequente Communion requiert, qu'aux hommes parfaits, comme nous l'auons prouué au mesme Chapitre.

Ie dis à l'argument de la Manne, qui a esté vne figure de la sacrée Eucharistie, laquelle tomboit tous les iours du Ciel, se recueilloit, & mangeoit tous les iours, qu'il n'est pas fort pour prouuer ce que l'on pretend; comme non plus celuy que l'on faisoit anciennement, pour persuader qu'il ne falloit communier qu'vne fois l'année: parce que l'Aigneau Paschal, (qui a esté vne autre figure du S. Sacrement aussi illustre que la Manne,) n'estoit sacrifié ny mangé qu'vne fois l'année. Sainct Thomas a respondu à cet argument par la reigle generale, que ces figures, & comparaisons ne doiuent pas tenir en tout: tout ainsi que ce ne seroit pas vne bonne raison, pour prouuer qu'il ne faut communier que de quarante en quarante iours: parce que le pain qu'Elie mangea (& qui estoit vne belle figure de ce Sacrement) l'entretint & le fortifia au chemin de la montagne d'Oreb l'espace de quarante iours, sans manger aucune chose. Si quelqu'vn insiste encore, que ceste figure de la

## Communion

Manne, est assez puissante pour prouuer ce que nous pretendons: d'autant que le Catechisme de Pie V. s'en est seruy pour le mesme sujet. Ie responds que ce Catechisme ne l'a pas apporté comme vne raison efficace: mais comme ayant quelque conuenance au poinct que nous traictons. Et ce qui me fait croire encore dauantage sa foiblesse, est qu'il n'y a aucun des Peres anciens, qui s'en soit fortifié en ses escrits, pour exhorter à la Communion journaliere.

Les Saincts donnent plusieurs explications à ces paroles du Pater noster: *donne nous aujourd'huy nostre pain quotidien*. Partant on n'y peut pas faire beaucoup de force pour prouuer la Communion de tous les jours. Ie laisse à part ceux qui disent qu'on demande par ces paroles la nourriture corporelle, & necessaire à la vie humaine, & c'est la plus veritable opinion, comme il a esté prouué au Chapitre quatriesme: & dis maintenant que les mesmes Peres, & les Saincts qui ont entendu ces paroles du S. Sacrement de l'Autel, donnant la raison pourquoy il s'appelle pain quotidien, ne conseillent pas que nous le demandions tous les jours; ains au contraire S. Augustin reprouue expressément ceste interpretation. b *Qui osera asseurer, qu'il ne faut pas dire l'Oraison Dominicale plus d'vne fois le iour, ou pour le plus deux ou trois fois le matin auant la Communion & non pas apres?* ( ainsi l'asseuroient ceux qui croyoient que nous demandions tous les iours par ces paroles le S.

b *Quis est qui audeat dicere, semel tantùm nos orare debere orationé Dominicam, aut certè etiā si iterum, vel tertiò, vsque ad eam tantū horam, qua corpori Domini communicamus, posteà verò non sit orandum per reliquas partes diei? Non enim iam dicere poterimus da nobis hodie, quod iam accepimus.* D. Aug. l. 2. de ser. Domin. in mont. tom. 4.

R ij

Sacrement.) Et quoy, dit S. Augustin, ne pourrons nous pas demander au soir ce que nous auons receu au matin? Et en ceste façon S. Augustin resoult que nous ne demandons pas par ces paroles la Communion Sacramentelle, mais sa vertu, & son effect, à sçauoir l'entretien spirituel de l'ame, & la perseuerance. Tertulié a esté de ceste mesme opinion c: *Demandant*, dit-il, *le pain tous les iours, nous demandons la perseuerance en Iesus-Christ, afin que nous ne soyons iamais separez de son corps sacré.* Sainct Cyprian d donne la mesme interpretation; & le Catechisme de Pie V. duquel les Aduersaires se targuent tant, voyant que s'il entendoit ces paroles, *nostre pain quotidien*, de la Communion iournaliere, il tomberoit aux absuditez, & inconueniens, que S. Augustin a remarqué, leur a donné trois explications. La premiere, que nous demandons par ces paroles pour toute l'Eglise, que le pain celeste soit offert tous les iours au S. sacrifice de la Messe, & qu'il soit administré aux fideles, qui le demanderont. La seconde, que nous demandons la Communion quotidienne. Et la troisiesme, nous demandons à Dieu de viure si bien, que nous meritions de communier tous les iours. Et il a esté necessaire que l'Autheur de ce Catechisme ait donné à ces paroles vn champ ample, afin que tout le monde les puisse dire, & ceux qui communient tous les iours, & ceux qui ne communient pas, & qu'on les peust dire en tout temps auant & apres la Communion, pour

*c Petendo panem quotidianum perpetuitatem postulamus in Christo, & indiuiduitatem à corpore eius.*

*d D. Cypr. loco cit.*

euiter tous les abus qui ont regné quelque temps en l'Eglise, & qui auoient pris naissance de la mauuaise intelligence de ces paroles de l'oraison Dominicale, comme il a esté dit amplement au Chap. quatriesme de ce traicté.

L'ARGVMENT qui est fondé sur l'authorité de S. Paul, n'a pas plus de force que les autres, pour prouuer que la Communion iournaliere est pour toute sorte de personnes parfaites, & imparfaites: d'autant que l'Apostre S. Paul donnant la raison pourquoy l'homme se doit esprouuer, & examiner auant que de receuoir le corps de Iesus-Christ, dit que celuy qui le reçoit doit faire distinction de ce pain du Ciel auec le pain commun, & ordinaire, nous l'auons ainsi remarqué au Chapitre cinquiesme: toutes les autres dispositions necessaires pour communier sont comprises sous ces paroles, sçauoir la pureté de conscience, la droicture de l'intention, l'attention, la reuerence, &c. & au degré de perfection conforme à la frequentation: parce que s'il manque quelque chose de ces parties integrantes de la preparation, on manque aussi pour lors à la distinction que l'on doit faire du corps de Iesus-Christ au pain terrestre.

### §. V.
*Où il est respondu à l'argument pris des exemples, qui ont esté apportez en faueur de l'opinion contraire.*

I'AY traicté bien amplement aux chapitres troisiesme & quatriesme de la coustume de l'Eglise primitiue: & par ce que nous y auons dit l'on entendra clairement trois choses, qui dissipent la force de ceste preuue. La premiere, qu'aux premieres années de l'Eglise il n'y eut autre coustume, ny precepte pour les fideles de communier, que quand ils assistoient à la Messe, estant tousiours en leur pleine liberté d'y assister, ou non: & ceste coustume n'estoit pas pour tous les iours (selon la plus veritable opinion) mais pour trois iours de la semaine, au dire de S. Epiphane, ou pour les Dimanches, & les Festes, comme il se void par le Canon des Apostres, & comme il est prouué au Chapit. troisiesme de ce liure. Il est vray qu'il y eut quelques Chrestiens en Hierusalem, qui menoient vne vie Apostolique, viuoient en pauureté volontaire, & perseueroient tous les iours en l'oraison; L'on peut croire de ceux-là (quoy qu'on ne puisse le contraindre par les paroles alleguées des Actes des Apostres) qu'ils communioient tous les iours: parce que plusieurs Docteurs le disent: on peut dire encore le mesme de ceux qui en mesme temps obseruoient ceste rigueur de vie en Alexandrie: mais on ne doit pas tirer consequence de ce petit nombre à tous les autres Chrestiens, qui estoient espars par tout le monde: & encore moins doit-on tirer consequence de ce qui se faisoit en ces premiers siecles, à ce que nous deuons faire au nostre.

La seconde chose que nous auons remarqué aux Chapitres precedens, est que si long-téps apres la naissance de l'Eglise, les fideles communioient tous les iours en quelque contrée particuliere, comme à Rome, & en Espagne, c'estoit vne coustume meslée de plusieurs abus, laquelle S. Hierosme *a* reprend rigoureusement: dautant que ceux qui l'obseruoient l'auoient fondée sur vne erreur, à sçauoir sur la mauuaise intelligence de l'Oraison Dominicale, croyant qu'elle les obligeoit de communier tous les iours, & l'entendoient auec tant de rigueur, que ne communiant pas ils ne la pouuoient pas reciter, voire ny apres la Communion: ce qui estoit vne erreur manifeste, contraire au commun sens de l'Eglise, & refutée par S. August. *b* Partant ce n'est pas à propos de nous inuiter à l'imitation de ceux qui ont fondé leur coustume en vn abus, & en vne fausse intelligence, ny de nous proposer l'vsage des Eglises de l'Ethyopie & des autres suiettes au Preste Iean: veu qu'elles sont Schismatiques, & infectées d'innombrables heresies. Ains au contraire, il me semble que cela mesme, où s'appuyent les Aduersaires, nous doit donner suiet de blasmer leur doctrine, qui laisse la Communion de tous les iours à la liberté de toutes sortes de personnes; puisque ceux qui en ont vsé s'en sont trouué mal, suiuans des faux enseignemens, & establissans des coustumes sur des abus, & des intelligences contraires à celles de l'Eglise, & de tous les SS. Peres. Et afin que la crainte nous rende encore plus auisés ie veux mettre icy ce que Thomas Bozze *c* raporte de saincte Hildegarde Vierge, natifue d'Allemagne, laquelle predist le degast, qui est arriué long-temps apres

*a D. Hieron. Apol. contr. Iouin.*

*b D. August. lib. 3. de ser. Dom. in mon. se.*

*c Thom. Bozzius de signis Eccles. vera lib. 8. cap. 19.*

aux regions Septentrionales par l'heresie infernale de Luther & des autres Heresiarques, qui ont rendu ce siecle malheureux. Cette Saincte donnant la raison de ces ruines deplorables, dit les paroles suiuantes : *La Iustice de Dieu permettra ces malheurs : dautant que nous viuons de telle sorte, qu'il semble que nous ayons pris à prix fait d'impugner la foy, que nous professons par nos mauuaises mœurs ; parce que nous traittons sans respect les Sacremens : notamment la sacrée Eucharistie, la receuant sans reuerence et sans deuotion.* Ces paroles sont prises de Taulere insigne Predicateur de l'Ordre de sainct Dominique, lequel a escrit les Propheties de ceste Saincte. Il remarque que du temps de saincte Hildegarde, on auoit introduit en Alemagne vne grande frequentation de la Communion, & qui se faisoit sans deuotion, & sans disposition ; d'où tant de malheurs se sont ensuiuis. Prenons garde à nous, & à ces doctrines, qui pour faciliter la frequente Communion, diminuent les dispositions qui y sont necessaires. Les Saincts & les Docteurs de l'Eglise n'ont pas pris ceste voye pour exhorter les fideles à ce frequent vsage : mais ils ont tasché de persuader le respect qui est deu à cet auguste Sacrement, afin de faire cognoistre la disposition qu'il y faut apporter.

Qvant à l'auctorité du Catechisme de Pie 5. ie dis qu'il y faut respondre ne plus ne moins que ie respondis au Chapitre 3. à celle de S. Thomas, & des autres Autheurs ; qui

# Communion.

asseuroient qu'il y auoit eu coustume en l'Eglise primitiue de communier tous les iours, à sçauoir, qu'ils parlent seulement de ces premiers Chrestiens qui viuoient en Hierusalem, & de ceux qui suiuoient autre part la mesme perfection de vie ; c'estoit des personnes qui auoient dit adieu à toute les choses du monde, qui professoient vne pauureté volontaire, & si elles communioient tous les iours, elles perseueroient aussi tout le iour en oraison. Et afin que l'on voye le peu de force qu'a ceste auctorité, ie veux redire ce que i'ay remarqué en ce mesme chapitre 3. sçauoir que les Peres & les Saincts qui ont exhorté les fideles à la Communion iournaliere, ne se sont iamais seruy de l'exemple de ces premiers Chrestiens, ou parce qu'ils entendoient l'Escriture autrement que nous ne faisons pas, ou bien qu'ils croyoient que c'estoit mal à propos de tirer consequence de ceux-cy à tous les autres Chrestiens, comme nous auõs desia dit. Finalement, ie remarque que l'authorité du Catechisme de Pie V. n'a point plus de poids que celle d'vn Autheur particulier : partant, quand elle nous seroit contraire (ce qui n'est pas neantmoins) nous ne serions pas contraints de l'admettre. d *Le Catechisme* (dit le Pere Gabriel Vasquez) *mis en lumiere par le commandemens de Pie cinquiesme n'a point tant d'authorité, que nous deuions croire que les choses qu'il contient ayent esté diffinies par ce sainct Pape : toute l'authorité que l'on luy doit donner, est celle que l'on*

d *Catechismꝰ editus iussu Pij 5. non habet tātam auctoritatem, vt credamus aliquid in eo fuisse diffinitū à Pontifice; sed solùm Doctorum Theologorum authoritas ei tribuēda est; ac proinde nō semel aliàs cōtra ipsum aiūt Scholastici senserunt.* Gabr. Vasquez. sup. 3.p. D.Thom. tom. 3. disp. 198.

attribue ordinairement aux Docteurs Theologiens; c'est pourquoy il ne faut pas s'estonner si plusieurs Scolastiques n'ont pas tousiours suiuy son opinion. Plusieurs autres Docteurs parlent de ceste sorte.

### §. VI.
#### Où l'on respond aux raisons de l'opinion contraire.

LA premiere raison a encore quelque chose d'authorité, entant qu'elle se fortifie du conseil & aduis que le Catechisme de Pie 5. donne aux Curez d'exhorter tous les fideles à la Communion de tous les iours : Il est vray que nous y auons desia respondu au Paragraphe quatriesme, sçauoir que cedit Catechisme aduertit que l'exhortation se fasse à tous, afin que de tant de personnes il y en ait quelqu'vne qui suiue ceste perfection ; & que leur demandant beaucoup, comme la Communion iournaliere, au moins l'on en obtienne quelque chose, sçauoir vne frequentation mediocre. Partant, venant à la raison prise de la comparaison de l'aliment corporel, ie dis qu'il est necessaire de prendre cet aliment tous les iours pour deux raisons. La premiere, d'autant que son effect, qui est de sustenter le corps, est de peu de durée, sçauoir iusques à ce qu'il soit digeré. La seconde, que cet effet ne se peut suppleer par autre chose : car il n'y a point d'autre moyen naturel pour sustenter le corps, que de manger tous les iours, & faisant autrement on s'affoibliroit iusques à mourir. Mais l'aliment souuerain du S. Sacrement a vn effect de plus longue durée, cōme il se voit clairement en tous les Saincts qui ont obserué vne frequentation mediocre. S. Thomas, a la gloire de l'Ordre des Freres Prescheurs, le prouue par la figure de ce pain qui entretint Elie l'espace de quarante iours, & de quarante nuicts, qu'il demeura auant que d'arriuer à la montagne d'Oreb. C'est vne doctrine du mesme S. Thomas, & de tous les Theologiens Scholastiques, que l'effect le plus propre de ce S. Sacrement, qui est la conseruation de la grace, & la perseuerance au bien, se peut obtenir par d'autres moyens que par ce S. Sacrement, comme l'experience l'enseigne en ces Saincts solitaires, qui ont eu le don de perseuerance sans receuoir sacramentellement la sacrée Eucharistie. D'où i'infere que la comparaison de la nourriture corporelle à ce saint Sacrement ne prouue rien; parce que la necessité de receuoir ce Sacrement n'est pas si pressante, comme celle de l'aliment corporel. Partant ceux qui ne se recognoissent pas suffisamment disposez, s'en peuuent retirer pour quelque tēps, pour s'en approcher apres auec plus de disposition, & auec plus de profit pour leurs ames.

QVE si quelqu'vn replique, que de nostre cōclusion s'ensuit que la similitude de la nourriture corporelle n'a pas assez de force pour prouuer le dessein, & ainsi que l'Autheur du Catechisme ne l'a pas bien appliqué: Ie res-

*a* D. Thom. *Opusc. de Sacr. altaris, cap.* 6.

pondray que cet Autheur n'a pas voulu prouuer par ceste comparaison, que le S. Sacrement est aussi necessaire pour la vie spirituelle de l'ame, que l'aliment corporel pour la vie temporelle du corps, & autrement ce seroit vne erreur manifeste : mais establissant absolument ceste doctrine, que la nourriture spirituelle est autant & plus necessaire à l'ame, que la corporelle au corps, qui est vne proposition veritable, entenduë generalement de tous les genres de nourriture spirituelle ; dautant que l'ame ne se peut passer, ny ne peut auoir aucune force sans quelque aliment spirituel : il nous exhorte de choisir la Communion, comme le plus puissant moyen de tous pour obtenir lesdits effects : & pour nous y inuiter tous les iours, il apporte la similitude de l'aliment corporel, non pas pour esgaler la necessité du temps, mais pour esueiller la diligence : & tout ainsi que la saueur & le goust des viandes exterieures, & la faim, nous conuient à manger tous les iours ; ainsi le desir & la saueur de ceste viande celeste nous inuite à la receuoir tous les iours. Il faut respondre tout le mesme à la comparaison de la Manne.

LA solution de la seconde raison, qui consiste en la comparaison des personnes du monde auec les Prestres, est aussi aisée que la premiere. Ie confesse que les Prestres doiuent auoir vne plus parfaicte disposition pour celebrer le sainct sacrifice de la Messe, que les autres pour communier, à raison de l'excellence, & de la dignité de son ministere. Il y a encore d'autres considerations, d'où se deriue vne grande difference entre ces deux estats: toutefois ils sont esgaux en deux choses. La premiere est, que le Prestre a besoin d'auoir la pureté de conscience, l'attention, la reuerence, la droicture de l'intention, & le desir de ce S. Sacrement, pour dire la Messe de telle sorte que ce mesme acte ne soit pas peché veniel; dautant que s'il l'estoit, il la faudroit renuoyer à vn autre iour, nonobstant tous les profits, & temporels, & spirituels, qui en pourroient resulter : & quant à ce poinct, il n'y a aucune difference entre le Prestre, & celuy qui est du monde; dautant que l'vn & l'autre sont obligez de differer la Communion, supposé les conditions que nous auons apportées au Chapitre cinquiesme.

La seconde chose en quoy les Prestres & ceux du monde sont esgaux, est que les Prestres qui disent la Messe tous les iours, doiuent auoir vne plus parfaicte disposition, que ceux qui ne la disent pas si souuent : de façon que la disposition qui sera suffisante pour celuy qui celebre la saincte Messe de temps en temps, ne le sera pas pour celuy qui la celebre tous les iours. C'est vn poinct que nous auons prouué & confirmé au Chapitre huictiesme, contre ceux qui disent qu'il n'est pas necessaire d'auoir vne plus parfaite disposition pour communier tous les iours, que pour communier vne fois l'année : les raisons que nous y auons apportées ont encor icy plus de

*Pratique de la frequente*

force. Il est vray neantmoins, que tout ainsi que ceste plus parfaite disposition n'est pas vne obligation de necessité aux seculiers; de sorte que son defaut soit peché, non pas mesme veniel: dautant que nous supposons qu'ils s'en approchent auec la disposition suffisante, quoy qu'elle n'ait pas ce haut degré de perfection que la Communion de tous les iours demande: de mesme ceste parfaite disposition, qui n'admet aucune indecence en celuy qui celebre tous les iours, ne l'oblige pas de necessité, de sorte que son defaut contiéne quelque peché; pourueu qu'il ait celle qui est bastante d'empescher l'irreuerence.

L'ON trouue en tout le reste vne grande difference entre le Prestre & celuy qui est du monde, & particulierement en deux choses. La premiere, qu'il est meilleur & plus salutaire au seculier de se retirer de la saincte Communion, quand il ne reconnoist pas en soy la disposition qui est requise à la grande frequentation; & en doit choisir vne qui soit proportionnée à sa vertu, & conforme au loisir qu'il a de s'y disposer: car il ne doit pas seulement y apporter la disposition necessaire pour ne pas offenser Dieu veniellement; mais encore celle qui est conuenable pour satisfaire au respect qui est deu à cet auguste Sacrement: voyez les raisons que nous en auons donné au chap. 8. Il n'en est pas de mesme du Prestre, mais il luy sera meilleur & plus expedient de dire la Messe tous les iours, ayant la disposition qui suffit d'exclurre le peché de l'irreberence, quoy qu'il n'ait pas ceste grande perfection qui est conuenable à vne si grande frequentation. Comme se peuuent accorder ces deux choses, que le Prestre ait vne plus grande obligation & plus pressante que le seculier, de rendre parfaite sa preparation : & neantmoins que ceste perfection manquant en tous les deux esgalement, il est meilleur, & plus expedient pour le seculier de s'esloigner de l'Autel, & au Prestre de s'en approcher?

LA raison de cecy est enfermée en la condition que nous auons donnée à la resolution de ce Chapitre 8, où parlant des seculiers, & qu'il leur seroit plus expedient de se retirer de la Communion pour quelque temps, leur manquant ceste parfaite disposition que la Communion journaliere demande, nous y auons adiousté ceste condition, sçauoir quand il n'arriue aucune necessité, ou bien quelque profit d'importance. Or l'vne de ces deux choses ne manque iamais aux Prestres : la necessité se trouue en ceux qui ont des Chapellenies & autres benefices de l'Eglise, en ceux qui ont receu des aumosnes pour dire des Messes, tout cela oblige de necessité : le profit se trouue generalement en tous, d'autant que cet auguste sacrifice de la Messe est pour le bien vniuersel de l'Eglise, & pour les viuans, & pour les morts, outre les fruicts particuliers qu'il apporte à celuy qui le celebre comme il faut : il est important, & pour la felicité temporelle, & pour la spirituelle & eternelle. Partant, c'est le meilleur que le Prestre die la

Messe tous les iours auec la disposition qui suffit de l'excuser de peché, encor qu'il n'ait ceste perfection qui est conuenable à son estat, à vn si haut ministere que le sien, & à vne si grande frequentation comme celle de tous les iours. L'Angelique Docteur Sainct Thomas, admirable en tout, en donne la raison: *b Le Prestre est comme vne personne publique, il ne faut pas qu'il celebre seulement pour son profit particulier, mais pour celuy de tous: Il n'en est pas de mesme de ceux qui ne communient que pour leur interest particulier.* Il ne pouuoit le dire plus clairement.

LA seconde difference qu'il y a entre les Prestres & les seculiers, se deriue de ce mesme principe, sçauoir que les empeschemens, & interieurs de l'ame, & exterieurs du corps, comme la pollution nocturne, qui n'est volontaire, ny en soy, ny en sa cause, l'habitude de commettre plusieurs pechez veniels auec vne volonté deliberée, & autres de ceste sorte, dont nous auons parlé au Chapitre neufiesme, qui sont suffisans pour esloigner les seculiers de l'vsage si frequent de la Communion, iusques à ce qu'ils s'en soient purifiez, à raison de leurs indecences, ne le sont pas pour empescher les Prestres de celebrer la saincte Messe.

IE n'ay pas dit cecy pour donner liberté aux Prestres de celebrer cet auguste sacrifice auec moins de preparation qu'ils ne doiuent: mais pour donner raison de la coustume qui est auiourd'huy en l'Eglise, que la pluspart des Prestres

---

*b Sacerdos est quasi persona publica, & ideo oportet quod non solùm pro se, sed etiã pro aliis celebret. Sed non est eadem ratio de illis qui non sumunt nisi ratione sui.* D. Thom. 4. sent. dist. 12. q. 3. art. 1. q. 4.

Prestres disent tous les iours la Messe, ce qui est loüable, & se doit continuer : quoy que plusieurs experimentent bien peu de fruict & de profit spirituel pour leurs ames de tant de Messes qu'ils disent, faute de ceste parfaite disposition. Il est vray que si la raison du bien commun de toute l'Eglise, & des obligations particulieres qu'ils ont estoit ostée, & que l'on considerast seulement leur profit particulier, sans doute ce seroit le meilleur pour eux de s'esloigner pour quelque temps de l'Autel, & de se contenter de dire la Messe vne fois la semaine : mais ceste raison continuant, c'est le meilleur de celebrer tous les iours. Nonobstant tout cela, en quelques occasions, notamment quand le Prestre craint auec raison que sa preparation n'est pas suffisante d'exclurre toute sorte de pechez, faute d'attention, de reuerence, de droicture d'intention, ou pour quelque tiedeur, qui prouient de la coustume, il sera expedient qu'il se retire de l'Autel pour quelques iours, afin de recommencer apres auec plus de reuerence, de feruerur, & de deuotion. Sainct Bonauenture le conseille ainsi, Sainct Bernardin de Sienne, Gerson, & plusieurs autres. Il est de besoin de se gouuerner en cecy auec beaucoup de prudence & de discretion, & de prendre conseil des plus doctes & des plus experimentez, pour ne faillir en vne matiere si importante.

## §. VII.

*Où l'on voit, & où il est prouué qu'il y a des ames en ce temps icy, à qui l'on peut & l'on doit conceder la Communion iournaliere.*

L'ON pourra cognoistre clairement de tout ce que i'ay dit en ce Chapitre, & en tous les autres, que mon dessein n'a pas esté de forclorre les seculiers de la Communion de tous les iours: mais de declarer ceux qui sont capables de iouir d'vn si grand bien au profit de leurs ames, sans manquer à la reuerence qui est deuë au sainct Sacrement de l'Autel. Partant, ie mets pour derniere resolution, qu'il y a des personnes en ce siecle où nous viuons, à qui l'on peut & l'on doit conceder la Communion de tous les iours.

Mais pour l'entendre encore mieux, ie donneray quelques conclusions. La premiere, qu'il y a difference entre communier chaque iour l'espace de quelque temps, comme durant le Caresme, & communier par coustume toute l'année. *a* Sainct Bonauenture met distinction entre ces deux choses. Et quoy que pour la Communion iournaliere, continuelle, & de coustume, la preparation soit requise au degré de perfection que nous auons dit aux Chapitres derniers, laquelle les hommes imparfaicts ne peuuent obtenir, pour les raisons susdites: toutefois, il n'est pas necessaire d'auoir tant de per-

*a D. Bonau. li. 2. de prof. Relig.*

fection en la disposition pour communier chaque iour l'espace de quelque temps : partant, si l'on croit que l'vsage frequent de la Communion est vn moyen conuenable pour fortifier vne ame qui est en quelque grande affliction, ou importunée de quelque pressante tentation, pour l'empescher de perdre courage on luy pourra permettre de communier tous les iours, pourueu que sa disposition soit suffisante de l'excuser de peché, encor qu'elle ne soit pas si parfaite. Et bien que la Communion iournaliere demande que l'on fasse vne plus honorable entrée, & vne meilleure reception à Iesus-Christ : neantmoins, tout ainsi que le Roy allant à la campagne en teste de son armée, pour estre present à la bataille, & iuger du deuoir qu'y feront ses soldats, loge en vne tente, ou vne cabane, & passe des iours comme il se rencontre : de mesme le Fils de Dieu accompagnant ses fideles soldats en la bataille sanglante des tentations, & des afflictions, pour leur donner courage, & pour les couronner, s'ils remportent la victoire, il se contente de quelque logement que ce soit, pourueu qu'il n'y ait aucune chose qui offense sa majesté. Et ie crois que c'est le fondement que l'Eglise naissante a eu pour donner plus de liberté aux fideles, qu'elle ne fait maintenant, touchant la frequente Communion; parce qu'ils estoient tous en champ de bataille, attendans de iour à autre le martyre; & ainsi ils auoient de besoin tous les iours de quelque refraichissement : *b Il* *Commu-* faut que nous donnions ( dit sainct Cyprian ) *la viande à*

Communion aux fideles, de peur que nous ne laissions desarmez ceux que nous inuitons & encourageons d'entrer en bataille, il les faut fortifier des armes du corps & du sang de Iesus-Christ. Et puisque cet auguste Sacrement de l'Eucharistie a esté institué pour seruir de deffense à ceux qui le reçoiuent, il est raisonnable que nous en armions ceux qui doiuent venir aux mains auec leur ennemy mortel. Et comment les pourrions-nous inciter à respandre courageusement leur sang pour la gloire & la deffense du nom de Iesus-Christ, si au temps du combat nous leur refusions son precieux Sang? comment les disposerons-nous à boire dans le calice du martyre, si nous leur refusons de boire en l'Eglise au calice du Seigneur? Ce sont les paroles de sainct Cyprian, par lesquelles il aduertissoit les Prestres de ce temps là de ne point refuser la Communion aux fideles, qui n'attendoient que l'heure d'estre rauis à la mort & au martyre: toutefois elles ne prouuent pas qu'il soit expedient en ce temps icy, où nous iouïssons à plein voile de la paix & de l'asseurance, de receuoir toute sorte de personnes à la Communion de tous les iours, seulement à raison des fautes ordinaires, il n'y a point d'apparence: ouy bien en certaines occasions, & à quelques personnes qui sont pressées de quelque grande affliction & tentation, ou craignent de l'estre bien-tost, il sera bon de conceder à

*nobis danda est, vt eos quos excitamus, & exhortamur ad praelium non inermes relinquamus, sed protectione sanguinis & corporis Christi muniamus. Et cùm ad hoc fiat Eucharistia vt possit accipientibus esse tutela, quos tutos esse contra aduersarium volumus, munimento Dominicae saturitatis armemus. Nam quomodo docemus, & prouocamus eos in confessione nominis Christi sanguinem suum fundere, si eis militaturis sanguinem Christi denegamus? Aut quomodo ad martyrij poculum idoneos facimus, si non eos ad bibendum priùs in Ecclesia poculum Domini iure communicationis admittimus? D. Cyprian. lib. 7 Epist. 2.*

celles-là à la Communion iournaliere pour quelque espace de temps, afin de les fortifier, & leur donner courage parmy ces trauerses.

LA seconde conclusion est, que pour communier tous les iours par coustume, il est requis d'auoir vne perfection de vie au degré qui soit suffisant d'acquerir continuellement les plus excellentes dispositions que la Communion iournaliere demande. Ceste conclusion est suffisamment prouuée par ce que nous auons dit aux Chapitres derniers, depuis le sixiesme iusques à l'vnziesme. Mais si quelqu'vn desire sçauoir quel est ce degré de perfection qui est necessaire pour meriter la Communion de tous les iours, ie le renuoyeray au venerable Iean Rusbroque, grand maistre de la vie spirituelle, recognu pour tel par tous les grands personnages qui ont esté depuis luy, appellé le Denys Areopagite de son siecle par Denys le Chartreux, il y a quelques trois cens ans qu'il florissoit. Il descrit la vie & la ferueur de ceux qui peuuent communier iournellement : i'en apporteray quelque chose : c *Ceux-cy*, dit il, *sont des personnes retirées en l'interieur de leurs ames, lesquelles estreignent leur esprit par ceste retraicte interieure, marchent tousiours en la presence de Dieu: cet esprit retiré en soy-mesme, a tant de force en ces personnes-là, qu'il rauit quant & soy le cœur, l'ame, & toutes les puissantes interieures. Ce sont des personnes qui ont vn domaine absolu sur soy-mesme, & sur toutes leurs actions, & ainsi elles viuent en vne grande paix interieure: & quoy*

c Ioannes Rusbroshius lib. de vera salute. cap. 13.

qu'elles soient par fois combattuës & inquietées de quelques tentations, elles les surmontent aussi tost: les mouuemens des vices ne s'y peuuent arrester long-temps, d'autant qu'elles ont dompté & mortifié leurs passions, elles les ont renduës subjectes à la raison. Ce sont des personnes qui ont obtenu vne grande lumiere, & vne cognoissance veritable de Iesus-Christ, de sa diuinité, & de son humanité, qui exercent ceste cognoissance au recueil interieur de leurs esprits, qui sont libres des phantosmes & representations estrangeres, auec vn amour despouillée de toute affection pour les choses du monde: personnes qui d'autant plus qu'elles cognoissent & & ayment, elles representent dauantage de contentement spirituel, & d'autant plus que leur contentement est grand, elles desirent, cherchent, & experimentent dauantage qu'elles ayment Dieu de tout leur cœur, & de toute leur ame. Et vn peu plus bas il poursuit ceste mesme pointe. Ce sont des personnes qui considerans leurs fautes, leurs imperfections, & ce qui leur manque pour arriuer à la perfection, où elles courent, se desplaisent en elles-mesmes, s'exercent en leur propre mespris, & quant & quant en la crainte amoureuse de Dieu: de façon que tant plus elles s'abaissent par vne vraye humilité, & par leur propre mespris, elles agréent dauantage à Dieu, acquerrent en sa presence vn particulier respect & veneration. Leur exercice continuel est de se recueillir en leur interieur pour cognoistre Dieu, & l'auoir present, & ce auec vne reuerence & crainte amoureuse: si elles sortent au dehors, c'est pour se desplaire en leurs imperfections, & se mespriser en elles-mesmes : de sorte qu'elles ne font point de cas de tout ce qu'elles font, & de tout ce qu'elles endurent, & interieurement, & exterieurement, & ne croyent pas qu'il merite quelque recompense en la presence de Dieu. Ainsi ce venerable Pere descrivant vne vie parfaicte, si l'on considere attentiuement ses paroles, elles visent à declarer le temperament que doit auoir le cœur & l'ame du Chrestien pour acquerir iournellement ces quatre choses qui sont necessaires pour communier tous les iours, & au degré de perfection que demande vn si frequent vsage. Il demande vne grande retraicte interieure pour l'attention, auoir Dieu present pour la reuerence, vne profonde humilité pour la droicture de l'intention, & vne amour ardante pour embraser les desirs, & causer vne faim spirituelle de cet auguste Sacrement ; partant il concluud : d Ceux qui entendent ce que ie viens de dire, & viuent de telle sorte, peuuent communier tous les iours ; d'autant que ce sont des personnes d'vne vie bien ordonnée, remplies de grace, ornées de vertus, & experimentées en tous les exercices vertueux : leur vie consiste en quatre choses. La premiere est vne grande pureté de conscience exempte au moins de tout peché mortel : la seconde, vne cognoissance & vne sagesse surnaturelle, & en la vie actiue, & en la contemplatiue : la troisiesme, vne vraye humilité de cœur, de volonté, & d'esprit, aux mœurs, aux paroles, & aux actions : la quatriesme, vne entiere & parfaite resignation de sa propre

d Qui qui intelligunt & sic viuūt singulis diebus Christi Domini Sacramentum accipere possunt. Probè itaque ordinati sunt, & gratia ac virtutibus pleni in cūctis exercitijs suis, earūque vita & exercitatio in quatuor cōsistit : primum est puritas conscientiæ, alterū supernaturalis scientia, & sapientia tā intro, quam foras aspiciendo, id est tam in contemplatione quam in actione : tertium est vera humili-

*Pratique de la frequente* *volonté à celle de Dieu.* Il ne faut rien adiouster, ny diminuer, ce me semble, à ce qu'a dit ce grand Docteur; parce que moins que cela ne seroit pas suffisant pour acquerir iournellemẽt lesdites dispositions.

LA troisiesme conclusion est, que nous ne deuons pas si tost conceder qu'il est meilleur & plus expedient à vne personne de choisir la Communion iournaliere, qu'vne moins frequente, quoy qu'elle soit arriuée au degré susdit de perfection; voire mesme à vn plus releué. Dautant que cecy depend de la voye par où l'Esprit de Dieu conduit les ames. Ceste doctrine est de S. Bonauenture, e qui ne reduit l'vsage iournalier de la Communion à la sainteté, & perfection: mais au temperament de l'Esprit, & au desir que chacun experimente en soy de ce sainct Sacrement. Ceste conclusion se confirme par ce que nous auons dit au Paragraphe quatriesme du Chapitre dernier, touchant l'exemple des Saincts, qui se conformant à l'esprit, par lequel Dieu les gouuernoit, choisissoient la frequentation de la Communion, qui estoit la plus salutaire pour augmenter cet esprit de Dieu; & quoy qu'ils eussent tous la disposition conuenable à la Communion de tous les iours: les vns s'en retiroient par reuerence, & par humilité: les autres s'en approchoient dauantage auec amour, & confiance.

LA reigle la plus sensible que saint Bonauenture donne, pour cognoistre ce temperament particulier d'esprit, qui est necessaire, pour

---

*tus cordis, voluntatis, & spiritus in moribus, verbis, & actionibus: quartum mortuũ esse omniproprietati, videlicet, proprietati suæ voluntatis in liberrimam Dei voluntatem. Id. ibid.*

e *D. Bonau. li. 2. de prof. Relig. c. vlt.*

admettre quelqu'vn à la Communion iournaliere, est vn ardent desir, & vne faim spirituelle qui ne peut estre assouuie par autre chose. f Il faut auoir, dit-il, vne ferueur de deuotion non accoustumée, & vne extraordinaire soif de receuoir celuy qui seul est capable de rafraischir l'ardeur d'vne ame vrayement amante. Nous en auons veu quelques-vnes, quoy qu'elles soient bien rares, qui ne voient qu'en Iesus-Christ; & de telle sorte que si elles ne communicient tous les iours, on les voyoit deffaillir, & sembloient expirer, mais apres auoir receu leur Createur, celles qui auparauant estoient si foibles, qu'elles ne pouuoient remuer vn pied derant l'autre, estoient tellement fortifiées, qu'elles sembloient n'auoir eu iamais aucune foiblesse. Thomas Bozze g rapporte quelques semblables personnes, qui ne se sont nourries long-temps d'autre aliment, que de la sacrée Eucharistie, comme l'admirable sainte Catherine de Sienne, c'est vn à capite. Il est vray qu'il n'est pas necessaire que ce desir soit de telle qualité, qu'il cause des defauts exterieurs, mais suffit qu'il soit grand, & veritable, comme nous l'auons remarqué au Chapitre douziesme de ce traicté: faute dequoy le venerable Rusbroque h excluid de la Communion iournaliere, ceux qui sont

f Nisi inusitata deuotionis feruor, & intemperata desiderij sitis sit pro illius susceptione, qui solus sufficit amantis anima ardorem refrigerare, sicut aliquos quandoque vidimus, licet paucos, quibus viuere Christus erat, ita vt si non frequentius pane vita reficerentur Sacramentaliter quasi videbatur vita corporis iam velle deficere parũ tib. indicijs hunc defectum prudentib. et qui ante tam debiles erant quod nec incessum debitum habere poterant post susceptionem illius sacramenti in tantum confortabantur, quasi nullam ante sensissent debilitatem manifeste apparentium. D. Bonau. ibid. g The. Bozzius de signis Eccles. lib. 15. c. 2 h Lib. citat. cap. 11.

au premier degré de la frequente Communion: Il y en a, dit-il, qui ont le cœur si tendre, que la moindre chose du monde les attendrit: à l'instant mesme que la grace de Dieu les touche, ils se sentent embrasez de l'amour de l'humanité de Iesus-Christ, & de telle sorte que pour lors ils mesprisent sans difficulté tout ce qui est au monde pour iouyr de l'Espoux celeste, & satisfaire à leur desir; & comme ils cognoissent qu'il n'y a aucun moyen plus proportionné pour s'unir à luy, que de recevoir cet auguste Sacrement, ils le desirent esperduëment, & avec tant d'impatience, qu'ils deviendroient fols ce leur semble, ou rendroient l'ame, si on leur refusoit. Ce sont pour la pluspart des femmes, & des filles; & quelquesfois des hommes, quoy que rarement, parce que les femmes ont le cœur plus tendre, que les hommes: mais l'exercice de ces personnes là est en la partie sensitive, ils n'esleuent pas les yeux de l'ame au de là de l'humanité de Iesus-Christ: d'autant qu'ils ne sont pas esclairez de la lumiere de Dieu; & comme ils ne peuuent comprendre que l'on peut recevoir Iesus-Christ spirituellement, personne ne les peut contenter, ny asseurer par conseil, ou autrement, si on ne leur concede la Communion: communiant ils experimentent un grand repos, & iouyssens d'une douceur du Ciel, & en l'ame, & au corps; mais tout cela n'est pas de longue durée: car ils ne sont pas si tost retouchez de la premiere grace, que les voila de mesme qu'auparauant auec les mesmes impatiences, comme s'ils n'avoient point communié, & leur semble qu'on leur arache le cœur du ventre tout le temps qu'on differe de les communier. Il semble que le desir de cet auguste Sacrement, qui est tant necessaire pour la Communion iournaliere, comme nous auons dit si souuent, ne peut arriuer à vne plus grande extremité, que celuy que nous venons de depeindre. Qui oseroit desnier à ceux-cy ce qu'ils demandent auec des desirs si impatiens ? Neantmoins ce venerable Personnage dit hardiment : *Que c'est assez à ces personnes là de communier tous les Dimanches, & quelque autre iour de la semaine, si leur Pere Spirituel le leur permet* : donnant à entendre par ces paroles que ces desirs ne sont pas legitimes ; partant, qu'on ne doit leur accorder tout ce qu'ils demandent, mais leur taxer ce qui leur est expedient ; il faut voir aussi que les desirs qui le sont veritablement, & naissent du S. Esprit, sont tranquilles, & patiens, & meritent mieux la Communion iournaliere, que les autres qui ne le sont pas.

*Licebit eis diebus Dominicis, atq; alijs itêq; dieb. quâdo obtinere poterũt ad Sacramentum accedere. Rusbroch. ibidem.*

DEs trois premieres conclusions ie tire la quatriesme, à sçauoir, qu'il n'y a pas eu seulement en l'Eglise primitiue des ames à qui l'on deuoit permettre la Communion de tous les iours : mais encore aux autres siecles, & il y en a au nostre à qui on la doit permettre, non seulement pour quelque espace de temps (pour vaincre quelque tentation, ou sortir de quelque grande affliction ) mais encore leur en accorder la continuation ; dautant qu'il y en a maintenant qui ont vne vraye humilité, & vn mespris de soy-mesme, qui sont bien exercées en l'oraison, & en la contemplation, qui ont tousiours Dieu present, & resignent entierement, & parfaitement leurs volontez à la diuine, luy offrant tout ce qu'elles font; sans doute on leur doit accorder la Communion iournaliere, si elles en ont vn desir ardent, & veritable, & s'il est conforme à l'Esprit de Dieu qui les conduit. Mais il est bien asseuré que telles ames sont bien clair semées en ce temps icy, aussi bien qu'en celuy de sainct Bonauenture. *k La disposition*, dit-il, *qui est necessaire à vn si frequent vsage se trouue en bien peu de personnes*. Partant il sera bon pour ne faillir en ce poinct, auant que de prendre la Communion de tous les iours en coustume, d'essayer quelque espace de teps interrompu, prenant pour conseillere l'experience mesme du profit que l'on fera.

*k Salus debita præparatione, quæ vtcissimis est, vt semper.*
*D. Bonauet.*

## Chapitre XIIII.

*Où il est prouué qu'il faut suiure l'aduis du Confesseur, ou Pere spirituel, pour ne faillir en l'eslection des Communions.*

LE moyen le plus asseuré pour ne manquer iamais en l'eslection de la frequentation, qui est conuenable à vn chacun, est de suiure le conseil de son Pere spirituel. Plusieurs se sont efforcez de renuerser ceste doctrine, qui est si commune entre les saincts Peres, & si importante en ceste matiere : c'est pourquoy il la faut deffendre, apres auoir proposé le moyen que les aduersaires ont tenu pour venir à bout de leur dessein. Ils cognoissoient bien que le moyen le plus puissant pour obtenir ce qu'ils pretendoient, eust esté de persuader leur opinion à tous les Confesseurs : mais desesperant de l'obtenir (& auec raison : d'autant qu'il leur eust esté impossible de conuaincre vn si grand nombre d'entendemens si doctes, qui enseignent vne doctrine plus asseurée que la leur) ils ont suiuy vne autre voye, c'est de persuader aux simples ames, qu'elles sont maistresses d'elles-mesmes, & iuges de leur propre conscience : partant que ce n'est pas bien fait de demander conseil au Confesseur, pour communier plus ou moins souuent, & encore moins de suiure son aduis, quand apres auoir donné l'absolution des pechez, il conseille de se retirer de cet Autel sacré. C'est vne doctrine, qui est grandement nouuelle en l'Eglise, & à laquelle on doit bien prendre garde.

## §. I.

*Où l'on demande si le Confesseur pourra enioindre pour penitence, de ne communier point pour quelque temps.*

LEs Autheurs qui ont escrit n'ont pas dit leur aduis touchant ceste question, parce qu'elle est nouuelle: mais on y pourra respondre par les principes, par lesquels on resoult d'autres semblables difficultez. Ceux qui sont d'opinion que les Penitens sont maistres d'eux-mesmes en ceste matiere, & independans de leurs Confesseurs, disent que le Confesseur, ou Pere spirituel ne peut enioindre au penitent, en satisfaction de ses pechez, le delay de la Communion pour quelques iours. Ils ont deux fondemens de ceste doctrine, le premier est du Concile de Trente, qui dit, que l'on doit trouuer deux choses en la penitence, qui est imposée pour satisfaction des pechez, à sçauoir qu'elle soit punition des fautes passées, & remede preseruatif des futures: *a* Que les Confesseurs, dit-il, prennent garde à ce que la satisfaction qu'ils enioignent aux penitens ne soit pas seulement vn aduis pour vne nouuelle vie, & vn remede pour la fragilité, mais encore vn chastiment des pechez commis. Le Concile ne veut pas dire seulement en ces paroles, que si le Pere spirituel donne pour penitence au penitent deux ou trois choses differentes, que ce soit assez que les deux raisons susdites se trouuent en toutes ces trois choses: mais encore en chacune d'icelles, sçauoir estre medecine preseruatiue, & estre chastiment: D'abondant la seconde, sçauoir estre chastiment des pechez passez, semble estre la partie la plus necessaire: d'autant que comme le Sacrement de la Confession, dont la satisfaction en est partie integrante, est institué pour les pechez commis, la penitence doit aussi estre ordon-

*a Habeant autem prae oculis, vt satisfactio quam imponunt non sit tantum ad nouae vitae custodiā, & infirmitatis medicamentū, sed et ad praeteritorū peccatorum vindictam, & castigationem. Cōcil. Trid. sess.16.c.8.*

née principalement pour eux, lesquels elle ne peut regarder que comme chastiment.

Les Aduersaires inferent de ce principe, que le delay de la Communion ne peut estre donné pour penitence. Premierement, parce qu'il n'est ny medecine pour le pechez futurs, ny chastiment des passez; la premiere partie est euidente, d'autant que le propre effect de la Communion est de preseruer des pechez, & c'est vn des plus puissans moyens que Iesus-Christ nous ait laissé. Sainct Ambroise luy donne ce nom: *b Si ie peche tous les iours, i'en dois chercher iournellement le remede.* Et le Concile de Trente en dit de mesme: *c Iesus-Christ a voulu que nous nous approchassions de ceste saincte Table, comme celle qui contient la viande spirituelle de nos ames; c'est vn antidote souuerain pour nous deliurer des pechez iournaliers, & pour nous preseruer des mortels.* Les Saincts à chaque pas parlent de ceste sorte; partant differer à vne ame la Communion, ce n'est pas luy appliquer vn remede preseruatif des offenses passées, mais luy oster le moyen le plus puissant qu'elle sçauroit auoir. Ce delay n'est pas non plus vn chastiment conuenable pour les pechez passez; d'autant qu'il doit estre satisfactoire pour les peines deuës au peché commis, ce qui ne se peut faire que par des œuures bonnes, & vertueuses: or est-il que le delay de la Communion non seulement n'est pas bon de foy, ny satisfactoire pour les peines du peché; ains au contraire, il empesche l'œuure la plus satisfactoire

*b Qui quotidie pecco quotidie debeo quærere medecinam. D. Ambr.*
*c Sumi autē voluit Sacramentum hoc tanquā spiritualem animarū cibum, & tanquam antidotum, quo liberemur à culpis quotidianis, & à peccatis mortalibus præseruemur. Concil. Trid. sess. 13. c. 2.*

re de toutes, qui est la Communion, en laquelle la satisfaction infinie de Iesus-Christ est appliquée à celuy qui le reçoit au Sacrement, & les peines que ses pechez meritent luy sont pardonnées.

LA seconde raison qui confirme ceste opinion, est que le ieusne, l'aumosne, & autres choses semblables, sont les œuvres les plus propres que l'on puisse imposer pour penitence : parce qu'elles ont la raison de remede preseruatif, & de peine pour le peché : & en cela elles conuiennent beaucoup auec la mesme Communion : partant tout ainsi que ce ne seroit pas vne bonne penitence, si le Pere spirituel commandoit au penitent de ne point ieusner, de ne point donner l'aumosne, &c. en satisfaction de ses pechez : de mesme elle sera iniuste, s'il luy commande de ne point communier.

LA troisiesme raison est, que la priuation de l'vsage du Sacrement, est vn des principaux effets de l'excommunication, qui mesme a pris son nom de là : or est-il que la puissance ordinaire d'vn Prestre ne peut pas donner sentence d'excommunication, mais cela appartient à vne iurisdiction superieure : Il ne pourra donc pas aussi par sa puissance ordinaire differer l'vsage de la Communion, puisque c'est la partie la plus essentielle de l'excommunication.

NONOBSTANT toutes ces raisons, qui sont apparentes, ie dis que le sens de l'Eglise vniuerselle a tousiours esté, que le Confesseur peut

peut enioindre en penitence le delay de la Communion, s'il y a quelque cause legitime, comme il arriue souuentefois. Ie ne peux alleguer aucun Autheur en particulier pour ceste conclusion, veu qu'il n'y en a aucun qui l'ayt traictée expressément : ie crois neantmoins qu'elle est commune, parce qu'elle est contenuë en des doctrines qu'ils enseignent tous generalement. Elle se confirme par l'authorité de l'Eglise, qui commande par ses Decrets que ceux qui auront commis certains pechez, soient priuez de la Communion pour quelque temps, conforme à la qualité du crime : on le peut voir en plusieurs Chapitres du droict, en des deffinitions des Conciles, & decisions des Papes : il faut dire consequemment que le delay de la Communion est vne grande peine, puis qu'il est ordonné pour des grands crimes.

Qve si quelqu'vn obiecte qu'on ne nie pas que ce delay soit vn chastiment, voire bien grand : mais on nie qu'il satisfasse aux peines deuës au peché. Ie respondray que cecy est aussi faux que le premier : d'autant que c'est vn principe asseuré en toute bonne Theologie, que toutes les œuures bonnes, & vertueuses meritent recompense, & satisfaction à la peine, & d'autant plus qu'elles apportent dauantage de peine : partant puisque obeyr, & s'assujettir au chastiment du delay de la Communion, est vn acte vertueux d'obeyssance, & grandement penible, il sera aussi satisfactoire.

T

Les Aduersaires ne sçauent plus par où s'eschaper, qu'en disant que ce delay au moins n'est pas vne medecine preseruatiue du peché, ce qui est requis en la penitence, selon le Concile. A quoy ie respons en premier lieu, que ce principe où les Aduersaires se fondent, sçauoir que les deux raisons de chastiment & de remede preseruatif doiuent se trouuer en la penitence enioincte par le Confesseur, n'est pas raisonnable, ny ne se peut prouuer par l'authorité alleguée du Concile de Trente, veu qu'il parle de toute la penitence, & non pas de chacune de ses parties. Mais ie ne veux pas fonder ce qui est certain sur vne chose douteuse: partant ie dis en second lieu, que ce delay de la Communion n'est pas seulement vne peine: mais aussi vne medecine preseruatiue, & d'autant plus que la peine est grande, parce qu'elle fait que celuy qui l'endure prend garde à soy à l'aduenir. C'est pourquoy supposant comme vn principe tres-asseuré, & cõmun en l'Eglise dés sa naissance iusques à present, que le delay de la Communion est vn chastiment, & vne peine bien grande, puisque l'Eglise l'impose aux crimes les plus enormes; il est euident qu'il est aussi vn medicament preseruatif de ces crimes: d'autant que tout chastiment, outre la vengeance qu'il prend de la faute commise, rend l'homme plus aduisé à l'aduenir, & l'empesche d'y retomber, de peur de s'assuiettir vne autrefois à la mesme peine. Or est-il que le Confesseur, qui doit absoudre le penitent, peut enioindre la penitence de quelque chose, que ce soit, pourueu qu'estant bonne, elle soit satisfactoire & preseruatiue, & le peut obliger de l'accepter, conforme à la grandeur de son peché: C'est pourquoy il peut donner pour penitence le delay de la Communion, puisqu'il a les conditions susdites, ainsi que nous l'auons prouué.

QVELQV'VN dira encore que la penitence doit estre prudente pour obliger le penitent, & que celle qui destourne de plus grands biens ne l'est pas, comme il se voit en ce cas; Car quoy que l'on concede que le delay de la Communion soit vne œuure penible, satisfactoire & preseruatiue pour les raisons susdites: neantmoins indubitablement il l'est moins que la mesme communion, dautant qu'elle a ces deux raisons de satisfaire, & de preseruer de sa propre vertu, que les Theologiens appellent *ex opere operato*, mais l'acte d'obeyssance qui est en ce delay ne les a que *ex opere operantis*, c'est à dire, selon la disposition du penitent. C'est pourquoy la penitence de differer la Communion n'est pas prudente, puis qu'elle empesche vne plus grande satisfaction, & vn remede plus souuerain par vn moindre.

IE respondray à ceste obiection par vne raison qui conclurra ce poinct: c'est qu'il y a plusieurs occasions, ausquelles soit faute des dispositions au degré de perfection qui est requis, soit pour les empeschemens qui se presentent, vn homme laissé en sa liberté fera mieux, & plus prudemment de differer la Communion, que de la receuoir, quoy qu'il ne soit point obligé ny à l'vn ny à l'autre: Le Confesseur pourra donc aussi en ces occasions, sans manquer à la prudence, commander au penitent, & luy donner en penitence qu'il ne communie point en ce mesme temps, auquel luymesme s'en deuroit retirer, s'il se gouuernoit auec prudence, & discretion, & sans doute il sera obligé de luy obeïr. D'où ie conclus, que si quelqu'vn commit hier vn peché mortel de sensualité, ou s'il luy est arriué quelque saleté: en fin s'il a quelqu'vn des empeschemens, dont nous auons parlé aux Chapitre precedens, à raison de quoy il luy soit meilleur de diferer la Communion, que de la receuoir, à cause du respect que l'on doit au Sacrement, le Confesseur luy pourra donner ce delay en penitence: il pourra faire de mesme à celuy à qui il est meilleur de communier de huict en huict iours, que iournellement, parce qu'il n'a pas les dispositions au degré de perfection, que la Communion de tous les iours demande, & il y sera d'autant plus obligé, que les empeschemens qu'il a seront grands: il en faut dire de mesme de tous les poincts, que nous auons proposé au long de ce traicté.

La raison fondamentale de tout cecy est, que le delay de la Communion aux occasions susdites n'est pas seulement bon, mais encore meilleur que la Communion, & il est plus meritoire fait par obeyssance, plus satisfactoire & plus medecinal: partant il ne luy manque rien afin que le Pere spirituel le puisse donner en penitence des pechez commis.

Ie veux remarquer icy auant que de conclurre vne chose grandement importante touchant ce poinct, de peur que quelqu'vn n'estant pas suffisamment conuaincu par la doctrine que nous auons preuuée aux Chapitres derniers, & que nous deffendons maintenant par les opinions communes, & par les intelligences plus conformes aux enseignemens des Saincts, à sçauoir qu'il est meilleur, & plus salutaire aux occasions proposées de differer la Communion, que de s'en approcher, à raison de la reuerence qui est deuë à cet auguste Sacrement; de peur, dis-je, qu'il ne semble à quelqu'vn qu'il peut suiure en la pratique auec toute asseurance l'opinion contraire, ie remarque qu'il n'y a personne tant aheurté que l'on voudra à son aduis, qui au moins ne iuge probable par les principes exterieurs, ce que tant de grands personnages doctes, & deuots, nonobstant toutes les raisons contraires ont enseigné, & enseignent. Ie dis le mesme touchant ce dernier poinct, qu'il n'y aura aucun pour opiniastre qu'il soit, qui ayant consideré les raisons fondées en l'vsage, en la doctrine commune, & aux Canons sacrez de l'Eglise, ne iuge aussi que nostre opinion est probable, à sçauoir que le Pere spirituel peut aux occasions susdites enioindre pour penitence le delay de la Communion, supposées aussi les conditions dont nous auons parlé: or assemblant ce principe auec vne autre doctrine certaine, & asseurée, que toutes les

T iij

fois que le Superieur suiuant vne opinion probable, commande quelque chose à l'inferieur, il est obligé de luy obeyr; ie conclus clairement, que le Confesseur donnant pour penitence des pechez confessez, le delay de la Communion, le penitent sera obligé de l'obseruer: dautant que le Pere spirituel est Superieur du penitent, en ce qui touche la penitence, & il suit vne opinion probable la luy enioignant: partant les penitents ne doiuent point en la pratique y contreuenir, quoy que ce soit vn poinct de dispute aux Escoles.

CELA supposé l'on peut sans difficulté respondre à la premiere raison des Aduersaires, par les preuues de nostre conclusion. Ie dis à la seconde, qu'il est vray que la Communion, & les autres œuures penibles & de satisfaction sont esgales en ce poinct; veu que tout ainsi que le Pere spirituel peut donner en penitence de differer la Communion, comme nous auons dit, quand il est plus expedient au Penitent: de mesme il pourra iustement luy commander pour penitence, de ne pas donner l'aumosne, de ne ieusner pas, de n'estre pas en l'oraison, lors qu'il luy sera plus conuenable pour quelques raisons particulieres; & en certaines occasions de ne la pas donner, de ne ieusner pas, & de n'estre pas en oraison: & il pourra offrir à Dieu par cet acte d'obeissance, qui de soy est bon, & comme tel meritoire & satisfactoire, quelque recompense des peines deuës à ses pechez.

IE dis à la troisiesme raison, que l'excommunication n'a pas esté seulement appellee de ce nom, parce qu'elle priue de la Communion du corps & du sang du Fils de Dieu: mais encore parce qu'elle rend indigne l'excommunié de participer aux merites des SS. que nous appellons aussi Communion, & qu'elle le separe comme vn membre pourry du corps mystique de Iesus-Christ, qui est son Eglise; en quoy consiste proprement l'essence de l'excommunication, & tout le reste n'en est qu'vn effet. Et quoy qu'il soit ordonné en quelques Decrets, que l'on n'impose point la peine de priuation de la Communion du corps de Iesus-Christ pour des pechez legers: cela se doit entendre de la peine publique, & au throsne exterieur, dautant qu'il contient vne grande difformité & infamie: mais elle n'a aucune difformité au tribunal de la conscience; ains au contraire, c'est vne bonne œuure de differer la Communion, quand il est plus conuenable au penitent faute de preparation, ou bien à raison de quelqu'vn des empeschemens susdits.

### §. II.

*Où les raisons sont proposees, par lesquelles les Aduersaires veulent prouuer que ceux-là faillent, qui demandent le conseil ou la permission du Pere spirituel pour s'approcher de la Communion, et encore plus de ceux qui la donnent.*

LEs Aduersaires apres auoir exempté les penitens de la iurisdiction du Confesseur, qui

296 *Pratique de la frequente*

est Ministre du Sacrement, ont tasché encore de les exempter de sa direction & de son gouuernement: afin qu'ils fussent entierement libres, & n'eussent aucune chose qui les empeschast de suiure la frequentation, qu'ils leur veulent persuader: asseurant que ceux faillent grandement, qui consultent le Pere spirituel, & luy demandent la permission de communier, & encore plus lourdement ceux qui la leur donnent: dautant que le Confesseur n'a que voir en aucune chose qu'en l'absolution, remettant au iugement du penitent s'il doit communier, ou non: il doit suiure en cela ce que luy dictera la conscience; & l'on esuitera par ce moyen le danger qu'il y a de faillir, luy conseillant le pire, & ce qui ne luy est pas expedient.

Ils ont accoustumé de prouuer ce poinct par quelques argumens. Le premier est fondé sur l'authorité si souuent redite de S. Paul: *a Que l'homme s'esprouue soy mesme, & qu'il mange ainsi de ce pain, et boiue de ce calice.* L'Apostre en ces paroles ne designe aucun maistre, ou Pere spirituel; mais il renuoye l'examen & la preuue de la disposition que l'on a pour receuoir dignement le corps de Iesus-Christ, à celuy mesme qui doit communier. Et au vieil Testament, Dieu laissa en la volonté & discretion d'vn chacun de recueillir la Manne, qui a esté vn symbole admirable de ce diuin Sacrement, en la quantité & mesure qu'il trouueroit bon. *b Chacun en recueilloit au matin autant qu'il iugeoit necessaire pour le nourrir.*

*a Probet autē se ipsum homo, & sic de pane illo edat, & de calice bibat.*

*b Colligebant mane singuli quantū sufficere poterat ad vescēdum.*

# Communion.

Les tesmoignages de plusieurs Peres de l'Eglise conuiennent auec l'Escriture. Si l'vn dit qu'il ne faut pas communier tous les iours, & l'autre deffend le contraire, c *Qu'vn chacun*, dit S. Augustin, *se comporte en cecy selon qu'il iugera le meilleur.* Et S. Iean Chrysostome parlant de l'vsage qui estoit en son temps, à sçauoir, que le Diacre auant la Communion, à haute voix aduertissoit les fideles, que ceux se retirassent & sortissent de l'Eglise, qui n'estoient pas suffisamment disposez pour s'approcher de ceste table celeste, dit que cela se remettoit à la conscience d'vn chacun: d *Dautant que personne*, dit ce Sainct, *ne peut cognoistre l'interieur de son prochain; & qui peut voir ce qui est dans l'homme, que l'esprit mesme de l'homme? Partant, le sacrifice estant acheué, le Diacre aduertit à haute voix, de peur que personne ne s'approche de cet auguste Sacrement par maniere d'acquit, & temerairement.* Il le dit encore plus expressémet autre part: e *L'Apostre n'a pas commandé,* dit-il, *que l'vn esprouuast et examinast l'autre: mais que chacun s'examinast soy-mesme, esleuant vn tribunal où le peuple ne peut entrer, & faisant des informations sans tesmoins.* Plusieurs autres anciens Peres parlent de la sorte, & en suite S. Thomas, voulant resoudre qui doit iuger ceux qui sont capables ou incapables de communier iournellement, selon les regles qu'il en donne,

c *Faciat vnusquisque quod secundum fidem suā piè credit esse faciendum.* D. August. Epist. 118. ad Ianuar.

d *Quoniam enim homo proximi res scire nō potest; quis enim hominū scit quæ sunt in homine, nisi spiritus hominis, qui est in eo? Diaconus hac voce emisit, vt nemo temerè, & d casu ad spirituale vexiat fontem.* D. I. Chrysostom. 61. ad popul.

e *Neque iussit Apostolus alterū alterum probare, sed sibi se ipsum faciens iudicium, ad quod populo non pateat aditus, & probationem, quæ careat testibus.* Idem hom. 28. sup. Ep. ad Ephes.

*Pratique de la frequente*

conclud; ᶠ *Que l'on doit remettre cet affaire à la volonté et au jugement d'vn chacun.* Durand, Gabriel, Thomas de Argentina, & Richard, disent tous la mesme chose, & ceste doctrine est commune entre tous les Theologiens Scholastiques.

CES authoritez sont fortifiées par les raisons. La premiere est, que tous les Chrestiens estans en estat de grace, ont droict à la Communion, qui ne leur peut estre osté ou empesché par le Confesseur; c'est la raison que donna S. Thomas, quand demandant si le Prestre peut desnier la Communion à vn pecheur incognu, dit que non, & en donne la raison: ᵍ *D'autant que le Chrestien a droict de s'approcher de la table sacrée, à raison du Baptesme qu'il a receu, & personne ne le peut priuer de ce droict.* Partant, le Pere spirituel faille lourdement de deffendre de la propre authorité la Communion au Penitent, luy rauissant la liberté que le droict diuin luy donne.

QVE si quelqu'vn respond, qu'il est vray que le droict donne ceste liberté au penitent; neantmoins qu'il est plus expedient pour luy de suiure l'aduis de son Confesseur en cecy, comme en tout le reste, qui regarde la conduite de son ame. Ie diray qu'il est ainsi, qu'il faut consulter vn autre, quand l'on iuge qu'il sçait plus de ceste affaire, & qu'il en pourra mieux donner son aduis que celuy qui la consulte, ou bien quand elle est douteuse: or est il qu'il ne se rencontre rien de tout cela au cas proposé; d'autant que le Pere spirituel

---

ᶠ *Sed in hoc vnusquisque suo est iudicio relinquendus.* D. Thom. 4. sent. dist. 12. qu. 3. art. 1. quæst.

ᵍ *Quia Christianus eo ipso quod baptisatus est, habet ius adire Dominicam mensam, & non potest ei ius suum tolli.* Idem 3. part. quæst. 80. art. 3.

ne peut sçauoir, ny ne peut cognoistre l'affaire pour laquelle on le consulte, veu que la pureté de conscience, l'attention, la reuerence, & les autres dispositions requises à la Communion, sont des choses interieures cognuës seulement de Dieu, & de celuy qui les possede, comme a dit S. Iean Chrysostome : *b Qui peut cognoistre l'interieur de l'homme, que l'esprit mesme de l'homme ?* D'abondant ceste affaire n'est point douteuse, mais certaine, par des principes de la foy, superieurs à toute consultation : car laissant à part les actes interieurs, qui rendent entiere la disposition necessaire pour communier, & dont personne ne peut iuger que le mesme penitent ; l'on pourroit douter seulement lequel est le meilleur & le plus expedient de se retirer de la Communion par respect & reuerence, ou de s'en approcher auec amour & confiance : & c'est vne chose desia resoluë par les principes de la foy, à sçauoir, que la confiance est meilleure que ceste crainte respectueuse. Les Aduersaires concluent de là plusieurs choses. La premiere, que c'est vne action oysiue au penitent de demander permission à son Pere spirituel de communier ; puisque ce n'est pas vne matiere subiecte à sa iurisdiction. La seconde, qu'il en est de mesme de celuy qui luy demande conseil, dautant que le Confesseur n'a aucun principe pour en pouuoir resoudre. La troisiesme, que ceste consultation pourroit estre quelquefois coulpable, à sçauoir quand le penitent se met en danger que le Confesseur luy donne des

*b Quis enim hominum scit qua sunt hominis, nisi spiritus hominis, qui est in eo ?*
D. Chrysost. ubi sup.

scrupules par son conseil & luy rendre douteux ce dont il estoit asseuré auparauant, empeschant de ceste sorte son auancement spirituel. La quatriesme, qui suit les autres, que ce sera semblablement vne action oysiue au Pere spirituel de donner ce conseil & ceste permission au penitent, veu qu'il n'a aucune iurisdiction pour donner ceste permission, ny cognoissance pour donner ce conseil. La cinquiesme, qu'il fera mal souuentefois, sçauoir est toutes & quantes fois que luy ayant donné l'absolution de ses pechez, il luy desniera la permission de communier, on luy conseillera le delay, parce qu'il empeschera le fruit spirituel de son penitent, ou se mettra en danger de l'empescher, & ce n'est vne petite faute que de luy faire perdre vn profit si important.

LA derniere chose qu'ils inferent de ce qui esté dit, est que non seulement le penitent n'est pas obligé d'obeir en cecy à son Confesseur, voire qu'il fera mal de suiure son conseil. *Dautant qu'il ne faut pas obeir*, dit S. Bernard, *à ceux qui commandent quelque chose mauuaise: parce que celuy qui se monstre obeissant aux commandemens iniustes des hommes, il se monstre en cela mesme desobeissant à Dieu, qui defend le mal.* Si S. Bernard parle de la sorte de ceux qui commandent mal à propos, en ayans toutefois la iurisdiction, que diroit-il de ceux qui n'ont que la puissance de conseiller? il diroit sans doute qu'on ne doit pas obseruer le mal qu'ils commandent, ny suiure la chose moindre qu'ils conseillent; & ainsi si le

*i Male imperantibus non est parendum, præsertim dū prauis obtemperans imperiis, in quo homini videris obediens, Deo, qui omne quod perperã agitur interdicit, in obedientem te exhibes, &c.*
D. Bernardus Ep. 70.

Confesseur conseilloit de differer la Communion par reuerence à celuy qui est en estat de grace, & qui s'en veut approcher auec amour & confiance, il feroit mal de luy obeir; parce que ce conseil luy persuade au moins ce qui n'est pas si parfait que ce qu'il pretendoit de faire.

Ils concluent ce poinct, & disent, qu'encor que les ignorans puissent quelque fois consulter sans imprudence leur Confesseur, touchant le nombre des Communions qu'ils doiuent frequenter: neantmoins c'est vne chose blasmable aux personnes qui ont quelque cognoissance.

### §. III.
*Où l'on remarque quelque chose touchant l'authorité du Pere spirituel, importante pour vne plus grande intelligence de ceste difficulté.*

Il faut supposer quelques doctrines certaines pour parler auec fondement de ceste difficulté. La premiere, que le Confesseur a deux choses, l'vne est la puissance & la iurisdiction, comme ministre du Sacrement, qui est appellée *potestas clauium*: l'autre est l'authorité de Pere spirituel, par le moyen de laquelle, supposée la cognoissance qu'il a du penitent, il le gouuerne aux choses interieures de son ame. Il est vray que ces deux choses ne sont pas tant vnies, qu'elles ne se puissent separer: car on peut bien choisir vn Pere spirituel, à qui l'on rend compte hors de la Confession des choses principales de son ame, & de qui l'on prenne conseil pour s'y comporter comme il faut; & se confesser à vn autre, comme l'on fait ordinairement aux Religions, où les Superieurs, & Prelats, sont proprement les Peres spirituels, à qui n'appartient pas seulement la conduite exterieure, mais encore l'interieure de leurs Religieux; & les Confesseurs n'ont que la iurisdiction du ministere du Sacrement, si ce n'est que le Prelat luy communique sa puissance, afin d'estre soulagé en ce gouuernement interieur. Partant, comme il est necessaire que le Pere spirituel, pour en faire l'office, ait vne grande cognoissance de l'interieur de celuy qu'il doit gouuerner: Il sera le meilleur pour ceux du monde, de choisir pour leur Pere spirituel leurs mesmes Confesseurs, sans prendre la peine d'en choisir vn autre, à qui ils manifestent hors de la confession l'interieur de leurs consciences, & toutes leurs inclinations. C'est pourquoy les seculiers n'ont point d'autres Peres spirituels que leurs mesmes Confesseurs, qui se seruant de la cognoissance qu'ils ont de leurs penitens par la confession de leurs pechez, & par la reuelation de tout ce qu'ils font de leurs inclinations bonnes & mauuaises, de leurs deuotions & vertus, les gouuernent en tout ce qui regarde leur auancement spirituel. Partant, quand nous demandons si c'est à propos que le penitent demande permission à son Confesseur pour communier, & suiue en cecy son conseil, nous entendons par Confesseur celuy qui a auec la puissance de ministre du Sacrement, l'authorité de Pere spirituel, par l'eslection volontaire du penitent.

LA seconde chose que nous supposons est tres-asseurée, & le premier principe en l'eschole de deuotion, sçauoir est, qu'il faut auoir vn Pere & maistre spirituel, pour ne se fouruoyer au chemin de la perfection, & ne manquer en l'exercice de la vertu, mais pour y profiter. Ie n'aurois iamais fait, si ie voulois apporter tous les passages des Saincts qui traitent de ce poinct, & qui iettent ceste premiere pierre fondamentale pour y fonder toute la vie spirituelle. Sainct Basile, *a* S. Hierosme, *b* Cassian, *c* S. Isidore, *d* S. Nil *e* Abbé, S. I. Climaque, *f* S. Dorothée, *g* S. Gregoire, *h* S. Bernard, *i* S. Vincent *k* Ferrer, S. Bonauenture, *l* finalement tous ceux qui ont pris la plume pour traiter du gouuernement spirituel de l'ame, ont conseillé de choisir vn Pere spirituel, comme la premiere chose, & la plus necessaire pour s'auancer en la perfection.

CESTE necessité de Pere spirituel se fonde en la nature mesme de l'homme desordonnée par le peché. Car l'ignorance causée en l'entendement par la coulpe, commence par l'homme mesme: partant la premiere chose que le plus sage ignore, c'est soy-mesme; les desordres de la volonté, qui sont aussi des effects du peché, commencent semblablement par l'amour de soy-mesme, dont personne ne se despouille entierement: & de là vient qu'à peine y a-il vn homme qui puisse donner vn

*a D. Basil. de Constit. monast. cap. 23. & in ser. monit. ad vitam monast.*
*b D. Hier. Ep. 4. ad Rust. & Ep. ad Demet.*
*c Cassianus Coll. 2. cap. 11.*
*d Isid. Pelusiota lib. 1. Ep. 260.*
*e Nilus Abb. in suo ascet.*
*f D. Ioan. Clim. grad. 4. de obed.*
*g D. Dorot. doctr. 9.*
*h D. Greg. l. 1. Past. cap. 1.*
*i D. Bern. de interiori domo c. 66.*
*k D. Vincentius Ferrer. tract. de vita spirit. 4.*
*l D. Bonau. de sex alis Seraph. c. 1. & 2.*

## Pratique de la frequente

iugement infaillible, ny auoir vne bonne resolution en ses propres affaires. m Il faut tenir comme vne chose tres-asseurée, dit S. Basile, que la plus difficile du monde est de se cognoistre soy-mesme, & de se gouuerner; dautant que tout homme s'ayme naturellement auec passion, qui les aueugle, & fait qu'ils se trompent ordinairement au iugement de leurs propres affaires: Il n'en est pas de mesme pour cognoistre nostre prochain, c'est vne chose tres aisée, parce que l'amour propre n'empesche pas d'en faire vn veritable iugement. Sainct Bernard dit tout le mesme: n Ie voudrois bien sçauoir quel ie suis, mais à peine peux-ie faire vn iugemēt veritable, parce que l'amour propre m'en empesche: & c'est la raison pourquoy ie ne me croy pas moy mesme, comme estant homme mensonger, ie crains que si ie me iuge moy mesme, la malice ne se trompe soy-mesme, comme a dit Dauid. Les autres Peres parlent de ceste sorte.

Il faut supposer en troisiesme lieu, que ceste necessité de Pere spirituel comprend toute sorte de personnes, mesme les hommes les plus spirituels & les plus parfaits, les plus sages, & & les mieux entendus: dautant qu'elle naist en l'homme de l'ignorance de soy-mesme, & de l'amour propre, deux maux si vniuersels, qu'il faut auoir vne profonde humilité, & estre grandement mortifié, pour n'en estre atteint. Saint Bernard estoit vn grand personnage, sage & parfaict: neantmoins il recognoissoit qu'il auoit de besoin d'vn maistre spirituel, comme il appert par le tesmoignage precedent. Saint
Bo-

---

*m Illud firmissimum tependum est, rem omnium difficill, mam esse se ipsum cognoscere, & curare: propterea quod homo se ipsum naturaliter amet, & quilibet propterea quod in se ipsos propensi sunt, in veritatis iudicio falluntur. Porrò ab alio cognosci, curarique facile est, cum ijs, qui cæteros iudicant ad discernendam veritatem nequaquam obstet amor sui ipsorum. D. Basil. loc. citat.*

*n Scire vellē qualis ipse sim, sed vix de me ipso vera discernere possum; amor namque priuatus, quem erga me ipsum*

## Communion. 305

Bonauenture o est admirable en ce poinct: Les personnes, dit-il, qui se veulent passer de Pere spirituel, doiuent auoir les choses suiuantes. Ils ne doiuent rien ignorer, de peur qu'ils ne manquent en quelque chose qui leur soit conuenable & que ny l'homme, ny le diable, ny la propre concupiscence, ne les puissent tromper: ils doiuent auoir le don celeste de discretion d'esprit: ils doiuent estre tant affectionnez & inclinez au bien, qu'ils haïssent quasi naturellement le mal: ils doiuent estre si humbles en toutes choses, que les dons & les faueurs de Dieu ne leur causent en l'ame des suiets de vanité, & qu'ils ne croyent pas qu'ils sont exempts de tout peché: ains au contraire, il faut qu'ils remarquent curieusement les excedsde leurs paroles, de leurs pensees, de leurs œuures, de leurs obmissions & commissions, & qu'ils les corrigent & les chastient seuerement: finalement il est necessaire qu'ils soient fermes & constans en toutes les choses susdites, de telle sorte que s'ils sont esbranlez quelquefois, ils ne soient iamais bouleuersez de cet estat & degré de vertu, ny par vanité, ny par distraction, ny par crainte, ny par aucune difficulté. Tout cela est de S. Bonauenture, qui iugeant que c'est vne chose grandement difficile, voire impossible, moralement parlant, de trouuer quelqu'vn qui ait toutes ces qualitez, conclud de ceste sorte: p D'autant qu'il est bien difficile de trouuer des hommes tels que nous venons de les depeindre, c'est le meilleur & le plus expedient à toute sorte de personnes, voire mesme aux Prelats & Superieurs, iusques au Pape, qui est Vicaire de Iesus-Christ, & Chef de toute l'Eglise, de choisir vn Pere spirituel qui les gouuerne. De façon que selon

*habere, au-fert mihi vsum iudicium de me ipso. Idcirco parū mihi credo de me ipso, vtpote homini mendaci, timēt ne sime ipsum iudico, mentiatur iniquitas sibi. D. Bern. loc. cit.*

o *D. Bonau. loc. cit.*

p *Quia vero tales difficile est reperiri, ideo etiā illi, qui alijs præsūt, vt melius & cautius agant, necesse habēt*

V

ceste doctrine, ny la saincteté de vie, ny la prelature, voire la supréme de l'Eglise, sont affranchies de ceste necessité de maistre, & de Pere spirituel.

Les lettres & les sciences n'affranchissent pas non plus de ceste necessité ceux qui les possedent: q Celuy arriuera, dit S. Vincent Ferrer, à la perfection plus promptement, plus facilement, & auec plus d'asseurance, qui choisira vn maistre spirituel à qui il rende compte de toutes ses actions & inclinations, & par lequel il se gouuerne mesme aux choses les plus legeres, quoy qu'il soit doüé d'vn esprit tres subtil, & qu'il ait des liures, où il puisse voir & entendre tout ce qui est necessaire à l'exercice de la vertu, & à l'aquisition de la perfection. Antoine Abbé dit tout le mesme: r Quand nous serions encore mille fois plus capables que nous ne sommes, & mieux entendus en tout ce qui est necessaire: neantmoins nous auons besoin de conseil, d'autant que nous sommes hommes. Vous pourrez voir si vous voulez Cassian, qui parle de ce poinct en la Collation 2. Chap. 11. de façon que personne n'en est excusé, ny le Sainct, ny le sage, ny celuy qui est en la plus haute dignité. Que si quelqu'vn objecte que celuy qui doit enseigner & gouuerner quelqu'vn, doit estre plus sage & plus sainct que luy: Ie respondray, qu'il n'est pas necessaire; veu que tout ainsi que c'est vne chose grandement difficile de se cognoistre soy-mesme, & de se gouuerner, comme nous auons dit de S. Basile: de mesme c'est vne chose assez facile de cognoistre vn autre, & de le gouuerner: de là vient, à sçauoir de la diffi-

*alijs subesse, à quibus regatur, usque ad summum omnium Pontificem, qui vice Christi caput est totius Ecclesiæ. Idem ibid.) q Quantumcumque vigeat intellectus acumine, & libros habeat, in quibus videat virtutum omnium structuram exaratam. D. Vincent. Ferrer. loc. citat. r Si millies capiatiores, simus, & ea quæ fieri oporteret, conspiciamus, homines sumus, & consultore indigemus. Anth. Abb. serm. 10. de Melif.*

culté de l'vn, & de la facilité de l'autre; que celuy qui est moins sainct, & moins entendu; est plus capable d'instruire & de gouuerner vn autre; que le plus sainct & le plus sage n'est capable de se gouuerner soy-mesme : c'est la raison pourquoy toute sorte de personnes, sans aucune exception, ont besoin d'vn maistre en la vie spirituelle.

Nous supposons en quatriesme lieu, que la conduite du Pere spirituel n'est pas seulement necessaire pour les actions exterieures des vertus, mais aussi pour les interieures : car leur cognoissance estant plus difficile, elles sont plus sujetes aux illusions, & cõsequemment la conduite d'vn autre leur est plus necessaire. C'est la raison de Cassian. Si on ne peut apprendre parfaitement les sciences & les disciplines, que l'esprit humain a inuenté, & qui seruent seulement à la vie temporelle; qui sera si hors de soy de croire que l'on peut apprendre parfaitement celle dont nous parlons sans maistre, vne science si inuisible & cachée, que non seulement les yeux n'y peuuent donner atteinte, voire ny le cœur, ny l'esprit, s'ils ne sont grandement espurez : science dont l'ignorance ne cause pas moins que la perte de l'ame, & qui doit combatre de iour & de nuict des ennemis inuisibles. Tous les Saincts parlent de ceste sorte; supposans comme vn premier principe, que la principale conduite du Pere spirituel est pour l'interieur. Et si quelqu'vn obiecte que les actes interieurs sont cachez, & que personne ne les peut penetrer que celuy qui les fait. Ie diray que l'office de Pere spirituel suppose que le penitent luy

*Etenim cū omnes artes, & disciplina humano ingenio reperta, & quæ nihil amplius quàm temporaria huius vitæ cõmodis prosunt; restã tamẽ à quoquam sine instituentis doctrina nequeūt cõprehendi; quàm ineptū est credere hanc solam quæ & inuisibilis, & occulta est, & quæ non solùm oculis, sed ne animo quidẽ, nisi corde purissimo perspici poterit, cuius error nõ tẽporale damnũ, neq; quod facile reparetur sed animi perditionẽ parit: hæc etenim nõ

V ij

*aduersus vi-*
*sibiles, sed*
*inuisibiles,*
*& immites*
*hostes diur-*
*nu, noctur-*
*núque con-*
*flictum.*
*Cassian. loc.*
*cit.*

ait donné cognoissance de sa conscience, & de tout ce qu'il a dans l'ame, ou en la confession, ou autrement. Partant, les Saincts qui conseillent à tous ceux qui veulent profiter en la vertu, de prendre vn maistre spirituel, leur conseillent quant & quant de luy rendre compte fort particulierement de tout ce qu'ils ont en leurs consciences, non pas seulement des pechez, mais aussi de leurs deuotions, de leurs vertus, & des graces que Dieu leur a fait, des œuures de penitence qu'ils font, de leurs inclinations, & des mouuemens de leurs ames.

L'on cognoist de là la difference qu'il y a entre le Superieur, entant que Superieur, & entre le Pere spirituel; que le Superieur, comme tel, n'a point de iurisdiction sur les actes interieurs qu'indirectement, à raison des actes exterieurs : mais le Pere spirituel a authorité sur les actes purement interieurs, non pas pour en imposer aucun precepte, ains pour les gouuerner. Il faut remarquer cela pour l'intelligence de ce que nous dirons au Paragraphe suiuant.

### §. IV.

*De l'estime que l'on doit faire du conseil & du iugement du Pere spirituel.*

COMMENÇONS par ce qui est certain & hors de toute opinion, à sçauoir de ce qui regarde les Superieurs des Religions, lesquels ont vne si grande authorité sur les Religieux, à raison du gouuernement temporel & spirituel qu'ils en ont, que leur iugement & leur volonté en toutes les choses qui ne sont pas clairement mauuaises, & exterieures, & interieures, doit estre estimé comme le iugement & la volonté de Dieu. Nostre Pere S. Ignace le dit admirablement, parlant de l'obeïssance, & apres auoir prouué que le Religieux doit mettre entre les mains de son Superieur la direction de toutes ses actions exterieures, spirituelles & têporelles, conclud ainsi : a Considerez le Prelat non pas comme vn autre homme subiect à faillir, mais comme Iesus-Crist, qui est la sagesse eternelle, la bonté souueraine, la charité infinie, qui ne peut tromper, ny estre trompé. Et puis que volontairement vous vous estes assubiectis au ioug de l'obeïssance religieuse pour l'amour de ce mesme Seigneur, afin de suiure auec plus d'asseurance la volonté de Dieu, suiuant celle du Superieur : vous ne deuez point douter aussi que la charité de ce Seigneur ne vous assiste tousiours & ne vous conduise par les vrais chemins, par l'entremise de ceux à qui vous vous estes assubiectis; partant receuez les commandemens du Superieur comme ceux de Iesus-Christ. Et continuant vn peu plus bas ceste poincte, il dit : b Le dernier remede le plus aisé de tous, & le plus vsité entre les Saincts pour captiuer son entendemêt, est que vous croyez que tout ce que le Prelat commande, est ainsi ordonné & commandé de Dieu : partant, il faut que vostre volonté se porte à l'execution, sans que l'en

a *Non intueamini in persona superioris hominem obnoxium erroribus, ac quemiserijs, sed Christū ipsū, qui ast sapientia suma, bonitas immēsa, charitas infinita, qui nec decipi potest, nec vos vult decipere. Et quoniā conscij vobis metipsis, vos Dei amore iugū obediētia subijsse, vt in superioris volūtate sequēda voluntatem diuinā certius sequeremini, volite dubitare quin*

V iij

## Pratique de la frequente

tendement s'enquiere si ce qui est commandé est iuste; tout ainsi que nous nous portons aux choses de la foy, y captiuant nostre esprit & nostre volonté. Toutes ces paroles sont de S. Ignace, qui monstre en peu de mots, comme grand maistre spirituel, l'estime que l'inferieur doit faire du conseil, du iugement & de la volonté de son Prelat, il doit croire que c'est le iugement & la volonté de Dieu, & s'y doit conformer en tout aux actes, & interieurs, & exterieurs, comme à la volonté de Dieu.

*Marginal note:* purgat fidelissima Domini charitas, eorum ministerio, quos vobis præfecit, vos deinceps gubernare, & rectis itineribus ducere: itaque superioris vocem ac iussa non secus ac Christi vocem excipite. D. Ignat. in vna Epist. quam scrips. de obed.

b Postrema subijciendi iudicij ratio est, cum facilior, tutiorque sit etiam apud sanctos Patres in more posita, vt statuatis vobis cum ipsi quidquid superior præcipit, ipsius Dei præceptum esse, & voluntatem, atque vt ad credenda quæ Catholica fides proponit, toto animo, assensuque vestro statim accumbitis: si ad ea facienda, quacumque superior dixerit cæco quodam impetu voluntatis parendi cupide, sine vlla prorsus inquisitione feramini. Idem ibid.

Quelqu'vn pourra obiecter que ce que nous venons de dire n'est pas à propos pour nostre question : dautant que l'on ne peut pas tirer consequence du Superieur au Pere spirituel, veu que le Superieur a vne iurisdiction legitime deriuée du souuerain Pontife, qui est Vicaire de Iesus-Christ ; partant l'inferieur doit considerer Iesus-Christ en luy, & respecter ses commandemens comme ceux du Fils de Dieu mesme, puis qu'il en tient la place: il l'assiste aussi d'vne grace particuliere, afin qu'il exerce cet office dignement: Mais les Peres spirituels n'ont point de iurisdiction, & ne sont que comme conseillers.

Il faut se ressouuenir icy de ce que nous auons remarqué au Paragraphe dernier, où nous disions que les Superieurs des Religions, entant que Superieurs, n'ont aucune iurisdiction ny authorité sur les actions purement interieures ; ce qui se preuue par vne raison euidente : toute leur iurisdiction est deriuée & deleguée du Pape, car le seul vœu d'obeïssance que font les inferieurs, n'est pas suffisant de la leur donner, comme dit le Pere Vasquez ; il faut que le Pape la leur communique pour receuoir ces vœux, & y conformer leur gouuernement : ainsi que si vn penitent faisoit vn vœu simple d'obeïr à son Confesseur, ce vœu ne luy donneroit pas la iurisdiction qu'il a pour absoudre des pechez : or est-il que le Pape n'a point de puissance sur les actes interieurs (selon la plus veritable opinion) il ne pourra donc pas la communiquer : & il est asseuré qu'il n'y a Superieur qui puisse commander en vertu de saincte obeïssance aucun acte interieur. Partant s'ils ont quelque authorité touchant ce point, ils ne l'ont pas entant que Superieurs. Quant aux actions exterieures, ils y procedent de deux façons : L'vne, quand ils commandent comme Superieurs, auec dessein d'obliger les inferieurs plus ou moins conforme à la qualité de la matiere qui est commandée, ce commandement est fait en vertu de saincte obeïssance : L'autre façon de proceder est, quand ils insinuent leurs volontez sans intention d'obliger à ce qu'ils commandent, mais seulement pour gouuerner. Ces deux fa-

*c Vasquez sup. 1. 2. D. Thom. disp. 8. n. 7.*

çons de proceder ne naissent pas d'vne mesme authorité : car toutes les fois que le Superieur legitime commande quelque chose sans doute les inferieurs y sont obligez, plus ou moins, conforme à la qualité de la matiere qui est commandee : c'est pourquoy tout le reste qu'ils ordonnent, qui n'oblige pas & ne sert que pour gouuerner, ne se deriue pas de la mesme authorité du Superieur, mais d'vne autre differente. Partant les Theologiens distinguent au gouuernement des Prelats Religieux deux authoritez, l'vne de iuge, l'autre de Pere ; elles ont diuers effects : la premiere oblige, & non pas la seconde, elle instruit seulement & conduit. Elles ont pareillement diuers principes, d'où elles naissent : la premiere, à sçauoir celle de Superieur, se deriue de la puissance supréme de l'Eglise : la seconde, à sçauoir celle de Pere, procede de la resignation volontaire des inferieurs, qui se mettent entre les mains des Superieurs pour estre instruicts & gouuernez selon la volonté de Dieu.

Et quoy que ceste seconde authorité ne vienne pas de celuy qui tient la place de Iesus-Christ : neantmoins ceste resignation d'où elle prouuient est suffisante, afin que l'on die auec verité que le Pere spirituel tient la place de Dieu, qu'il est interprete de sa diuine volonté, & que les Religieux qui se conformeront à son iugement, & à sa direction aux choses susdites, qu'ils feront la volonté de Dieu. Il n'en faudroit point douter ; parce que tout cela a esté le principal fondement de toutes les Religions, confirmé par plusieurs miracles, que Dieu a fait pour approuuer ceste façon d'obeyssance. C'est la raison pourquoy S. Ignace dit, que nous deuons croire auec vne certitude, & asseurance semblable à celle de la foy, que la volonté du Superieur mesme aux choses qui n'obligent pas, est la volonté de Dieu.

Si quelqu'vn demande, quand est-ce que les inferieurs font ceste resignation d'eux-mesmes aux Superieurs, leur donnant ceste authorité de Peres pour les gouuerner, & les conduire? Ie dis qu'elle ne se fait pas en vertu des vœux, ny n'est contenuë en leur matiere: d'autant que toute la matiere des vœux, de libre qu'elle estoit deuient necessaire, & c'est l'effect propre de la promesse, & du vœu, à sçauoir de lier, & obliger; consequemment l'authorité de Pere, qui n'oblige pas, ne peut estre vn effect d'vne cause, dont tous les effects sont necessaires. C'est pourquoy puis qu'elle ne vient pas de la communication de la puissance du Pape, comme nous auons prouué, ny des vœux; il faut dire de necessité qu'elle prouient de ceste libre eslection des inferieurs mesmes, qui pour ne manquer au chemin du Ciel, se resignent volontairement à vn Superieur, pour estre gouuernez selon l'estat qu'ils professent: & par le moyen de ceste resignation Dieu declare sa volonté par l'entremise des Superieurs.

Cela supposé, ie conclus deux choses. La

premiere, que par tout où se trouuera ceste resignation, par laquelle vne ame renonçant à sa propre volonté, & à son iugement, se mettra entre les mains de quelque personne prudente, & exercée en la vertu, la choisissant pour son Pere spirituel, & pour estre instruite en la perfection, quoy que cela soit sans vœux, sans iurisdiction de Superieur, elle doit croire que Dieu luy declarera infailliblement sa volonté, par le moyen de celle de son Pere spirituel. C'est surquoy les Saincts se fondent, exhortant tous ceux qui desirent cheminer à la perfection, & profiter en l'exercice des vertus, qu'ils n'y fassent aucun pas sans guide, encor qu'ils ne soient pas Religieux, dautant que tout le profit d'vne ame consiste à faire la volonté de Dieu en toutes choses, & grandes, & petites; & ceste resignation en est le moyen le plus asseuré : *d* C'est vne chose bonne, dit sainct Hierosme, d'obeyr aux anciens, & de suiure le conseil des parfaits, d'apprendre d'vn autre, apres les reigles de l'Escriture, le moyen de bien compasser sa vie, & non pas se gouuerner par vn si mauuais Maistre, comme est la presomption. Comme s'il disoit, il faut estimer le conseil, & le iugement des hommes parfaits presque aussi asseuré que la saincte Escriture.

LA seconde chose que ie conclus des choses supposées, est que si Dieu en vertu de ceste resignation fondée en l'indigence naturelle de l'homme (qui ne peut auoir de certaines, & fermes resolutions en ses propres affaires) fondée en l'humble cognoissance de soy-mes-

*d Bonum est obedire maioribus, pauere perfectis. Et post regulas scripturarum, vita sua tramitē ab alijs discere, nec praeceptore uti pessimo, scilicet praesumptione sua.
D. Hieron. ep. ad Demetr.*

me, & en la confiance qu'il a que Dieu luy esclairera par ce moyen, assiste par vne particuliere prouidence les Peres spirituels, pour declarer aux ames sa diuine volonté; Ie dis qu'il leur sera meilleur, plus salutaire, & plus asseuré de se conformer à leur volonté, encor que ce qu'ils ont ordonné ne semble pas si bon, que ce qu'elles pretendoient de faire; & les Saincts n'exceptent aucun cas, sinon quand ils commandent quelque chose, qui clairement est mauuaise. La raison est, que la perfection de l'ame ne consiste pas à faire des actions, qui de soy sont meilleures, & plus heroïques, mais à faire ce que Dieu commande: & quand quelqu'vn a choisi vn Pere spirituel, il luy doit obeyr, comme à Dieu, & comme à celuy qui est interprete de sa volonté. Les Saincts & les Sainctes ont exercé ceste façon d'obeyssance, l'accreditant par leurs exemples, les histoires en sont pleines; nostre Seigneur mesme l'a approuuée par plusieurs reuelations, & miracles, que ie ne mets pas icy pour n'allonger dauantage ce traicté.

Qvelqv'vn dira encore que si cela estoit, les penitens perdroient beaucoup de fruict, & de merite, laissant de faire des œuures plus heroïques, pour suiure le conseil du Pere spirituel, qui en ordonne d'autres moindres. Nostre Seigneur deliura saincte Brigide de ce mesme soin: Car se trouuant vn iour fort triste, parce que son Pere spirituel luy auoit commandé d'interrompre vn peu ses rudes penitences; la Vierge glorieuse luy apparut, &

luy dit : *Ne te deconsole pas Brigide*, d'autant que celuy qui ne met pas en execution la bonne volonté qu'il a de ieufner, ou de faire quelque autre œuure vertueuse par le commandement de son Pere Spirituel, a deux merites ; le premier de la bonne œuure, qu'il ne met pas en execution : parce que Dieu recompense les volontez ; & non les actions : le second de l'obeyssance. Il faut dire le mesme du delay de la Communion, quand il s'obserue par obeïssance : Car quoy qu'on n'obtienne pas par la seule volonté de communier le merite appellé *ex opere operato*, qui se donne en vertu du Sacrement : neantmoins on doit croire que le tout est recompensé en la suiuante Communion.

*e Au liu. 4. des reuelat. de saincte Brig. ch. 26. & 106. & au liu 6. ch. 49. & aux ex extrauag. ch. 61.*

## §. V.

*Où le dessein de ce Chapitre est prouué, à sçauoir qu'ce est le meilleur, & le plus asseuré de consulter le Confesseur, & de suiure son aduis au nombre des Communions.*

La preuue de ce projet est contenuë en ce que nous auons supposé aux deux derniers Paragraphes : toutefois ie le veux encore confirmer par authorité, & par raison. Et premierement tous les Saincts que nous auons citez au Paragraphe 3. seruiront d'authorité, ils disent qu'il faut obeyr en tout au Pere spirituel. *a* Il faut suiure sa volonté, dit S. Vincent Ferrier, en toutes les actions, & grandes, & petites. Il ne faut donc pas excepter l'vsage de la Communion, estant la plus grande.

*a Cuius obedientiam in omnibus actibus tam paruis quà magnis totaliter sequatur. Vincentius Ferrer. loco citato.*

Le Chapitre, *Omnis vtriusque sexus*, prouue la mesme chose: il est commandé en ce Chapitre que tous les fidelles communient à Pasques: *b Si ce n'est qu'il soit expedient de differer la Communion par le conseil du Confesseur, pour quelque cause legitime*. Le Pape se remettant par ces paroles au conseil du Confesseur, & limitant ainsi le commandement de communier vne fois l'année, monstre bien l'estime que l'on doit faire de ce conseil. Les Docteurs qui interpretent ces paroles, croyent que cet aduis du Confesseur est vne cause tres suffisante pour differer la Communion, & n'en demandent point d'autres plus grandes. S. Bernardin de Sienne a pris ces paroles de ce mesme Chapitre: *c Quelques-vns peuuent differer la Communion pour quelque cause legitime, par le conseil du discret Confesseur*. Alexandre de Hales dit tout le mesme.

SAINCT Augustin rapporte vne opinion touchant ce poinct, laquelle il tient pour probable, puis qu'il ne l'impugne pas. Voicy ses paroles: *d Quelqu'vn dit que si les peschez sont si enormes, & l'effort de la maladie tel, qu'il soit expedient de differer le medicament, afin qu'il soit salutaire, le penitent sera obligé de se retirer de l'Autel par le conseil du Prelat, afin de faire penitence, iusques à ce qu'il en soit iugé capable, par l'authorité du mesme: Car c'est receuoir indignement la Communion, que de s'en approcher au temps qu'il faut faire penitence: Et il n'est pas raisonnable que chacun de sa propre volonté se priue de la Communion, ou s'en iuge capable.* Sainct Augustin n'entend

*b Nisi forte de proprij Sacerdotis consilio ob aliquā rationabilem causam ad tempus ab eiusdē perceptione duxerit abstinendum. Innoc.3. in cap. Omnis vtriusq; sexus.*

*c Quidā de sui discreti Confessoris cōsilio ob aliquam rationabilem causā à cōmunione abstinere debent. D. Bern. de Sen. tom. 2. ser. 53. art. 1. c. 7.*

*d Non vt arbitrio suo quilibet, vel auferat se communioni, vel reddat. D. Aug. ep. ad Ianu. c. 3.*

pas par le temps, auquel il faut faire penitence, celuy qui precede l'absolution du peché, mais le suiuant, auquel anciennement l'on faisoit quelque penitence, selon les sacrez Canons, conforme à la qualité du peché, auant que de communier. Les dernieres paroles de ceste sentence me contentent plus que les autres: Il n'est pas raisonnable qu'il soit à la volonté d'vn chacun, de se priuer soy-mesme de la Communion, ou de s'en iuger digne: d'autant que cela demande vn meilleur conseil, & vn plus asseuré iugement, que celuy qu'vn chacun peut auoir en ses propres affaires.

L'AVTHORITE' de sainct Cyprian vient bien icy à propos, nous l'auons apportée au Chapitre neufiesme: il dit, que de son temps personne ne s'approchoit de l'Autel pour receuoir le corps de Iesus, sans la permission de l'Euesque, ou du Clergé, mesme n'ayant point des grands pechez. Et Vualfridus Strabon dit: *e Ceux qui suiuans le conseil de leurs Medecins spirituels, ne reçoiuent pas si souuent la medecine de leurs ames, s'en abstiennent de peur que leurs infirmitez ne s'augmentent, s'ils reçoiuent le medicament auant le temps.* Cet Autheur dit, que ceste opinion est ancienne en l'Eglise.

GERSON ne donne pas seulement ce conseil aux Laïques, mais aussi aux Prestres: *f Que chacun interroge sa conscience, & qu'il fasse ce que l'experience, & le conseil iugeront estre le plus expedient.* Le tres-deuot Iean Rusbroque est de mesme aduis, & parlant du premier degré de ceux qui communient dignement, dit qu'ils peu-

*e Qui autem tardi secundum iudicium spiritualiũ medicorum ipsi admittūtur ad medelã, ideo ad tẽpus abstinere debēt, ne præpropere incongrua suis valetudinibus ingerentes medicamina grauius ægrotens. Vual. Strab. libr. de reb. Eccl. c. 15.

uent communier toutes les fois que leur Confesseur leur en donnera la permission, & les aduertit : g Que s'il la leur refuse, qu'ils croyent que c'est la volonté de Dieu, & qu'ils se ressouuiennent du Roytelet de l'Euangile, & comme nostre Seigneur ne voulant pas aller à sa maison, sa vertu suplea à sa presence, luy disant : V a ton fils est en vie. Et autre-part parlant du troisiesme degré de ceux qui communient dignement, dit : h Tous les autres hommes spirituels qui sont hors des Religions, qui s'occupent en des exercices vertueux, à sçauoir aux ieusnes, à celebrer les festes, & aux autres œuures d'un bon Chrestien, obeyssant aux commandemens de Dieu, de son Eglise, et de ses Superieurs, pourront receuoir ce tres-auguste Sacrement par le conseil de leur Pere spirituel, selon la coustume du lieu où ils demeurent. I'ay dit au Chapitre precedent combien ce grand Personnage a d'authorité en ces matieres spirituelles.

Ie laisse à part plusieurs tesmoignages d'autres Docteurs, qui ne sont pas si anciens : mais il n'y a aucun de ceux qui ont traicté de ceste matiere, qui ne suppose comme premier principe, que le moyen le plus asseuré pour ne faillir au nombre des Communions, est de suiure le conseil du Pere spirituel. La plus grande preuue que l'on en puisse

f Quamobrē suam interroget quisq; conscientiā, & tunc per experientiā, & prudentioris alicuius cōsilium, id quod opportunius fuerit, exequatur. Gers. lib. de prapa. Miss. consid. 4.
g Quod si eis denegatum fuerit, cogitent id Dei fieri voluntate, animoque attēdant, & commemorēt id quod Dominus Regulo respondit, vade filius tuus vinit. Rusbroch. in spec. aeternae salut. c. 10.
h Caeteri homines spirituales qui extra Monasticos ordines constituti, & in bonis exercitiis, puta ieiuniis, festorum celebrationibus, cunctisque alijs bonorum Christianorum institutis, Deo, & sanctae Ecclesiae, ac Superioribus suis rectae rationis iudicio, & vera discretione obsemperauerint, itidem Domini venerabile corpus ex sui Sacerdotis consilio iuxta morem loci in quo degunt, accipient. Idem 16. c. 18.

donner, est de dire que c'est l'vsage commun de l'Eglise, & la croyance des fideles : tous les Saincts se sont conformez à cet vsage, suiuans les pas de ceux qui les ont deuancez. Voyez la vie de saincte Catherine de Sienne, de la saincte Mere Therese, de saincte Luithgarde, de saincte Gertrude, & de plusieurs autres Sainctes, & vous y verrez ceste doctrine souuentefois pratiquée, & approuuée de nostre Seigneur par des miracles, & par des reuelations.

Les Aduersaires se voyant conuaincus par tant d'authoritez, & que leur opinion est nouuelle, & mal suiuie, s'efforcent de prouuer deux choses. La premiere, qu'vne opinion ne doit pas estre moins estimée pour estre nouuelle, si elle a de bons fondemens. La seconde, que la verité se trouue souuentefois en l'opinion du plus petit nombre de personnes. Ces suites feroient à propos, si leurs fondemens estoient infaillibles, & leur verité claire comme le Soleil : mais ils n'ont ny l'vn ny l'autre. Si quelqu'vn desire sçauoir plus amplement l'authorité du sens commun de toute l'Eglise Catholique, touchant la verité des enseignemens qui appartiennent à la foy, & aux mœurs, qu'il lise le dernier Chapitre de la deffense que j'ay dit la Conception de la Vierge glorieuse, & il cognoistra que les Aduersaires ont choisi vn mauuais moyen d'eschaper la force de ceste preuue.

Allons à la raison, qui confirme nostre conclusion : elle est tirée des principales doctrines,

nes; qui sont esparses au long de ce traicté, & des choses que nous auons supposées aux deux Paragraphes precedens. Il n'est pas bon qu'vn homme se fie à son propre iugement, aux matieres qui appartiennent au gouuernement de son ame, & de sa conscience, où il y a danger de faillir; mais il doit suiure l'aduis de celuy qu'il a choisi pour Maistre spirituel, auec vne croyance que ce qu'il luy conseille est vne ordonnance de Dieu : ceste doctrine est prouuée aux Paragraphes precedens. Or est-il que c'est vne chose grandement difficile de taxer la frequentation de la Communion, qui est conuenable à chacun, & on est en danger d'y faillir : Partant c'est le meilleur de preferer en cecy le iugement du Pere spirituel au sien : d'autant qu'il est interprete de la volonté de Dieu : La consequence est bonne, & ainsi il ne reste qu'à prouuer la seconde proposition, à sçauoir que c'est vne chose grandement difficile de taxer le nombre des Communions, conforme aux merites d'vn chacun, & qu'on est en grand danger d'y faillir, si on n'y procede auec beaucoup de consideration.

Cecy se preuue par les deux poincts suiuans. Premierement, parce que la pureté de conscience est necessaire à la Communion, & les penitens n'en peuuent auoir vn iugement asseuré : les vns pour s'estre scrupuleux, qui ne croyent pas l'auoir iamais suffisante; les autres pour estre presomptueux, qui au contraire des premiers croyent qu'elle ne leur man-

X

manque jamais, comme nous auons remarqué au Chapitre 7. C'est pourquoy les vns, & les autres ont besoin de conseil. En second lieu, il est requis pour communier dignement d'auoir la droicture de l'intention, l'attention, la reuerence, & le desir, & de les auoir au degré de perfection, conforme à l'vsage que l'on frequente, comme nous auons dit aux Chapitres 6. 7. & 8. & encore au 12. & il y a vne tres-grande difficulté de cognoistre ces dispositions, & de les proportionner à la frequentation que l'on a choisie. En troisiesme lieu, il est encore plus difficile de cognoistre l'esprit, par lequel Dieu gouuerne vne ame, & de sçauoir s'il luy sera meilleur de suiure vne frequentation mediocre, nonobstant toutes les dispositions, ou bien celle de tous les iours, ainsi que nous auons remarqué au Chap. 13. Il y a aussi difficulté de iuger quand les empeschemens dont nous auons parlé aux Chapitres precedens, obligent à differer la Communion, & plusieurs autres difficultez particulieres qui demandent consultation; cela prouient de l'ignorance de soy-mesme, & de l'amour propre, & que la pluspart de tout ce que nous venons de dire est interieur. Partant le moyen le plus expedient, & le plus asseuré est, que le penitent renonçant à son iugement, & à sa propre volonté, se mette du tout entre les mains de son Pere spirituel, qu'il a choisi pour iuge de sa conscience, auec vne ferme croyance qu'il fait en cela la volonté de Dieu.

§. VI.

*Où l'on respond aux arguments de l'opinion contraire.*

Les preuues de la veritable resolution seroient suffisantes pour satisfaire aux raisons de l'opinion contraire ; neantmoins ie veux respondre à toutes en particulier. Ie respons à l'authorité de sainct Paul, qui dit qu'vn chacun s'esprouue, & s'examine soy-mesme, que ceste preuue se doit faire par les moyens qui sont les plus propres pour asseurer vne ame, qu'elle s'approche de cet Autel sacré auec les dispositions necessaires ; & le meilleur c'est de consulter le Pere spirituel ; de façon que cet examen de soy mesme n'exclud pas la consultation, comme elle n'exclud pas non plus la Confession, qui de necessité se doit faire à vn autre ; ains au contraire le Concile de Trente a tiré de ce passage la necessité de la Confession sacramentelle auant la Communion, supposé le peché mortel. L'on doit respondre de mesme aux tesmoignages de S. Augustin, de Sainct Iean Chrysostome, de S. Thomas, & de tous les autres qui en parlent de ceste sorte : ils aduertissent à ce que personne ne reçoiue le corps du fils de Dieu, sans auoir quelque asseurance d'y estre disposé, mais ils ne specifient pas par quel moyen on peut auoir ceste asseurance ; partant comme ils n'en excluent pas la Confession, ils n'en reiettent pas non plus la consultation.

Ie dis à la premiere raison, qu'il est vray que tout Chrestien a la Communion, estant en estat de grace; mais ie dis aussi, qu'il y a plusieurs Autheurs authentiques, qui asseurent que Iesus-Christ a assuietty ce droit aux Prestres, qui estans les dispensateurs de son corps, & de son sang pour tous les Laïques: ils ont encore la puissance de mesurer, & de taxer à vn chacun la portion qui luy est conuenable, conforme aux paroles de l'Euangile : a *Le seruiteur fidelle, & prudent, que le Seigneur a estably intendant sur sa famille, pour distribuer à vn chacun en son temps la mesure de bled qui luy est necessaire.* Cela semble vray-semblable, & la coustume de l'Eglise le confirme encore dauantage, nous en auons parlé au Paragraphe precedent: elle estoit du temps de S. Cyprian, auquel aucun laïque ne s'approchoit du S. Sacrement de l'Autel, sans la permission de l'Euesque, ou du Clergé. Il se confirme encore par la doctrine des Saincts, & des sacrez Canons, qui declarent que les Prestres sont obligez de refuser la Communion aux pescheurs publics : & il semble que ceste obligation est fondée sur la puissance qu'ils ont de donner, ou de refuser aux fidelles ce pain des Anges: Car s'ils n'auoient ceste puissance, il semble que les fideles estans absous, & maistres d'eux-mesmes en l'vsage du Sacrement, il n'y auroit aucune raison assez forte pour prouuer que les Prestres sont obligez de refu-

---

a *Fidelis seruus, & prudens, quem constituit Dominus super familiā suā, ut det illis in tempore tritici mensuram.*

ser la sacrée Communion. Ie ne veux pas m'arrester à deffendre ceste opinion; d'autāt que ie n'en ay point de besoin pour le dessein que ie poursuis; car ie n'ay que faire de prouuer par la puissance, par la iurisdiction, & par la dignité du Confesseur, ou à raison de quelque droit qu'il ait, qu'il est expedient que le penitent le consulte touchant la frequentation qu'il veut suiure en ses Communions; mais ie le dois prouuer par la necessité du mesme penitent: nous l'auons desia fait au Paragraphe precedent, à sçauoir pour ne faillir en l'election difficile d'vn moyen profitable à son ame.

Ie dis la seconde raison, que si le conseil est pour les matieres douteuses, & se doit rechercher en celuy qui le peut donner: que tout cela se rencontre au cas proposé, d'autant qu'il y a beaucoup de difficulté (ainsi que nous auons dit) à taxer la frequentation qui est conuenable à vn chacun, & l'on ne peut prendre resolution de soy-mesme en son affaire propre, sans danger de faillir: mais le Pere spirituel la peut donner, sans se mettre en danger de faillir, par la cognoissance qu'il a de la conscience du penitent, & comme interprete de la volonté de Dieu.

Partant il n'y a aucune verité, ny asseurance aux consequences qu'ils ont tirées de ces faux principes. La premiere, la seconde, & la troisiesme sont fausses; parce que non seulement ce n'est pas vne action oysiue de prendre conseil du Pere spirituel touchant les Communions, mais honneste, & profitable : car quoy que la matiere ne soit pas suiette à la iurisdiction du Confesseur; neantmoins le penitent a vn grand besoin de conseil en cela, à raison du danger où il est de faillir, s'il suit son iugement en vne matiere de tant d'importance : outre qu'il doit croire fermement que ce conseil que le Pere spirituel luy donne, est aussi asseuré comme si Dieu le luy donnoit : *b* Si on luy denie, dit Rusbroque, *la permission de communier, qu'il croye que c'est la volonté de vostre Seigneur.*

*b Quod si denegatum fuerit, cogitent id voluntate. Rusbr. loco citato.*

Ie respons à la quatriesme, & à la cinquiesme consequence, que la cognoissance que le penitent donne au Confesseur, par la confession de ses pechez, & par la manifestation de ses exercices vertueux, &c. est suffisante pour luy donner conseil en ceste matiere, ainsi qu'il a esté dit. Et consequemment il ne faillera pas luy donnant son conseil, s'il suit ce que luy dictera la raison : d'autant que l'on doit croire que Dieu l'assiste particulierement, pour declarer sa volonté par son moyen.

Ie dis à la sixiesme, que ce n'est pas mon dessein de prouuer que le penitent est obligé de se conformer au iugement, & à la volonté de son Pere spirituel: mais qu'il luy est meilleur, plus salutaire, & plus asseuré de la suiure en tout, comme celle de Dieu : nous y auons adiousté vne condition, à sçauoir quãd il commande quelque chose, qui de soy est mauuaise ; car pour lors il ne merite pas d'eestre obey: autrement il se doit conformer entierement à sa volonté. Tous les Saincts ont obserué ceste façon d'obeyssance enuers leurs Peres spirituels, ainsi que nous l'auons prouué au Paragraphe troisiesme de ce Chapitre.

Finalement ie dis à la condition, que les Aduersaires donnent à leur doctrine, à sçauoir qu'il est excusable en quelque façon aux ames simples, & ignorantes de consulter le Confesseur, & Pere spirituel, mais nō pas aux personnes qui ont tant soit peu de cognoissance, que nous y auons suffisamment respondu au Paragraphe troisiesme, où nous auons prouué que c'est le meilleur, voire necessaire à celuy qui desire arriuer à la perfection, nonobstant la doctrine, la saincteté, la prelature, & dignité, d'auoir vn Pere spirituel pour estre gouuerné mesme aux choses les plus legeres: à plus forte raison en ceste cy, qui est si difficile, & si importante.

*Conclusion de tout ce qui a esté dit en ce Liure.*

IE mettray fin à ce Traicté apres auoir declaré le dessein que i'ay eu de le commācer. I'ay eu desir de faire paroistre la doctrine des SS. Docteurs, & des Peres de l'Eglise touchāt ce suiet, ausquels i'ay tasché de me conformer entierement; i'ay voulu tirer de leur doctrine la prudence spirituelle, par le moyen de laquelle nostre Pere S. Ignace a donné à nostre Religion en ses reigles, la methode que tous deuroient obseruer, & en ce qui les regarde, & en ce qui regarde le prochain. Et afin que tout le monde entende que ceste methode est la meilleure, & la plus asseurée, suffit de voir que Dieu a pris pour instrument nostre Compagnie, pour y introduire le frequent vsage de la sacrée Communion; puis que quand elle commença il estoit tant décheu, & si peu estimé, comme tesmoignent les memoires de ce temps. Et il faut croire que Dieu a communiqué l'esprit d'enseigner, & de pratiquer ceste frequentation auec les circonstances que la prudence demande, à celuy à qui il fait la grace de l'introduire au monde: partant tous les Autheurs de nostre Compagnie, qui ont traicté de ceste matiere, ont suiuy ceste doctrine, comme la plus asseurée. Et si aucun d'eux n'a respondu aux obiections, dont les vnes ont tasché de desacrediter la doctrine, & la pratique, que nostre Pere S. Ignace nous a laissée: la raison est, qu'ils les estimoient foibles, & que le temps, & la commune opinion des hommes doctes, & spirituels seroit suffisante pour les destruire. Mais voyant que ceste mauuaise opinió se renforce tous les iours, porté du desir de profiter au public, & persuadé de quelques personnes zelées, i'ay mis la main à la plume pour escrire ce petit traicté, où ie fais paroistre la solidité de ceste doctrine, prenant pour guide celles des SS. & celles des principaux docteurs Scholastiques, lesquels i'ay suiuy, & me suis conformé à eux en tout ce que i'ay dit, auec dessein d'instruire les fideles en la verité, de seruir l'Eglise de Dieu, & d'exalter sa Majesté diuine par tous les siecles des siecles. Amen.

FIN.

# TABLE DES CHOSES
## LES PLVS REMARQVABLES
### de ce Liure.

*Les chiffres des pages sont par ordre en cette Table, si par hazard quelqu'un se trouue faux en l'Impression.*

## A

Absolution d'eau necessaire anciennement apres l'vsage du mariage pour entrer en l'Eglise, 140. 141

Agneau Paschal se mangeoit auec laictuës ameres, & pain sans leuain, pourquoy selon S. Thomas, 87. Figure du S. Sacrement, 258. n'estoit sacrifié ny mangé qu'vne fois l'année, *ibid.*

Aliment corporel necessaire tous les iours pour deux raisons, 167. en quoy il differe de l'aliment spirituel du S. Sacrement, *ibid.*

Anachorete auquel arriuoit pollution tous les iours qu'il deuoit communier, 119

Anachoretes ne communioient qu'vne fois l'année, 220. pourquoy si rarement, 222. 224

ỹ

## Table des Matieres.

Argumens de ceux qui disent que la seule pureté de conscience suffit pour la frequête Communion, 53. iusques au 60. responses à iceux, 60. & suiuant.

Argumens qui prouuent que la Communion iournaliere est pour toutes sortes de personnes, 243. & suiuant, iusques à 248. response à iceux, & les raisons contraires, 251. iusques à 273.

Attention necessaire pour la Communion, 90. 95. & suiuant.

Augmentation de la grace que causent les Sacremens, correspond à la disposition de celuy qui les reçoit, 39. 47

Autheurs qui ont dit que la Communion iournaliere estoit fondée sur vn precepte des Apostres, 10. & 11. ceux de contraire opinion, 12

Autheurs qui tiennent que la Communion de tous les iours n'est pas propre à toutes personnes, 253. 255

Authorité de S. Paul, *Que l'homme s'esprouue, &c.* comme se doit entendre, 65. 66

Authorité des Prelats Religieux de deux sortes, 312

### B

Baptesme receu auec contrition plus profitable, qu'auec la seule attrition, 40

Bien particulier doit tousiours ceder au commun, 236

Bosius dit que le Mercredy, Samedy, & Dimanche, estoient de commandement pour communier, 16

Bulgariens conseillez par le Pape Nicolas I. de

## Table des Matieres.

communier tous les iours de Caresme, 32. 54

## C

Canon du Concile de Milan, touchant la frequente Communion, 8
Canon des Apostres sur lesquels on fonde la Communion iournaliere, 10. Ie treuue aux œuures de S. Clement, 15. quelles remarques fait Gregoire XIII. sur iceluy, 16
Cas ausquels les Confesseurs doiuent denier ou differer la Communion, 353
Catechisme de Pie V. commande aux Curez d'exhorter à la Communion iournaliere, 248
Sainte Catherine de Sienne s'est nourrie long-temps de la seule Eucharistie, 281
Chrestien a droit à la Communion, estant en estat de grace, 298. 323
le Chapitre *Peracta*, ne se doit entendre de la Communion de tous les iours, 17. comment se doit entendre, suiuant quelques vns, ibid. & suiuant iusques au 21.
Chrestiens de la primitiue Eglise n'estoient obligez par aucun precepte de communier tous les iours, 32
Chose accoustumée se mesprise, 105
Circonstances necessaires pour bien communier, 84
Communiant doit rapporter son intention à des fins bonnes, 84
Communiant tous les iours, quel doit estre, 173. 174. 278. 283
Communier pour quelque fin temporelle, & humaine, est pour le moins peché veniel, 186

Y ij

### Table des Matieres.

Communion seule auec circonstances requises, plus profitable que plusieurs sans icelles, 47

Communion frequente n'est introduite par aucun precepte Ecclesiastique, mais par la feruente deuotion des fideles, 1. laissée à leur liberté, 33. plustost permise à la naissance de l'Eglise, qu'à present, 275

Communion iournaliere n'est pas pour toutes sortes de personnes, & ne doit estre conseillée sans grande cognoissance, 239. & suiuant: quand est meilleur de s'en abstenir, 159. 164. 126. ceux qui y doiuent estre admis. 173. qui en doiuent estre forclos. 105. 106. les Saincts & les Conciles exhortent à icelle, 240. & suiuant: où elle est encore obseruée auiourd'huy, 246. les choses requises à icelle, 279. on n'y est point obligé par precepte, 12. 22. n'a point esté establie par les Apostres, 16. demande plus de disposition que celle qui se fait de temps en temps, 149. 158. & suiuant, 192 trois choses remarquées en icelle par les Saincts, 227

Communion d'vn mois à l'autre ne merite pas le nom de frequente communion, 210

Communion de quinze en quinze iours merite le nom de frequentation, 211. deux choses qui diminuent beaucoup sa perfection, ibid.

Communion d'vne fois la semaine a plusieurs belles conuenances, 212. 213. peut-estre conseillée à tous, voire aux plus imparfaits, 216. raisons qui la pourroient dissuader, 215. & suiuant: responce à icelles, 219. 220. est la plus aisée, 218

## Table des Matieres.

Communions de commandement & d'obligation ne doiuent estre differées pour quelque indisposition ne repugnant à l'estat de grace, & pourquoy, 61.

Communions de coustume appellées par S. Iean Chrysostome, inconsideration, & presomption, 172.

Comparaison de Iesus-Christ auec vn Roy, sur le sujet de la frequente Communion, 275.

Comparaison du S. Sacrement auec ses figures, ne doit pas tenir en tout, 258. d'iceluy auec l'aliment corporel, comment se doit entendre, 267. 268.

Concile d'Agde quand assemblé, 12. celuy de Tours, 33. celuy de Challon, 196.

Conciles exhortent à la frequente Communion, 5.

Confesseur a deux puissances, & quelles, 302. son aduis doit estre suiuy pour ne manquer en l'eslection des Communions, 284. & suiuant: s'il peut enioindre pour penitence, de ne communier point pour quelque temps, 205. 206. & suiuant.

Confession sacramentelle necessaire à la frequente Communion, 72. & suiuant, differée long-temps, grandement penible, 197.

Conscience de deux sortes, scrupuleuse, & temeraire, 75. 76. toutes deux appellées crainte nocturne, 75. exemple d'icelles, 75. 76.

Continence que doiuent garder les mariez quand ils doiuent communier, combien doit durer, 119.

Controuerse de la frequentation de la sainte

Y iij

## Table des Matieres.

Communion fort ancienne.
Coustume de communier tous les iours meslée de plusieurs abus, & sur quoy fondée, 263. d'où tirée. 13
Coustume de l'Eglise de communier toutes les semaines, a fleury plusieurs années apres la mort de Iesus Christ, 217
Coustume des Eglises de Rome & d'Espagne, de communier tous les iours, 26. 27. celle d'Espagne ne fut pas de longue durée, 29
Coustume ancienne de l'Eglise, qu'apres la consecration du corps & sang de Iesus-Christ, le Diacre prononçast ces paroles, *Les choses saintes, &c.* 20. à quelle fin? 32. 70
Culte de Latrie, que c'est, 100
Saint Cyprian n'a esté gueres esloigné du temps des Apostres, 22

## D

Decret de Fabian Pape de communier trois fois l'an, confirmé par deux Conciles, & quels, 33
Degrez requis pour vne parfaite disposition à la Communion, 50. 51. sont necessaires pour comunier deuëment sous peine de peché, 110
Delay de communier, que c'est, 194. 195. est vn chastiment & peine bien grande, 290. est medecine preseruatiue, *ibid.* s'il peut estre enjoint pour penitence, 286. & suiuant, iusques à 295. le trop long est vn grand empeschement à la bonne disposition, 196. & suiuant: le petit sert beaucoup à se bien disposer, 200. & suiuant: le mediocre quels profits apporte, 204. 285

## Table des Matieres.

Deuotion actuelle mise entre les dispositions necessaires pour communier dignement, 107. ce qui est entendu par icelle, ibid.

Diacres portoient l'Eucharistie aux maisons, 27

Difference entre le Canon des Apostres, & le Decret d'Anaclete Pape touchant la Communion frequente, 21

Difference entre ceux qui reçoiuent le saint Sacrement vne fois l'année, & ceux qui le reçoiuent tous les iours, monstrée par vn bel exemple, 161.162

Difference entre le Prestre & le seculier, touchant la frequente Communion, 270. & suiuant: sont esgaux en deux choses, 269.270

Disposition pour dire la Messe, doit estre plus grande que pour communier, pourquoy, 248.269

Disposition conuenable pour communier tous les iours difficile à assembler, 173

Disposition requise pour frequenter la Communion, 49.50. & suiuant, 69. demande en general la pureté de l'ame & du corps, 112

Distraction volontaire en priant Dieu, & oyant la Messe, est peché veniel, pourquoy, 93

Distraction actuelle volōtaire n'empesche l'effet du Sacrement, selon quelques-vns, 91. c'est peché veniel de s'en approcher auec icelle, selon sainct Thomas, ibid. pourquoy ceux qui l'ont, sont appellez indignes du Sacrement, se doit entendre, 93

Diuersité des Communions se doit reduire à la diuersité des dispositions, 160.165

Y iiij

*Table des Matieres.*

Doctrine qui diffuade le frequent vſage de la Communion, eſt ſcandaleuſe & temeraire, 9.
Dommages innombrables que le delay de la Communion d'vne année à l'autre apporte, 196. & ſuiuant, iuſques au 200.

### E

Effet le plus propre du Sacrement, qui eſt la conſeruation de la grace, & perſeuerance au bien, ſe peut obtenir par autres moyens, 267.
Egliſe s'eſt touſiours conformée aux preceptes de la loy de Moyſe, és choſes qui regardent le droit naturel, 125
Empeſchemens pour receuoir des Ordres, 111
Eſlections diuerſes de la Communion, & de l'opinion qu'on en doit auoir, 207. 208. & ſuiu.
Excommunicatiõ, d'où a pris ſon nom, 288. 194. elle rend indigne l'excommunié de participer aux merites des Saints, 294. En quoy conſiſte proprement ſon eſſence, 295

### F

Fabian Pape, ſon Decret de communier trois trois fois l'année, 33
Faim ſpirituelle qu'il faut auoir du S. Sacremẽt, 106. & ſuiu. qui ne l'a pas, ſe doit abſtenir de la Communion iournaliere, 108
Femmes ne communioient point anciennemẽt, que premierement icelles ne ſe purifiaſſent de leurs immondices, 123. pourq̃ oy apres auoir enfanté laiſſent paſſer quelque temps ſans aller à la Meſſe, 124. pourquoy ne deiuent communier tous les iours, 87. 193
Fideles en la primitiue Egliſe, ne cõmunioient

tous, tous les iours, ny mesme la pluspart, 24
Fins de la sainte Communion, & de leur subordination qu'elles ont entr'elles, 40.41.85.86.
  reduites toutes à dix poincts par S. Bonauenture, 86
Frequentation du S. Sacrement diminuë en la la pluspart la reuerence, 169. comme se doit taxer, 48

## G

sainte Gertrude s'estant abstenuë de la Communion par le conseil de sa mere spirituelle, le profit qu'elle en receut, 238. 239
Gloire de Iesus-Christ principale fin de la Communion, 40. doit estre preferee au profit du communiant, 188
Grace sacramentelle purifie l'ame, 178. 179
Grace actuelle de deux sortes, 179
Graces habituelle & actuelle, effet du Sacrement, *ibid.*

## H

Habitude en quelque vertu que ce soit, ne s'acquiert que par son motif, 179
Habitudes sont augmentées par les actes, *ibid.*
sainte Hildegarde vierge predist les degasts que feroit l'heresie de Luther & d'autres, & la raison, 263
Hermites ne communioient qu'vne fois l'année, 220
Humilité bien necessaire pour la frequente Communion, 87. 174

## I

Iean Rusbroque remarque sept degrez de ceux qui sont dignes de receuoir la Com-

## Table des Matieres.

munion, 254

Ieufne naturel rompu est empeschement à la Communion, pourquoy, 113

sainct Ignace autheur du restablissement de la frequente Communion, 327.328

Incidens proposez sur la necessité de la confession pour communier, 78. Response à iceux, 79

Indeuots reuestent leur indignité touchant la frequente Communion, du manteau de reuerence & respect, 8

Innocent III. ordonna qu'on communieroit vne fois l'an, 33

Intention de l'Autheur de ce liure, quel; 2.5.6. 208. 327

Iours solennels au Canon des Apostres, c'est à dire iours accoustumez, 17

### L

Laïque du temps de saint Cyprian, ne communioit sans la permission de l'Euesque ou du Clergé, 324

Leon Empereur, dit le Sage, commanda que les femmes ne communiassent qu'elles ne fussent purifiées de leurs immondices, 124

saincte Luithgarde empeschée par son Abbesse de communier tous les iours, ce qui en aduint, 237

### M

MAnne principale figure du sainct Sacrement, 244. 258. se recueilloit tous les iours, & se mangeoit par tous sans exception, ibid.

Mariees nouuellement n'entroient en l'Eglise

durant trente iours, 124. pourquoy, *ibid.*
Mariez communians apres l'vsage du mariage, font contre le conseil de sainct Paul, 28
Matildes exhortée par Gregoire VII. à la frequentation de l'Eucharistie, 54.55
Messe ne se doit dire qu'auec tous les ornemens Sacerdotaux, à ieun, & le matin, 43. manquant vne ceinture, &c. ne se doit dire, voire vn iour de commandement, 102
Meurtrier public de sa femme priué toute sa vie de la Communion, excepté à la mort, 152
Ministres de l'Autel obligez à communier à la Messe où ils administroient, selon quelques-vns, 17. n'auoient aucun precepte de cela, 18

## N

Necessité de la Confession Sacramentelle, d'où tirée, 53. 54. 323. 324
Netteté du corps requise à l'Oraison pour estre plus pure, 113

## O

Oeuures faites par vanité ne doiuent estre continuées, pourquoy, 88
Opinion de ceux qui tiennent que la seule pureté de conscience suffit pour la frequente Communion, qualifiée temeraire, 57
Opinion fort commune depuis Albert le Grand, & sainct Bonauenture, que les fideles communioient tous en la primitiue Eglise. 10. auparauant les susdits il n'en est point parlé chez les Saincts Peres, *ibid.* quelques-vns disoient que c'estoit vn precepte establi par les Apostres, *ibid.*

## Table des Matières.

Oraison Dominicale ne se disoit par quelques-vns que le iour qu'ils communioient, 29. ceste erreur estoit en Espagne, & pourquoy, 29. 30.

Oraison vocale, ce qui est requis en icelle, 36. 84.

### P

PAin qu'Elie mangea figure du sainct Sacrement, 258

Pains de proposition figure du S. Sacrement, 119.

Pape n'a point puissance sur les actes interieurs, selon la plus véritable opinion, 310.

Paroles du Pater noster, *Donnes-nous auiourd'huy*, &c. ne se doiuent entendre de l'Eucharistie, 258. 259.

Parricides priuez pour trois ans de la Communion, 153.

Passages pour prouuer que la pureté de conscience est requise à la Communion, 54. & suiuant.

saint Paul Hermite n'a communié l'espace de quatre-vingts dix ans qu'il a esté au desert, 221.

Peché veniel ne se doit commettre pour quelque interest spirituel, tel qu'il soit, 44. commis en l'acte de la reception du S. Sacrement est vne grande irreuerence, 82. & empesche l'effet d'iceluy, 92. empesche le fruict des Sacremens qu'on appelle *ex opere operantis*, 37. n'empesche celuy qu'on appelle, *ex opere operato*, 38. pourquoy, ibid.

Pechez veniels faits auec deliberation s'ils empeschent la frequente Communion, 144. & suiuant: conclusion de l'autheur sur ce sujet, 141. & suiuant.

## Table des Matieres.

Pechez veniels causez par pollution, 138
Pechez mortels confessez sont empeschement à la frequente Communion, 151. & suiuant.
Penitence doit estre prudente, 291
Penitens ne peuuent auoir vn iugement asseuré de la pureté de leur conscience, pourquoy, 321. se doiuent remettre du tout à leur pere spirituel, 322
Pere & maistre spirituel necessaire à ceux qui ne se veulent fouruoyer au chemin de la perfection, 303. pourquoy, ibid. & suiuant : de l'estime qu'on doit faire de son conseil, 308. 309. & suiuant.
Peres spirituels doiuent taxer l'aliment spirituel aux ames, 3
Perfection de vie demandée pour la Communion iournaliere, 257. les paroles de S. Bonauenture à ce sujet, 278. 279
Personnes qui ne doiuent estre receuës à la Communion, 152. 153
Pollution, quoy qu'incoupable, est empeschement à la Communion, & quel, 126. & suiu. 137
Precepte Ecclesiastique n'est qu'vne limitation du precepte diuin, 221
Prestre & seculier touchant la frequente Communion, en quoy different, 270. & suiuans : en quoy egaux, ibid.
Prestre s'il peut refuser la Communion à vn pecheur incognu, 299
Prestres doiuent garder chasteté perpetuelle, 114. obligez de refuser la Communion aux pecheurs publics, pourquoy, 314
Profits ou merites qu'apportent les Sacremens

## Table des Matieres.

receus dignement, 37
Pureté de corps & d'ame necessaire pour receuoir dignement l'Eucharistie, 52
Pureté de conscience ne suffit pas pour communier auec frequentation, & ce qui est requis auec icelle, 53. & suiuant.

### Q

Question touchant la frequente Communion, controuersée par tous les siecles passez, 2. auoit deux parties, *ibid.* causée de l'indeuotion de quelques-vns, & de la deuotion de quelques autres, 2
Quotidien, que signifie, 26

### R

Raison pour laquelle l'Eglise oblige ceux qui ont commis quelque peché mortel, de se confesser auant que de communier, 79
Raisons pour prouuer que la Communion iournaliere n'est pas seulement pour les parfaits, mais encore pour ceux qui s'acheminent à la perfection, 176. responce à celles, 184. & suiuant.
Reigles & statuts des Religions, approuuées par le saint Siege Apostolique, 239
Religieux seruans obligez par leurs statuts, non seulement de communier és iours assignez, mais aussi de ne le pas faire aux autres iours, sans congé special, 229. pourquoy, 234
Religions ont eu vne cause tres-legitime pour regler leurs Religieux, touchant vne frequente Communion, 233
Reuerence necessaire pour la Communion, 98. suiuant: prise estroitement comment appel-

pellée, 98. 99. ce qu'elle contient, 99. 100. combien doit durer, 103. 104. en quoy consiste, 199

Romains communioient apres l'vsage du mariage, 27. 114. reprins de cela par sainct Hierosme, 27

## S

Sacrement de l'Eucharistie en quoy conuient auec les autres, 35. 37. en quoy differe, 36. n'efface pas de soy les pechez mortels, mais bien accidentellement, 177. 178. preserue d'iceux celuy qui le frequente, 178. appellé pain quotidien, pourquoy, 245

Sacremens receus en peché veniel ne causent pas le profit qu'on appelle, *ex opere operantis*, 38

Saincts qui conseillent la frequente Communion, 6

Saincts qui ont refusé par l'instinct du S. Esprit, l'estat de Prestrise, ont mieux fait que s'ils l'eussent receu, 228

Satisfaction est vne partie integrante de la Confession, 286

Soupez du Seigneur, quels, 14

Superieur & Pere spirituel comment different, 294

Superieur ne peut commander en vertu de sainte obeïssance aucun acte interieur, 312

Superieurs des Religions quelle authorité ont, 309. 310

Superieurs doiuent bien considerer ce qu'ils commandent, 238

## Table des Matieres.

### T

Taulere de l'Ordre de sainct Dominique a escrit les Propheties de sainte Hildegarde, 264

Tradition ancienne que ceux qui comunioient à la Messe, portassent la saincte Eucharistie aux absens, 20

### V

Vanité se trouue ordinairement en ceux qui communient souuent, pourquoy, 87. combien elle nuit à la Communion, 89

Vertus se rendent parfaites par l'exercice, 170

la Vierge Marie communioit tous les iours, 24

saint Vincent Ferrier Apostre de Bretagne, tourmenté de vanité, ne desistoit pour cela de bien faire, 88. sa responce sur ce sujet, *ibid*.

Vsage de la Communion de tous les iours, n'étoit pas vne coustume vniuerselle obligeant tous les fideles, 22

Vsage du mariage est vn empeschement à la frequente Communion, 112. & suiuant: s'en approcher apres iceluy, n'est pas peché, mais indecence, 120

Vsages differens obseruez par les Saincts touchant la frequente Communion, 220. & suiuant.

*Fin de la Table des Matieres.*

# TRAICTÉ
## DE LA
## FREQVENTE
### COMMVNION.

PAR IEAN PIERRE CAMVS,
Euesque de Belley.

M. DC. XLIV.

# TRAITÉ
## DE LA FREQVENTE COMMVNION.

*Comme il faut ouyr la Sainte Messe.*

## CHAPITRE I.

C'EST icy, Pasithée, le centre des exercices spirituels, d'où tous les autres se tirent, comme des lignes; centre diuin, dont la circonference est Dieu mesme. Ouy, ce Dieu auquel nous viuons, nous nous remuons & nous sommes; c'est le Soleil de la vie diuine, des influences duquel depend tout ce qui vit de la vie de la

a ij

grace. C'est le mystere où cet Agneau est offert, qui sert de lampe à la Ierusalem mystique. Et bien que cet Astre, de peur de nous esbloüir, soit voilé comme vn Moyse du nuage des especes, si ne laisse-t'il pas de se faire sentir & cognoistre à ceux qui ne prennent pas tant garde aux mains d'Esaü, qu'à la voix de Iacob. C'est ce Sacrement auquel tous les autres rendent hommage: car ceux-là ne contiennent que l'efficace & l'energie du sang du fils de Dieu, lequel est reellemēt & substantiellemēt compris auec son Corps, son Ame, & sa Diuinité, en cét adorable mystere. Mystere que les Anges adorent à grandes troupes, dit le Pere à la bouche d'or, comme autant d'Aigles qui se mirent en la rouë du Soleil: car c'est cét homme Dieu que les Anges voyent, & desirent sans cesse de voir, cette veuë estant l'objet de leur beatitude. C'est en cette viande que reside le memorial reel des merueilles du Seigneur, qu'habite la plenitude de la Diuinité corporellement. C'est pourquoy il est comme vn Soleil au milieu des Sacremens, leur communiquant tout ce qu'ils ont de vigueur & de prix, & il en est reueré, ny plus ny moins que la gerbe & l'estoile de Ioseph l'estoient par les autres gerbes & estoiles. Ce Sacrifice & Sacrement tres-auguste est parmy les Chrestiens en verité, ce que n'estoit que par figure le Sainct des Saincts parmy les Hebrieux. C'est vn sacrifice non sanglant, consommatif de tous les autres, & qui doit durer malgré les portes d'enfer, iusques à la consommation du siecle. C'est vn mystere ineffable, dedans lequel les fideles comprennent la longueur, la largeur, la hauteur, & la profondité de la sureminente charité de Iesus-Christ, lequel pour nous reuestir de sa grandeur, semble s'aneantir soy-mesme en quelque façon, abaissant sa sublimité pour esleuer nostre bassesse, en conjoignant, comme dit sainct Augustin, la lumiere de sa Diuinité, au limon de nostre mortalité. C'est à ce tronc de vigne que se doiuent rapporter les pampres qui veulent rendre du fruict: Enfin, c'est vne mer d'où toutes les graces tirent leur source, & où aboutit toute la Deuotion. Essayez donc, Pasithée, d'assister non seulement les manches & Festes (car cela est de commandement, & obserué par les moins deuots Catholiques, mesmes par les pecheurs) à ce diuin Sacrifice, mais aussi tous les iours, s'il est possible: & il vous sera tres-possible, ains tres-facile, si vous estes en vne condition libre & maistresse de vous-mesme, principalement si vostre qualité est esleuée & eminente. Que si vous estes en suiection, i'auoüe que vostre obeïssance est à preferer, non seulement à l'assistance, mais à la celebration mesme de cét auguste Sacrifice, à cause de cette regle: Qu'il vaut mieux obeïr, que d'offrir des victimes. Mais encore n'estimé-ie point qu'il y ait de Pere, de Mary, de Seigneur, ou de Maistre, si peu raisonnable, & si peu affectionné à la Pieté, qui puisse treuuer mauuais que son fils, sa femme, son sujet, & son seruiteur, rende à Dieu ce souuerain hommage: car cela rend les ames adonnées à cét exercice, plus souples, plus dociles, & plus respectueuses enuers les Superieurs, ie dis mesme plus diligentes & plus seruiables. Ceux qui s'excusent sur leur pauureté, me pardonneront, si ie leur dis que c'est vne assez mauuaise couuerture de leur tepidité, veu que s'ils ne veulent pas (principalement és Villes où la commodité est grande pour entendre la Messe) donner à cét exercice le temps du iour, qu'ils destinent au trauail, qui les empesche de retrancher vn peu de leur repos pour se leuer vn peu plus tost, & aller à l'Eglise? O Dieu, les Israëlites estoient si diligens à recueillir tous les matins la manne corruptible deuant que le Soleil fust leué! & pour iouyr des delices de cette Manne cachée, de cette viande incorruptible, des douces visites de l'Espoux sacré, on ne daignera sauter du lict vn peu plustost que de coustume? Cependant il est escrit, Que ceux qui mangerent la Manne, moururent: Mais ceux qui participent souuent aux mysteres de ce festin de graisse moëlleuse, de cette vendange sans lie, viuront eternellement. Il faut donc faire toutes sortes d'efforts pour assister à cette pure oblation, en laquelle consiste le plus excellent & parfait hommage que la terre puisse rendre au ciel, la creature à son Createur. Que s'il est impossible de s'y trouuer en presence, comme certes il est mal-aisé à plusieurs qui habitent la campagne, aux voyageurs, & principalement à ceux qui nauigent; au moins est-il tres-facile de s'y porter spirituellement. Car ny les prisons, ny les maladies, ny les solitudes, ny la sujettion, ny les voyages par mer, ou par terre, ne peuuent empescher la liberté de l'esprit, qui plus prompt qu'vn éclair se peut eslancer, non seulement d'Orient en Occident, mais en vn instant voler aux quatre coings du monde. En ce cas, Pasithée, enuoyez vostre ame sur les aisles de vostre desir en quelque Eglise, & Dieu qui void les cœurs, sçaura bien exaucer la preparation du vostre. Daniel estant captif sçauoit bien tous les iours ouurir les fenestres de sa prison, & prier du costé du Temple, auec autant de ferueur, que s'il eust assisté en presence aux sacrifices qui se faisoient en la saincte Cité. Recueillez vous donc, & en ce recueillement souuenez vous que vostre corps est vn Temple de Dieu, dont vostre cœur est l'autel, vostre charité le feu, vos prieres les sacrifices. Imaginez-vous d'estre à la S.

Messe en la compagnie des fidelles, vnissez vos vœux & vos souspirs auec les oraisons de ceux qui sont pour lors à l'Autel, & Dieu qui est tout bon, prendra vos souhaits pour des seruices veritables. Mais quand vous y assisterez actuellement, ie ne vous dis rien de la reuerence profonde que vous y deuez apporter : car à qui a tant soit peu de foy, le mystere l'imprime assez. Et certes il vaudroit beaucoup mieux ne s'y presenter pas, que d'y estre de corps & auoir l'esprit ailleurs, ou s'y comporter auec immodestie, regardans çà & là, deuisant de choses friuoles, mettant vn genoüil en terre, & adorant le Sauueur presque de la mesme façon que ces bourreaux qui le souffletroient en sa passion. Mais laissons là ces indeuots, ie parle à vne personne qui sçait la Loy, & qui l'obserue. C'est vne faute insupportable à ceux qui font profession de la vie deuote, de se comporter, ie ne dis pas immodestement & irreueremment, mais inutilement, & sans attention en ce diuin Mystere. Afin donc que vous le puissiez entendre fructueusement, & auec auantage, faites ce que je vous vay dire. Dressez vostre intention dés le logis, & en sortez auec grande joye, comme allant faire vne entrée solemnelle en la maison de Dieu, où s'offre cét incomparable holocauste, & où s'épandent les vœux que proferent les levres des fidelles. Entrant à l'Eglise, dites auec Dauid : Seigneur, j'entreray en vostre Palais pour vous y adorer, & pour y loüer & magnifier vostre nom. Et puis les genoux en terre, prosternez vostre cœur deuant le tres auguste Sacrement qui est sur l'Autel, en l'adorant auec tous les Anges, & toutes les Vertus celestes. Attendez en cette sorte patiemment & humblement que le Prestre vienne celebrer les redoutables mysteres, en disant : Seigneur, j'attends icy vostre Salutaire, & comme le bon Simeon, la redemption d'Israël, & la lumiere de mes yeux. Le Prestre paroist-il ? regardez en sa personne celuy qui est Prestre eternellement selon l'ordre de Melchisedech : car c'est luy par le ministere duquel, comme par vn outil, & par la bouche duquel, comme par le canal d'vne trompette, Iesus-Christ mesme operara cette grande œuure, & proferera ces adorables paroles : Cecy est mon Corps : par lesquelles ce mystique Iosué arrestera le Soleil en sa course, faisant obeyr vn Dieu à la voix de l'homme. Et pour vous monstrer que c'est le Sauueur mesme qui parle, n'est-il pas vray que le Prestre disant sur le pain les paroles de la Consecration, qui en changét la substance en celle du Corps & du Sang de IESVS, qui sont celles-cy, escrites des rais du Soleil : CECY EST MON CORPS, le Prestre ne l'entend pas du sien, & ce n'est pas le corps du Prestre, mais celuy du Redempteur, qui est present sur l'Autel, par la force de ces paroles sainctes. Et c'est pour cela que le Prestre, qui va offrir ce Sacrifice non sanglant, porte des vestemens mystiques, par lesquels le Sauueur est representé lors qu'il alla offrir au Pere Eternel sur le Caluaire le Sacrifice sanglant de ses douloureuses souffrances. Car l'Amict est le symbole du bandeau que les Iuifs luy iettérent sur les yeux au commencemét de sa passion; l'Aube represente la robbe blanche dont Herode le reuestit ; le Cordon, le Manipule, &

l'Estole marquent les diuers liens dont il fut garotté ; la Chasuble, signifie la robbe de pourpre ; & la Croix qui s'y voit, celle que nostre Seigneur porta sur ses espaules depuis Ierusalem iusques au Caluaire. La Couronne qui paroist sur la teste du Prestre, vous fera souuenir de celle d'espines qui fut mise sur celle du Redempteur à l'Autel du Caluaire ; & enfin les nappes & Corporaux remettent en memoire le Suaire, dedans lequel son sacré Corps fut enuelopé. Ie ne dis pas que vous ne puissiez durant la Messe faire des Oraisons vocales, comme dire vos Heures, reciter le Chapelet, lire en quelque Manuel de Prieres approuuées. Car c'est estre trop auant dans le scrupule de ne penser pas ouyr la Messe, si l'on destourne son attention actuelle des ceremonies & des actions qui s'y font : car bien que cette derniere façon soit la meilleure pour l'entendre, si est-ce que les autres ne sont pas mauuaises : car elles ont tousiours l'intention au moins generale & habituelle d'assister au diuin Sacrifice, & de ioindre leurs prieres auec celles de l'Eglise & du Prestre, ce qui les rend (l'estat de grace presupposé) meritoires, satisfactoires & impetratoires; bien que non tant consolatoires que celles qui se font actuellement en l'vnion de ce sacré Mystere. Et mesme il est quelquefois bon de changer, de peur que l'esprit ne se lasse, en reprenant tous les iours vne mesme pensee, si que l'on peut tantost prier vocalement, ou par cœur, ou par liure; tantost dire le Rosaire, & en odorer les fleurs; tantost y faire sa Meditation, si l'on n'a pas eu le loisir ou la commodité de la faire à la maison; tantost faire des aspirations. Mais si vous m'en croyez, Pasithée, vous prierez vostre Directeur, qu'il vous apprenne diuerses façons pour ouyr la Saincte Messe, qui reuiennent aux diuers iours de la semaine, afin que cette varieté d'exercices tienne vostre esprit en haleine, & n'alentisse point vostre deuotion. A ce dessein vous pourrez estre aidée par plusieurs Autheurs qui ont crayonné beaucoup de methodes, comme nostre B. Pere en sa Philothée. Le Pere Coton en son Occupation Interieure. Le P. Barthelemy Iacquinot en son Addresse

Le P. Alfonse Rodriguez en sa Pratique des Vertus Chrestiennes, le P. Louys du Pont en ses liures de la Perfection du Chrestien, le P. Eustache de S. Paul Docteur en Theologie de la Congregation des Fueillantins, en son Addresse Spirituelle. Et le Pere Philippe d'Angoumois, Capucin, en son Occupation Continuelle. Si vous voyez ces sept Autheurs, vous en pourrez aisément recueillir sept façons de ioindre vostre attention auec la celebration de cet auguste Sacrifice, non qu'ils ne conuiennent en beaucoup de points : car ceux qui se promenét en vne mesme allée, ne peuuent faire autrement, qu'ils ne refoulent les vestiges les vns des autres, principalement traittans des mesmes ceremonies instituées pour vne fin semblable. Mais neantmoins comme tous les visages sont en quelque chose differens : de mesme cette diuersité de pensées comme vne Manne celeste, pourra satisfaire à la diuersité des degousts. Oseray-je, Pasithée, apres ces grands personnages, dont ie venere les traces, vous proposer encor vn petit Exercice sur ce subjet; duquel se sont bien treutées quelques personnes deuotes? Le voicy donc; & vous vous en seruirez s'il est à vostre gré.

*Exercice durant la saincte Messe.*

## CHAPITRE II.

PVisque les Prestres toutes les fois qu'ils celebrent cette Liturgie sacree, font memoire de la Passion du Sauueur, lequel a dit que ceux qui participent à ce Mystere annoncent sa mort, en attendant qu'il vienne, il me semble que le Sauueur Crucifié y doit estre le plus vif objet de nostre attention. Et que ses cinq playes nous peuuent seruir de memoire locale, & de lieux pour faire nos stations. Partageons donc ce firmament de la terre, qui se voit sur la sommité des montagnes, c'est à dire, selon l'interpretation d'vn Pere Ancien, sur la teste des Prestres en l'éleuation, en cinq Zones, ie veux dire en cinq parties. La premiere qui est depuis la Confession iusqu'à l'Epistre s'appelle Preparation; en celle-là, il faut monter son cœur & les cordes de ses affections comme vn Musicien qui accorde celle de son instrument Musical, ou qui aiuste le ton de sa voix, cela est se preparer pour aller à la rencontre du Seigneur, & aller au deuant de l'Espoux qui viendra bien tost du haut des Cieux en ce banquet de ses nopces mystiques. Or la preparation est double, car elle consiste en vne Confession de ses fautes, & en celle des loüanges diuines qui se fait à l'Introite, à raison dequoy on y recite le Cantique des Anges. En cette partie rangez vous dans la playe du pied gauche. La seconde vous fera passer en celle du pied droict, elle s'appelle Catechistique ou instructiue, & commence depuis l'Epistre iusques à l'Offertoire, comprenant l'Euangile & le Graduel, & la Prose ou le Traict; auecque le Symbole. Cette partie se nommoit autrefois la Messe des Catechumenes, c'est à dire, de ceux qui n'estoient pas encore baptisez, à laquelle seule ils pouuoient assister, afin

l'ouyꝫ

qu'ils fussent instruicts en la foy par l'ouye, & leur ouye remplie de la parole de Dieu. Car c'estoit la coustume anciennement en toutes les Messes, apres la lecture de l'Euangile, de dire au peuple quelques paroles d'exhortation & d'instruction: ce qui se fait encore tous les Dimanches aux Messes de parroisse, où autour de l'Offertoire se fait le Prosne, & en suite la Predication, pour disposer les assistans par les saintes remonstrances, à se preparer aux redoutables mysteres: d'où vient qu'auant que prononcer tout haut l'Oraison Dominicale, on dit ces deux mots de Preface: Admonestez par les salutaires preceptes & informez de nostre creance par la diuine institution, nous osons dire, Nostre Pere qui estes es Cieux, vostre nom soit sanctifié. Et c'estoit à la fin de cette partie que le Diacre proclamoit, Allez, la Messe est dite pour vous, ô Catechumenes: ou bien, allez, car la Messe va commencer pour les baptisez & illuminez; & c'estoit pour cela que les Catechumenes estoient appellez initiez: comme qui diroit, ceux qui n'assistoient qu'au commencement du Sacrifice, auquel les seuls fidelles enrol-

b

lez par le Baptesme au rang des vrais enfans de l'Eglise, pouuoient demeurer. Or durant cette partie vous pourrez parcourir d'vne simple veuë, comme qui ietteroit l'œil sur vn parterre, l'Incarnation, la naissance, la vie, les miracles, & la predication du Sauueur, la terminant par vn acte de foy lors qu'on recitera le Symbole. La troisiesme, qui est le cœur, & le centre de l'action, & que vous logerez pour cette occasion en la playe du costé, s'appelle Mystique, ou Consecratiue, & dure depuis la Preface iusques à l'Oraison Dominicale. C'est icy, Pasithée, qu'il ne faut pas receuoir en vain dãs l'oreille cette parole: Haussez vos cœurs : mais il faut auoir l'œil éueillé & l'esprit éleué, pour faire que toute l'attention s'applique à ce qui se va faire, qui est la plus grande de toutes les actions imaginables: car si tous les rais de vostre veuë, si tous les cheueux de vos pensées sont ramassez en ce temps-là, & principalement au point de l'eleuation, vous en blesserez sans doute le cœur de l'Espoux qui deuiendra vostre captif, si que vous rendrez sa misericorde toute vostre. Durant cét

espace parcourez les stations de la paſ-
ſion du Redempteur, & en l'eleuation
l'Hostie ſacrée, repreſentez-vous celle
qui fut faite de ſon corps en la Croix,
lors qu'il opera noſtre ſalut au milieu
de la terre. Qui pourroit voir en cét
instant comme ſe courbent deuant luy
ceux qui ſoustiennent la machine du
monde, en quel abyſme d'humiliation
s'abaiſſeroit-il? O Dieu! c'est icy qu'il
faut tirer du treſor de ſon cœur les pie-
ces anciennes & nouuelles, & preſenter
au bien-aimé des pommes fraiſches &
vieilles. Apprenez quelques prieres
courtes, mais feruentes; faites proui-
ſion d'aſpirations & d'oraiſons iacula-
toires pour ce bien-heureux moment,
auquel vos yeux ſont fauoriſez de cette
veuë qui vous fait iouïr de l'aſpect des
habits blancs du Sauueur transfiguré.
Dites auec les Anges, Sainct, Sainct,
Sainct, le Seigneur Dieu des armées.
Sacrifiez-luy vos affections par mille
mouuemens de cordialité. La quatrieſ-
me partie que vous logerez en la main
droite, s'appellera de Conſommation,
ou de Communion. Car comme aux ſa-
crifices de la Loy ce n'estoit pas aſſez

d'offrir l'Hostie, mais elle deuoit estre consommée; de mesme en celuy-cy consommatif de tous les autres, la consomption suit la Consecration. Et c'est en celle-cy qu'il faut tousiours Communier spirituellement, lors mesmes qu'on ne communie pas reellement au corps du Sauueur par la reception de la tres-saincte Eucharistie. Cela se fait en vnissant son cœur au corps sacré du Sauueur receu en l'Autel par la bouche du Prestre; & c'est icy ce desir des pauures que Dieu aime, & cette faim spirituelle qu'il promet de rassasier dans le Cantique de la Sainte Vierge. Cette partie s'estend depuis l'Oraison Dominicale, iusques à cette Collecte qui se dit apres la Communion. Celle qui suit iusques à la fin, & qui est la cinquiesme, en laquelle vous vous refugierez à la main gauche, veu mesme que le Liure y est rapporté, s'appelle Eucharistique, c'est à dire, d'Action de graces, durant laquelle apres les remerciemens generaux & particuliers pour tant de bien-faits receus de la main de Dieu, vous ietterez vne veuë sur les mysteres de sa Resurrection & Ascension,

## Communion.

comme en la precedente, vous penserez à ceux de sa Sepulture, comme ayans quelque rapport aueeque la Communion, en laquelle nous seruons de tombeau viuant à ce pain vif, qui est la chair du Sauueur distribuée pour la vie du monde. Apres la benediction du Prestre que vous receurez, comme de la main de Dieu: Vous pourrez clorre tout cét exercice par le recit de cinq Oraisons Dominicales, & autant de Salutations Angeliques.

---

## De la Sainte Communion.

### CHAPITRE III.

COMME le tres-Auguste Sacrifice de la Messe est la plus sublime & la plus excellente oblation qui puisse estre faicte au Pere Eternel: Aussi la Sacrée Communion est l'action la plus noble & la plus esleuée que puisse produire vne ame Chrestienne. Certes ce n'est point tant par humilité, que par verité, qu'on dit auant que receuoir ce precieux gage

b iij

d'immortalité: Seigneur ie ne suis pas digne que vous entriez chez moy: car toute la dignité des Anges & des Hommes les plus saincts, n'est qu'indignité, si elle est conferée à la pureté de celuy qui a trouué des defauts en ses Anges, & douant qui les Astres ne sont pas nets. Il ne faut pas neantmoins tant s'en retirer par humilité, qu'on n'en approche souuent par confiance; l'vn sent sa crainte seruile; l'autre vne amour filiale. Et qui ne sçait que la parfaite dilection met dehors toute vaine timidité? Et certes cette humilité seroit non seulement fausse, mais insignement preiudiciable, qui laisseroit secher vn cœur comme vne herbe abatuë, & qui se change en foin, à faute de luy donner cette pasture qui l'engraisse de la moëile du froment des esleus. Israel est blasmé de ce qu'il n'estima pas la Manne comme il deuoit, & de ce qu'estant arriué en la terre de promesse, terre qui couloit le laict & le miel, terre desirable, il en fit si peu de cas. Voicy vn Sacrement, à trauers le voile duquel l'Espoux nous crie: Ayez confiance, car i'ay vaincu le monde. Si vous estes empestrez en de mauuaises habitudes, venez à moy, & je rompray vos liens auec vn glaiue enuelopé en l'Ephod des especes visibles. Approchez-vous de moy, & vous serez illuminez, & vos faces ne seront point confonduës. O Seigneur! n'est-ce pas vne assez grande grace de nous permettre d'estendre la main à ce fruict de vie, sans encore nous y conuier par de si tendres semonces. Mais quoy? vostre Amour ne s'arreste pas là; mais vous y adioustez de terribles menaces à ceux qui negligeront ce remede si salutaire & si souuerain. Car vous dites que ceux-là mourront éternellement, qui ne mangeront point vostre chair, & qui ne boiront point vostre sang. Heureuses les ames deuotes qui frequentent ce diuin mystere, & qui par son vsage ont le miel & le laict sous la langue, c'est à dire, en leurs poictrines, & le rayon distillant sur leurs leures; & qui sont aussi ardantes apres ce diuin mets, que les abeilles sur les fleurs, & sur le sucre. Ie n'ay que faire, ma Pasithee, de vous en mettre en appetit : car le seul desir d'estre deuote vous est vn motif assez

b iiij

pressant pour vous porter à ce festin, où le Roy des cœurs n'a que faire de presser le vostre pour l'y faire entrer, veu qu'il court desia en l'odeur de ses parfums: ce que i'ay à faire est de regler ce desir en vous, & d'ordonner la Charité en ce celier de l'Espoux, en vous donnant quelques auis touchant la pratique de cét exercice admirable, qui vnit l'homme auec Dieu d'vne maniere ineffable. Les Auteurs que ie vous ay citez au Chapitre qui deuance le precedent, ausquels vous pourrez ioindre Grenade en son Memorial, le Pere Arias, en son traité de la Communion, le P. Louys Richeome en son Pelerin de Lorette, le P. Philippe d'Angoumois en son Addresse à la grace, & le P. Dupont en ses Meditations, vous apprendront mille beaux enseignemens, pour disposer vostre ame à la reception de ce diuin hoste. Mais i'entends que vous desirez de moy quelques instructions de pratique, pluftost que tant de speculations, qui font assez de bluettes, mais peu de feu, & moins d'effet. Si vous m'en croyez, dés le iour precedent vous deschargerez vostre conscience aux pieds de vostre Confesseur, sans attendre à rendre ce deuoir là le iour mesme de vostre Communion, comme font tant de personnes dedans le monde. On n'y prend pas garde; mais ce n'est pas là vn petit deffaut, & qui n'apporte pas peu de retardement à la ferueur de la Deuotion. Car ie vous prie, qui ne voit combien les pensées de la purgation de l'ame par la penitence, sont esloignées de celles de son illumination par la Priere, & de son vnion auecque Dieu par Amour. On sort de sa maison le matin la teste pleine de l'examen de sa conscience, le cœur pressé de regrets de ses fautes, au lieu de l'auoir tout ouuert de ioye & de desir par la dilectiõ; n'est-ce pas en quelque façõ aller sinon au banquet, au moins à la sale du banquet sans la robe nuptiale. Est-on arriué à l'Eglise, on ne songe qu'à se confesser, on attend l'oportunité d'vn Confesseur, il sera peut-estre assiegé de penitens, il aura peu de loisir pour deuider tant de fusées, il pressera d'acheuer, coupera ses remõstrances, ou peut estre n'en fera point: la precipitation est tousiours imparfaite; c'est en ce fait où il se faut depescher tout bellement, tout l'esprit sera confus & en desordre au sortir de là, on commence vne Messe, on y court, deuant qu'on ait rassis son esprit de l'émotion de la penitence, qui le doit auoir remply d'amertume; où est cette douceur amoureuse, qui fait auec vne si agreable impatience souhaiter les baisers de la bouche du bien-aymé? où sont les aspirations affectueuses? où sont les paremens & les beaux habits de l'ame? où est cette tranquillité, cette chere pâmoison, cet écoulement en Dieu, cette Meditation attentiue; la part de l'heureuse Marie? Ballayez donc vostre ame dés le iour precedent, afin de mettre en œuure ce mot du Psalmiste: Les larmes sont pour la vesprée, mais l'allegresse pour le matin. Quand vous ouurirez l'œil à ce beau iour qui vous doit arriuer vn tel hoste chez vous, prenez en main la lampe de vostre cœur, allumez la par de viues aspirations d'amour; & comme ces Vierges sages, allez au deuant de l'Espoux, n'ayez autre chose à faire qu'à le receuoir & le caresser: desia vos pechez sont effacez, & leur faix ietté au profond de la mer de sa Miséricorde. Voicy le temps de ses misérations qui est arriué, l'heure en est proche. Desja les Cieux respandent leur rosée, & les nuées pleuuent le Iuste, la terre s'ouure pour germer ce Sauueur, qui est la fleur des champs, & le lys des vallées. Eueillez-vous auec vne grande ioye, pour vn si grand bon-heur; puis auec plus de ferueur qu'à l'ordinaire, faites vostre exercice du matin auec plus de sentiment; suiuez vostre Meditation en cette disposition, ébranlez-vous comme la nacque qui se destache de son rocher, qui sort de sa cauerne pour venir au dessus de l'eau s'humecter de la fraischeur du matin. Allez auec vn grand courage à cette table sacrée que Dieu a mise au deuant de vous, comme vn bouclier contre tous ceux qui vous troublent. Allez y auec vn peu d'émotion, comme vne fille bien née qui se va donner par vn chaste mariage à celuy qu'elle aime comme ses yeux. Que vostre amour soit vostre poids; permettez qu'il vous porte, ains plustost qu'il vous transporte à cette saincte action. Hardiment, cou-rageusement, imitez Nicodeme, de-

*Traicté de la frequente*

mandez le corps du Sauueur, cherchez le comme Magdelaine sans rien craindre, ne vous souciez de rien, comme l'Espouse, pourueu que vous rencontriez heureusement celuy que vostre Amour vous fait desirer & chercher ardamment. Laissant donc à part la pureté de conscience, si necessaire en ce fait icy, où son remords, s'il est mortel, nous rend coulpables du corps & du sang du Sauueur, crime de Iudas, le plus execrable de tous les crimes, pureté dont vous estes garnie par la Confession. Souuenez-vous de pratiquer trois choses, dont l'vne deuance, l'autre accompagne, la derniere suit cette saincte action. Celle qui doit preceder est la droiture de l'intention, veu que c'est la fin, selon l'axiome, qui donne l'estre & la valeur à vne operation. La grande & generale intention de tous ceux qui Communient, est de s'vnir à Dieu, au chef de l'Eglise Iesus-Christ, par ce col de son corps, & par la cole de son sang. Mais outre ces fins vniuerselles, ie voudrois que vous en eussiez à chaque fois quelque particuliere, comme pour le bien de l'Eglise, pour le salut du Roy, pour l'acquisition de quelque vertu, la victoire de quelque vice ou tentation, l'entherinement de quelque requeste, l'attraction de quelque grace, le soulagement de quelque miserable viuant ou trespassé, & semblables. Car quelle benediction ne pouuons nous obtenir de l'eternel Pere estans couuerts comme de peaux de Iacob, des merites de son fils? Car c'est alors que nous luy pouuons chanter.

*Grand Dieu bouclier de nostre race*
*De son Christ regarde la face.*

La seconde chose que vous ferez en l'action mesme de la reception de ce diuin Sauueur bien-aymé, est d'auoir vne Deuotion actuelle, c'est à dire, vne amour feruente enuers celuy qui vous visite si benignement de son Orient d'enhaut. Que si les disciples d'Emaüs disoient que leurs cœurs estoient enflammez lorsque seulement il leur parloit en chemin, hé! quelles flammes d'amour ne doiuent sortir de ce torrent de feu, qui sort, non de la forge de ce diuin visage, mais de la communication de ce sacré Corps, qui com-

*Traité de la frequente*

me vn charbon ardant est capable d’embraser tous les charbons amortis, voire d’enflammer toute la terre. Que si les Cherubins esleuez sur l’Arche, qui n’étoit que la figure de la verité de ce mystere, sembloient rauis en admiration sur le Propitiatoire? Que doit faire vne ame deuote en receuant ce gage amoureux de la propitiation de ses pechez, auec lequel elle peut rauir le cœur de l’eternel Pere. Certes elle deuroit faire des choses, que ny les hommes, ny les Anges ne peuuent exprimer. Apres cette action, retirez-vous tout doucement auec le Dieu de paix, & le rameau d’oliue. Et gardez que vostre cœur, comme vne cisterne creuée, ne laisse escouler l’eau de la grace que vous venez de puiser des fontaines du Sauueur. Faites comme celuy qui porte du baume en vn vase de cristal, qui auise à ce qui est autour de soy, & deuant soy, & à ses pieds, de peur, ou de verser cette liqueur, ou de casser ce vase, l’vne & l’autre chose meritant bien d’estre conseruée. L’action de grace de ce grand prix de vostre redemption, est ce que vous deuez produire aussi tost pour marque de vostre gratitude & reconnoissance. I'aurois aussi tost nombré les Estoilles des Cieux, que marqué les actes de foy, d'esperance, d'amour, & de tout le train des autres vertus, que vous deuez produire pour faire bonne chere à ce Dieu des vertus qui vous est venu visiter, & qui prend ses delices & ses repas parmy les fleurs des bonnes habitudes: Car tout ainsi que là où est le Roy des Abeilles, tout l'essein l'enuironne de tous costez; de mesme toutes les vertus doiuent accourir, & en foule concourir à la reception de ce Seigneur des Vertus, qui nous monstre son visage pour nostre salut. Mais tout ainsi que l'agreable Esther parut deuant Assuere, qui ne la treuua iamais si belle, appuyée sur deux de ses Damoiselles; de mesme il me semble, que pour treuuer grace deuant les yeux diuins en cette action, outre les ornemens des autres habitudes vertueuses, nous deuons estre accompagnez de l'Humilité, & appuyez sur la Confiance. En cét equipage, sortable à nostre condition, les Anges diront de nostre ame; Qui est cette belle qui chemine dans le desert

*Traité de la frequente* du monde, abondant en delices, apuyee sur son bien-amé?

## Qu'il faut Communier souuent.

### CHAPITRE IV.

CEvx qui ne frequentent pas souuent la Confession & la Communion, ie le dis franchement comme ie le pense, ne peuuent porter la qualité de Deuots. Car si estre deuot, c'est courir en la voye de Dieu auecque vitesse, comme s'y porteront ceux qui n'ont pas l'vsage frequēt de ces deux pieds & piuots De la deuotion. Voicy le grand precepte de nostre Maistre, Pasithee, c'est en son Introduction. Communiez (dit-il) le plus souuent que vous pourrez, selon l'aduis de vostre Pere Spirituel. Mais prenez garde à cét escueil de n'importuner pas tant ce Directeur de vous permettre de communier, que ce ne soit plus par son conseil, qui doit étre libre, & prouenir de luy; mais par vostre oppression, & pour condescendre à la dureté de vostre ceruelle. Car

*de*

cette façon vous passeriez d'vn visage moderé à vn abus indiscret, pareil à celuy des enfans d'Israël, lesquels importunerent Moyse pour auoir des cailles: mais ils auoient encore la viande en la bouche, quand le courroux de Dieu s'éleua sur eux. Quand il y a beaucoup de fleurs, ce n'est pas tousiours la saison de beaucoup de miel, parce que les abeilles s'amusent tant à voltiger, que elles en deuiennent paresseuses. Il y a beaucoup d'ames fort actiues apres la fleur de la frequente Communion, fort engourdies au reste des œuures que persuade la pieté Chrestienne. Si ces fleurs n'engendrent des fruicts, c'est peu de chose que de communier si souuent; ce peu de fruict produit le bruit des murmures, & fait demander aux mondains, pourquoy ces gens qui approchent si frequemment de l'Autel, auancent si peu en la vertu? Ceux qui mangent le plus, ne sont pas toujours les plus gras; ny ceux-là les plus remplis de la graisse de la grace, qui mangent plus ordinairement ce pain du Ciel. Et certes le manquement ne vient pas du costé de cette celeste viande, de ce veau

c

gras tué pour les prodigues: mais de l'indisposition de ceux qui le reçoiuent. Ce Sacrement est le sucre & le sel de la vie spirituelle, il y faut du temperament & de la sobrieté. As-tu treuué le miel, dit le Sage, manges-en ce qui suffit, de peur qu'en prenant trop, il ne te prouoque à vomir. Si vous vous troublez & inquietez lors que vostre Confesseur vous en interdit l'vsage, c'est signe que vous n'y cherchez pas purement Dieu, son seul seruice & sa gloire: mais que vous-vous recherchez encores par là dedans, & que sous des peaux & des apparences specieuses, vostre Amour propre cherche vne benediction qui ne luy appartient pas. Dieu ne veut point que nous allions à luy par nostre volonté propre, qu'il hait plus que l'anatheme d'Acan; au contraire, il veut que celuy qui s'approche de luy, renonce à soy-mesme, & que l'ame deuote ait pour son nom, Ma volonté en elle, & non pas sa volonté en moy, sinon pour estre engloutie de la mienne: de mesme que les Serpens des Mages d'Egypte furent deuorez par la verge de Moyse. Il y en a d'autres (tant le siecle est fertile en esprits bigearres) qui vont en ce sujet à l'autre extremité: car bien qu'ils soient de bonnes mœurs, & qu'ils pretendent à la Deuotion, ils approchent neantmoins rarement de la saincte Table, imitant, ce disent-ils, le Publicain qui se tenoit loin du Propitiatoire, & sainct Pierre, qui disoit à nostre Seigneur qu'il se retirast de luy, parce qu'il estoit homme pecheur. Et ces gens-là, prudens en eux-mesmes, mais de la prudence de la chair, & sages, non de la sagesse d'enhaut, mais de celle de la terre, ne manquent point de raisons bonnes, à leur aduis, mais qui deuant la vraye deuotion s'escoulent comme la cire à la face du feu. Ils alleguent la Majesté de celuy qui preside en cét Auguste Sacrement, & qui reside en ces especes, leur indignité & misere, que l'vsage trop frequent d'vne chose la rend moins estimable, qu'à la fin on fait par coustume ce qu'il faut pratiquer par le mouuement de la pieté, qu'on s'en prepare mieux, & qu'on s'y dispose auecque plus d'attention, qu'il ne faut tant se familiariser auec les Princes, beaucoup moins auec le

e ij

Roy des Roys : en somme qu'ils reculent pour mieux sauter, & qu'en cela ils marchent retenus pour la reuerence du mystere. Ma Pasithée, tout cela n'est qu'vn vain babil, & vn amusement de personnes peu iudicieuses ; cependant affamez & alterez, leur ame defaut en eux, comme parle Dauid, & ils approchent ainsi des portes de la mort : car pour l'ordinaire ces rares communians se confessent aussi rarement, c'est à dire, croupissent longuement dans leurs ordures ; & cela peut-estre, diront ils, pour la reuerence qu'ils portent à la Confession ; comme si elle n'estoit pas bien plus profanée quand on y apporte des fautes enuieillies, des vlceres pourris, que quand on y a souuent recours pour se purger de fautes legeres. Ces gens-là ne se font gens de bien que aux grandes Festes, pour la consideration desquelles vous diriez qu'ils communient, non qu'ils y soient portez par le pur amour de Dieu, gens sourcilleux, hautains, qui s'aiment eux-mesmes, cherchans leur propre honneur dans leurs actions sacrées, plutost que la gloire de Dieu. Pauurets, qui cheminent en la vanité de leur sens, ayans l'entendement obscurcy de telle façon, qu'ils se parent de leur confusion propre. Hé! mes bons amis, permettez que ie vous die que vous ne comprenez pas bien le dessein du Sauueur en l'institution de ce Sacrement adorable: car il l'a dressé dans la maison de Sagesse, qui est son Eglise, soustenuë de sept colomnes, & l'a mis sur vne table, comme vn grand banquet, auquel non seulement il conuie tout le monde, mais il presse & contraint presque d'entrer, reprouuant ceux qui s'excusent sur leurs occupations temporelles, mesme les plus pressantes, comme de se marier, menaçant ceux qui seront negligens de s'y treuuer, de priuation de la gloire. Et il ne veut pas sulement qu'on y boiue & mange à suffisance, mais il veut qu'on en vienne iusqu'à l'yuresse, puis que l'abondance est en cette tour de Dauid, où comme vn arsenal sont attachez mille pauois, & toute l'armeure des plus vaillans. Et les mesmes excuses que vous auancez pour vous en retirer, seruent pour vous conuaincre de lascheté, & par consequent d'indeuotion, & la

c iij

jetter la confusion sur vos faces. Car ne semble-t'il pas que vous executiez à la lettre ce que dit David: Ils couroient alterez en rejettant le prix de leur redemption, & ils benissoient de bouche ce qu'ils rejettoient de cœur? Les levres trompeuses, dit le mesme, parlent en vn cœur, & en vn cœur: car qui pourroit penetrer dans l'abysme de vos secrets, verroit clairement que vos vrais sentimens dementent la vanité de vos paroles, & que vous ressemblez à cét Achab, qui refusoit les miracles qui luy estoient offerts par le Prophete Isaye, ternissant la gloire de Dieu, sous l'apparence specieuse de ne le vouloir tenter. Vous dites que cette action se fait auec plus de perfection quand elle se pratique rarement. Quel homme de bon sens peut admettre cette Philosophie? Faites qu'vn Peintre, qu'vn Tailleur, vn artisan, ne trauaille de son mestier que quatre fois l'année, & vous verrez s'il en deuiendra meilleur Maistre, & si ses ouurages en seront plus accomplis. Certes l'experience nous fait toucher au doigt, & voir à l'œil, qu'on fait rarement bien, ce que l'on exerce bien rarement. Si l'humilité vous retient, sans doute elle est fausse: car cette vertu là ne vaut rien, qui s'oppose à la gloire & à la volonté de Dieu, qui ne vise qu'à nostre sanctification. Vous dites que vous estes pecheurs, & que vous n'osez paroistre si souuent deuant celuy que si souuent vous offensez. O Adams où estes-vous? & pourquoy vostre bouche se porte elle à des termes de malice, en palliant vos iniquitez? ne cesserez-vous iamais de mal faire? reposez-vous de ces œuures de mort, & apprenez à en faire de viues, & ainsi vos apprehensions seront dissipées. Vous connoissez vostre indignité & misere, ô Gabaonites, on ne trompe pas si facilement IESVS que Iosué: il void vos pensées de loin, & il apperçoit bien les replis de vos voyes. Vous craignez donc de vous approcher de l'humanité de IESVS, à cause de sa Majesté; & quelle Majesté a-t'il en ce Sacrement, que S. Augustin appelle, Le comble de l'humilité du Sauueur, veu qu'il y est reduit à vne sorte d'aneantissement plus profond que celuy auquel il parut en la créche! Et où fuirez-vous donc deuant

c iiij

son Esprit, c’est à dire deuant sa Diuinité, qui emplit le Ciel & la terre ? Où vous cacherez-vous pour destourner vos pechez de la face de ce grand Dieu? Quand vous prendriez l’essor vers le Ciel, ou quand vous vous plongeriez en l’enfer, ou quand vous chemineriez iusques aux extremitez du monde, ne seriez-vous pas tousiours en la main de celuy qui souftient auec trois doigts la machine de l’Vniuers ? On void tous les iours vn Roy terrestre, & tous les iours on le respecte, & on luy rend de nouueaux honneurs : non, non, ne craignez point que vostre familiarité prejudicie à la reuerence qui est deuë à ce Roy des siecles, immortel & inuisible, qui se tient derriere la paroy des saintes especes, & qui vous regarde à trauers de ces treillis & jalousies. Mais ie voy bien ce que c’est, puis que vous vous imaginez qu’il y ait de la peine en ce precepte de si grande douceur & d’incomparable misericorde, il faut necessairement que vous soyez assis au banc d’iniquité par vne malheureuse complaisance : Non, non, venez plus souuent à ce remede salutaire, & ne crainez point de faire par coustume ce qui doit proceder de pure Deuotion. Il y a bien de la difference entre faire vne bonne œuure par coustume, & ne la faire que par coustume : car la Vertu est vne bonne coustume ou habitude, comme le vice en est vne mauuaise. Et quant à vous, ma Pasithée, qui estes fort esloignée de ces extremitez, tout ce que ie puis vous conseiller en ce fait, est, que vous croyez le conseil de celuy qui vous conseille. Toutesfois on peut dire en general, que la plus longue distance des Communions, parmy ceux qui veulent viure deuotement, est celle de mois en mois. Nostre B. Pere, apres sainct Augustin, l'ordonne tous les Dimanches à sa Philothée. Et si i'osois coucher vne ligne sur celle de ces grands Autheurs, ie desirerois de vous, Pasithée, que vous communiassez, outre les Dimanches, toutes les Festes commandées, & que vous gardassiez cette regle, de participer au Corps du Sauueur és iours ausquels l'Eglise ordonne à tout Chrestien, sous peine de peché, d'entendre la saincte Messe. Que s'il y a plusieurs Festes de suite, il n'importe, Pasithée, si vous estes bien prudente & discrete, vostre Directeur ne treuuera point d'empeschement pour vous retirer de cét vsage : car puis que c'est vne Feste, il faut ouyr la Messe; & n'ayant rien à faire ce iour là, à quoy sçauriez-vous mieux vacquer qu'à cette sainte action, par laquelle le iour n'est pas seulement sanctifié, mais vostre personne mesme renduë vn Temple sainct au Seigneur? Que si vostre feruer vous fait treuuer trop longue la distance d'vn Dimanche à l'autre, n'y escheant aucune Feste durant la semaine, alors vostre Directeur vous pourra permettre, selon vostre disposition, de communier le Ieudy; voire plus que cela, si vostre condition le permet : ce qui dépend de son iugement & de sa prudence, à quoy il se faut remettre. Mais que dira le monde, quand il me verra communier és iours ouuriers? Mais que dira-t'il, Pasithée? Que faut-il donc faire à cela; ce qu'aux riuieres, les laisser couler, & le laisser causer. S'il faut cesser de bien faire pour vn obstacle si friuole, adieu toute bonne operation. Mais c'est vne toile d'araignée, qui n'arreste que les petites mousches;

## Communion.

Il se faut guerir de cette foiblesse, & en bien faisant laisser dire. Ce mespris donnera la chasse à ces harpies, dont le sale esmeut & gaste les meilleures viandes. Dira-t'il point, peut-estre, l'impertinent qu'il est (car il n'y a pas de danger de dire vn peu d'injures au Monde) ou que ces Communions és iours ouuriers troublent l'ordre du mesnage, ou que c'est vne irreuerence de trauailler és iours qu'on a receu ce sainct viatique? Cette sottise, Pasithée, seroit plus digne de pitié, que de responce, si nous n'estions point obligez de penser ces esprits malades, & si nous n'estions point redeuables aux imprudens, comme aux mieux auisez. Or sçachez que ny és iours ouuriers, ny és iours de Dimanche & de Feste, vous ne deuez rabbatre vn seul poinct du soin de vostre mesnage, de vos affaires, ny de vostre condition. Tant s'en faut donc que cette action qui vous rendra plus attrempée, plus soigneuse, plus actiue, soit preiudiciable; qu'au contraire, ie la treuue auantageuse, mesme pour le bien temporel. Quoy? c'est le pain des forts; car c'est ainsi que porte la langue saincte en ce passage, où il est appellé pain des Anges. Que si en la force d'vn pain, qui n'estoit que la figure de celui-cy, le Prophete Elie chemina par l'espace de quarante iours & de quarante nuits? Que si l'Israëlite qui auoit déjeuné de la Manne, en estoit plus vigoureux au trauail le long de la iournée; qui peut empescher le Chrestien de trauailler d'autant plus puissamment qu'il aura communié deuotement? veu qu'il est accompagné du fils de la droite, qui est le sainct bras de Dieu. Il n'y a que les ignorans en nostre creance, qui meritent la Communion en leurs beaux habits és paremens exterieurs, & à demeurer tout ce jour là oisifs, & les bras croisez, sans aller au trauail de la vigne du grand Maistre; c'est à dire, aux deuoirs de leur condition, si c'est vn iour ouurier; ou aux exercices de pieté & de charité, si c'est vn Dimanche, ou vne Feste. Vous, Pasithée, qui auez plus de discretion, & vne meilleure conduite, ne tomberez pas dans cette nonchalance, si vous considerez que la Saincte Vierge aussi tost qu'elle eut receu le Sauueur en ses chastes entrailles, alla soudain par des aspres montagnes visiter sa cousine saincte Elizabeth; si qu'ayant receu le mesme Sauueur, vous n'en serez que plus diligente & actiue à bien faire. Ne vous amusez donc point aux paroles des enfans du monde, ausquels rien ne peut plaire que ce qui est dereglé, qui haïssent les œuures de lumiere, & le iour comme les hiboux, & qui ne peuuent voir la lampe comme Heli, qu'alors qu'elle est esteinte. Il vous controllera de toutes les façons : mais la grace à Dieu, il ne sera pas vostre Iuge; celuy qui vous iugera, sera celuy que vous receuez si souuent pour l'auoir vn iour fauorable quand il tiendra ses hautes assises. S'ils disent que vous estes assez forte sans auoir si souuent recours à cette viande medecinale: dites leur que vous la prenez pour vous conseruer en cette force qu'ils s'imaginent en vous, voire pour l'accroistre. S'ils disent que vous demeurez tousiours en vos imperfections nonobstant cet vsage, repliquez leur: Que seroit-ce donc si ie m'en abstenois? vn abysme en appellant vn autre, de l'imperfection ie tomberois en des pechez enormes, inuitez les à auoir pitié de voſtre foibleſſe, & à ne treuuer mauuais ſi vous auez vn refuge en cet appuy, & à ce bain d'hyſope, pour lauer vos ſoüilleures. S'ils vous alleguent la multitude de vos affaires, & le ſoin du meſnage, reſpondez leur, mais doucement, que ceux qui en ſont accablez ont beſoin de ſe rendre à celuy qui dit: Venez à moy vous tous qui eſtes ſurchargez & embarraſſez, & ie vous ſoulageray, prenez mon joug ſur vos eſpaules, & apprenez de moy par la communication de la ſubſtance de mon Corps & de mon Sang, que ie ſuis doux & humble de cœur, & vous treuuerez le repos de vos ames en ce joug, qui eſt ſi doux, en ce fardeau qui eſt ſi leger. Adiouſtez qu'à pareille raiſon ceux-là doiuent communier ſouuent, qui n'ont pas tant d'affaires, parce qu'ils en ont le loiſir, faiſans bien de prendre ce bon temps tandis qu'il dure. Et quoy qu'ils vous dient, allez voſtre grand chemin, ſuiuez les oracles de voſtre guide, & faites comme la Lune, qui va touſjours ſon train, quoy que les chiens abayent contre elle. Ils vous manieront sans doute à toutes mains, mais soit à droite, soit à gauche, par loüange ou par blasme, par ignominie ou par bonne reputation, il faut tousiours tenir à Iesvs-Christ, & dire auec que l'Amante, Ie le tiens, & ne le lascheray point. Quelques raisons qu'on auance, soyez tousiours du party de la Frequente Communion; & vous souuenez de cette opinion de quelques graues Docteurs, que ie tiens fort probable, que de deux ames qui seront en pareil degré de vertu à leur entree au Ciel, celle-là sera plus amplement recompensée, & aura quelque degré de gloire accidentelle, plus que l'autre, qui aura plus souuent communié: tout ainsi que ces estoiles là sont les plus lumineuses qui participent dauantage à la clarté du Soleil. Que si Salomon pardonna à Abiathar condamné à la mort par le testament de Dauid, parce qu'il luy auoit veu porter l'Arche du Seigneur, quelle esperance de salut ne doit cöceuoir celuy qui aura esté souuent l'Arche de ce pain celeste, qui donne la vraye vie, qui est l'eternelle, à ceux qui le mangent? Mais, ce me dites-vous, Pasithée, si ie communie plusieurs iours de suite, faut-il qu'autant de fois ie me confesse: ouy certes, si vous auez matiere de Confession; sinon vostre Directeur pour vous affermir en cette saincte & amoureuse confiance que vous deuez auoir en la bonté de Dieu, sçaura bien vous enuoyer au raffreschissement de la saincte Table, sans vous faire passer par le feu & l'eau de cet examen; faites seulement ce qu'il vous dira, & vous ne pourrez faillir. Mais cecy m'auise de vous toucher.

## Vn mot de la Communion Quotidienne.

### CHAPITRE V.

A Ce que nostre B. Pere en dit à sa Philothée, i'adiousteray vne parole, non ia pour encherir sur ce grand Maistre, moins pour enrichir ce beau sujet qui meriteroit vne ample digression; mais seulement par forme d'auis. Pasithée, ne vous y embarquez pas sans en prendre vn grand & solide conseil:

ie

## Communion.

je ne dis pas seulement de vostre Confesseur & de vostre Directeur, mais de plusieurs habiles hommes. Car voyez-vous si en la Deuotion Religieuse & Monastique en laquelle on ne vacque à autre chose qu'au seruice de Dieu, sans ceste diuision que l'Apostre remarque en ceux qui sont engagez dans le mesnage, ceux qui ne sont pas Prestres, ne communient pas tous les iours, ains seulement és Dimanches & Festes, ou vne fois durant la semaine quand elle est sans feste: Certes en la Deuotion Ciuile qui se pratique parmy tant de distractions & d'occupations differentes, il seroit à mon auis vn peu bien libre, de passer ces bornes là. Veu mesme que cela offense la veuë du monde, qui appelle aussi tost, sans considerer autrement ce qu'il dit, ceste frequentation, vne profanation. Si bien que pour conseruer la charité par l'abstinence, il est bon de condescendre à son infirmité, & ne luy ietter point dans les yeux vne splendeur dont il ne peut supporter l'esclat. Certes il y a quelquefois de l'imprudence à communier trop souuent, mais il y a tousiours de l'imprudence à

d

blasmer cette action, qui est de soy si digne de loüange. Car qui es tu toy qui iuges ton frere, n'est-ce pas pour le Seigneur que le seruiteur tombe ou se releue? Quel tort te fait-il? pourquoy est-il malin parce qu'il est bon? Pleust à Dieu, dit sainct Ambroise, que nous menassions vne telle vie, que (comme faisoient ces premiers Chrestiens, qui n'auoient en l'Eglise naissante qu'vn cœur & vne ame en IESVS-CHRIST, vnion causée par la frequente Communion) nous meritassions de receuoir cette viande celeste tous les iours. Car au lieu que nous disons communément en l'Oraison Dominicale, selon les autres Euangelistes, Donnez-nous auiourd'huy nostre pain quotidien, l'entendás de ce materiel qui nourrit nos corps en cette vie mortelle; nous dirions auec sainct Matthieu, Donnez-nous auiourd'huy nostre pain supersubstantiel, c'est à dire ce pain changé en la substance du corps du Sauueur. C'est vne medecine celeste, dit le mesme Pere, pourquoy donc ne prendrons-nous pas tous les iours ce remede des fautes que nous commettons tous les iours? Si c'est vn pain quotidien, dit sainct Augustin à ce propos, pourquoy de iour à autre differer sa reception? pourquoy ne prend on tous les iours, ce qui peut profiter tous les iours? Et ne vous semble-t'il pas que ce soit le sentiment de l'Eglise & du sainct Esprit, parlant par la bouche de cette Espouse du Fils de Dieu, au dernier Concile Oecumenique tenu à Trente. Où cette saincte assemblée desiroit bien fort qu'il y eust des Communions à toutes les Messes qui se disent, accusant tacitement la negligence & la dureté des cœurs des Chrestiens, qui laissent miserablement leurs ames despourueues de cette pasture celeste. En figure dequoy, & les pains de Proposition estoient presentez & consommez tous les iours, & la Manne tomboit tous les matins pour estre cueillie par les diligens. Et Israël beuuoit tous les iours, comme dit l'Apostre, de la pierre qui les suiuoit, & cette pierre qui coule les eaux de la diuine grace, c'est Iesus-Christ, l'vnique du Pere, plein de grace & de verité. Peut-on se souuenir trop souuent du sacrifice sanglant que le Sauueur a offert vne fois pour nous en la

d ij

Croix? Chere Ierusalem, disoit autrefois Israël durant son esclauage, si ie t'oublie, que ma droite soit percluse, & que ma langue attachée à mon palais me reduise au silence, si ie ne te mets au commencement de ma ioye. O humanité sacrée du Redempteur! Cité vrayment de Dieu, montagne grasse en laquelle Dieu habite par vne vnion admirable, si tu n'es tous les iours à la teste du registre de ma memoire, que ma memoire soit effacée de la terre & du Liure des viuans. Et quelle souuenance plus viue en peut-on auoir que ce Memorial reel, quoy que non sanglant, Memorial des Memoriaux, puis qu'il contient & la commemoration, & la chose mesme. C'est ce lieu de pasturage, cette eau de refection sur laquelle nous sommes mis de la main de Dieu; c'est cette verge & ce baston d'appuy auec lequel nous trauersons les mauuais pas de ceste vie; ceste huile qui engraisse nos chefs; ce calice enyurant qui nous desaltere; & ceste misericorde qui nous suit, voire qui nous poursuit tous les iours de nostre vie. Quoy? il semble donc qu'indifferemment ie conseille ceste Com-

## Communion.

munion iournaliere: non fay, Pasithée, car ie sçay qu'en l'indisposition ordinaire du monde, ce seroit vne temerité d'y porter vn chacun indistinctement. Mais parce aussi que ie sçay par la misericorde de Dieu, qu'en ce grand deluge qui va rauageant les bonnes mœurs, il y a tousiours quelques ames qui se sauuent de la presse & de la corruption du Siecle, & qui s'exemptent de flechir deuant Baal, ie croy que ce seroit vne indiscretion notable de dire qu'il ne se treuuât personne en ce grand nombre de Seculiers qui couurent la terre, à qui l'on peust iustement permettre cette Communion quotidienne. Mais parce que ce n'est pas vostre fait, & que vous n'estes pas d'vne si haute classe, Pasithée, ie vous conseille d'admirer en ces ames là, ce qu'il n'est pas permis à la vostre d'imiter, vous réjoüissant de voir en autruy des graces qui vous defaillent, ainsi vous en ioüirez en quelque façon par la conjoüissance, la Charité mettant toutes choses en commun, imitant la douce Lia, qui priuée de son Iacob, estoit bien aise que sa sœur Rachel le possedast ordinairement. Cependant vous

vous tiendrez à ce que vostre Directeur vous dira, pour ce regard : que s'il voit que vous alliez de vertu en vertu, & non seulement vous purgeant des pechez & des affections au peché : mais aussi surmontant de iour en iour vos mauuaises inclinations ; alors il vous donnera plus souuent la licence de vous approcher de ce diuin repas. Il y a vne certaine qualité en la diuine Amour, qui s'appelle oser, de laquelle, dit l'Apostre, quelqu'vn ose-t'il, & moy i'ose encore dauantage, c'est celle qui vous fait releuer la teste du milieu du torrent qui couure la voye de cette vie, & qui nous fait sortir des plus grandes tribulations en lauant nos robbes ( c'est à dire nos corps dont nos ames sont reuestuës comme ceux-cy de leurs habits ) dans le sang de l'Agneau. Car comme a tres-bien chanté ce Poëte ;

*L'Amour haussant le cœur & l'esprit d'vn Amant*
*Le va d'vn beau desir aux vertus animant,*
*L'éleuant iusqu'au Ciel sur des aisles de flame ;*
*Sans luy tous beaux desseins au monde seroient morts :*
*Car si l'ame est vn feu qui donne vie au corps,*
*L'Amant est vn brandon qui dône vie à l'ame.*

Gardez-vous doncques bien, Pasithée, de censurer ceux que vous verrez communier bien souuent, & mesme tous les iours, vous souuenant que la Charité n'est point arrogante, ambitieuse, jalouse, ny rioteuse : mais qu'elle treuue tout bon, qu'elle a des yeux de Colombe, pleins de douceur & de simplicité, qu'elle ne pense point à mal, ny se réjoüit de voir l'iniquité, ains plutost Dieu en verité, recherché auec sincerité de cœur, & seruy par ceux qui le cherchent en iustice & en saincteté tous les iours de leur vie.

---

## TABLE DES CHAPITRES
### contenus en ce petit Traité.

Comme il faut ouyr la Saincte Messe, Chap. I.     pag. 3

Exercice durant la Sainte Messe, Chap. II. pag. 15

De la Sainte Communion, Chap. III.    21

Qu'il faut Communier souuent, Chap. IV.   32

Vn mot de la Communion Quotidienne, Chapitre V.     96

### FIN.

*Approbation des Docteurs.*

Nous soubs-signez Docteurs en Theologie, certifions auoir leu vn petit Traité *De la Preparation à la Frequente Communion*, composé par l'Euesque de Belley: Auquel n'auons rien trouué qui ne soit conforme à la Foy Catholique, Apostolique & Romaine. Fait le xx. Ianuier M. DC. XLIV.

I. PELYSSIER.

F. DVRANDY.